TC - III - 123
(2C - II)

Dir. und Prof. Dr. Ulrich Oltersdorf, geb. 1942,
Studium der Biochemie, 1969-1971 Max-Planck Nutrition Research Unit in Bumbuli (Tansania), 1971-1991 Wissenschaftlicher Mitarbeiter am Institut für Ernährungswissenschaft der Justus Liebig Universität in Gießen, seit 1991 Leiter des Instituts für Ernährungsökonomie und Ernährungssoziologie der Bundesforschungsanstalt für Ernährung.

Dr. Lioba Weingärtner, geb. 1960,
Studium der Oecotrophologie (Haushalts- und Ernährungswissenschaften), lebte und arbeitete von 1985 bis 1989 in Niger (Westafrika), anschließend Promotion, seit 1991 Beraterin und Gutachterin in der Entwicklungszusammenarbeit, seit 1995 Lehrauftrag für Humanernährung in Entwicklungsländern an der Friedrich-Schiller-Universität Jena.

Wir danken der Vater und Sohn Eiselen-Stiftung, Ulm, für die konstruktiven Diskussionen und die finanzielle Unterstützung.

Die Deutsche Bibliothek - CIP-Einheitsaufnahme
Oltersdorf, Ulrich:
Handbuch der Welternährung: die zwei Gesichter der globalen Nahrungssituation / Ulrich Oltersdorf; Lioba Weingärtner. Unter Mitarb. von Angela Tamke. Hrsg. von der Deutschen Welthungerhilfe. - Bonn: Dietz, 1996
ISBN 3-8012-0231-3
NE: Weingärtner, Lioba:

Copyright © 1996 by Verlag J.H.W Dietz Nachfolger GmbH
In der Raste 2, 53129 Bonn
Lektorat: Christine Buchheit
Umschlag und Buchgestaltung: vision · köln
Druck und Verarbeitung: Kösel, Kempten
Alle Rechte vorbehalten
Printed in Germany 1996

Ulrich Oltersdorf und Lioba Weingärtner

Handbuch der Welternährung

Die zwei Gesichter der globalen Nahrungssituation

Hrsg. von der Deutschen Welthungerhilfe
Unter Mitarbeit von Angela Tamke

Verlag J.H.W. Dietz Nachfolger

Vorwort

Ernährung ist das zentrale Thema der Deutschen Welthungerhilfe - und Ernährungssicherung das Ziel ihrer Arbeit. Schließlich ist das Recht auf Nahrung das wichtigste aller Menschenrechte. Und solange nahezu 800 Millionen Menschen, ein Siebtel der Weltbevökerung, an Unterernährung und Hunger leiden, können wir nicht ohne Schamgefühl von Fortschritt und Entwicklung auf der Erde sprechen.

Denn noch nie zuvor gab es so viel politischen Konsens, so viele technologische und wirtschaftliche Möglichkeiten, das Problem des Hungers in der Welt zu lösen. An Einsicht fehlt es nicht, auch nicht an Konferenzen, Resolutionen und Streitern für die gerechte Sache. Doch die Taten hinken den Worten in schrecklicher Unbeweglickeit hinterher. Immer noch fließen nur 15 Prozent der Entwicklungshilfe in die Landwirtschaft und nur ein Viertel der Entwicklungshilfe in jene Länder, in denen heute drei Viertel der ärmsten Menschen leben. Immer noch werden Frauen, die eine so wichtige Rolle in der Ernährungssicherung spielen, benachteiligt, diskriminiert, ausgebeutet. Immer noch geben die Entwicklungsländer mehr Geld für Schuldentilgung und Aufrüstung aus als für die Grundbedürfnisse ihrer Bevölkerung.

Dieses Buch will nicht anklagen, beschönigen, verschweigen. Es ist eine nüchterne Bestandsaufnahme der globalen Nahrungssituation und analysiert Ursachen, Zusammenhänge und Auswirkungen der Mangel- und Fehlernährung, nicht nur in den Entwicklungs-, sondern auch in den Industrieländern. Natürlich kann ein Handbuch nicht alle Facetten in gleicher Ausführlichkeit behandeln. Doch es kann dazu beitragen, ein weltbewegendes Thema mit seinen vielfältigen Aspekten besser zu verstehen.

Daß daraus Taten folgen mögen, ist ein Wunsch, der uns alle verbindet.

*Bundespräsident Roman Herzog,
Schirmherr der Deutschen Welthungerhilfe,
zur Woche der Welthungerhilfe 1995:*

„Tragen Sie mit dazu bei, daß wir über den großen Anforderungen in Deutschland und in Europa die hungernden Menschen im Süden nicht vergessen. Im Interesse des Südens, aber auch in unserem eigenen Interesse."

Inhalt   Seite

      Vorwort   4
      Zum Buch   8

A. **Einleitung**   10

B. **Die Welternährungssituation**   14

1. Rückblick   14
2. Die zwei Gesichter der Fehlernährung   15
   2.1. Welternährungsprobleme   21
   2.2. Nahrungssicherheit - Ernährungssicherheit   23
3. Nahrungssicherheit - Nahrungsunsicherheit   26
   3.1. Weltagrarproduktion   26
   3.2. Welthandel mit Nahrungsmitteln   34
   3.3. Nahrungsmittelvorräte   36
   3.4. Lebensmittelverarbeitung   40
   3.5. Entwicklung der Nahrungsversorgung   43
4. Ernährungssicherheit - Ernährungsunsicherheit   49
   4.1. Der Nahrungsbedarf des Menschen   49
   4.2. Ernährungsgewohnheiten   51
   4.3. Ernährung und Infektionskrankheiten   56
   4.4. Ernährung und Gesundheitsdienste   57
   4.5. Fürsorge, Rolle und Situation der Frauen   59
   4.6. Ernährung und Umweltbedingungen   61

C. **Das eine Gesicht der Fehlernährung:**   66
     Nahrungs- und Ernährungsunsicherheit
     in Entwicklungsländern

1. Verbreitung von Unterernährung   66
   1.1. Protein-Energie-Unterernährung   66
   1.2. Vitamin- und Mineralstoffmangelerscheinungen   68
2. Folgen von Unterernährung   73
3. Ursachen von Unterernährung   75
4. Maßnahmen zur Verbesserung der   76
   Ernährungssituation in Entwicklungsländern

Seite

D.	Das andere Gesicht der Fehlernährung: Nahrungsüberfluß bei Ernährungsunsicherheit in Industrieländern	82
1.	Ernährungssituation in Industrieländern am Beispiel der Bundesrepublik Deutschland	82
2.	Folgen der Ernährungsweise in der Bundesrepublik Deutschland	84
3.	Maßnahmen zur Verbesserung der Ernährungssituation in der Bundesrepublik Deutschland	90
E.	Perspektiven	96
1.	Prognosen zur Bevölkerungsentwicklung, zum Nahrungsbedarf und zur Ernährungssicherung	96
2.	Ernährungspolitik, Ernährungsziele, Aktionspläne	104
F.	Tabellen	108
G.	Abbildungen	150
H.	Verzeichnisse	193
	Quellen	194
	Abkürzungen	200
	Erläuterungen	201
	Tabellen	202
	Abbildungen	203
	Bilder	203
I.	Index	204

Zum Buch

Das Handbuch Welternährung hat zwei Vorläufer. 1985 und 1986 sind unter dem Titel „Zur Welternährungslage - die zwei Gesichter der Fehlernährung" bei der Deutschen Welthungerhilfe und beim Auswertungs- und Informationsdienst für Ernährung, Landwirtschaft und Forsten (AID) Materialienbände erschienen, die seit langem vergriffen sind. Sie waren Ausgangspunkt für die Erarbeitung des Handbuches.

Die Situation der Welternährung hat sich seitdem verändert. Das Wissen um die Verbreitung, das Ausmaß und die Folgen von Fehlernährung wird immer größer. Die Komplexität der Ursachen und ihr unterschiedliches Zusammenwirken verdeutlichen, daß Ernährung ein globales und vernetztes Weltproblem ist. Fehlernährung kann nur durch die Kooperation verschiedener Fachgebiete verringert werden.

Das Handbuch will dieser Vernetzung Rechnung tragen. Es greift zum Beispiel sowohl Aspekte der Nahrungsmittelproduktion und Ernährungsgewohnheiten als auch der Gesundheitsversorgung auf. Allerdings ist es schwer, das Phänomen Welternährung „zweidimensional", das heißt in Buchform, verständlich darzustellen. Daher sollen Querverweise im Text sowie Erläuterungen, die wichtige Einzelaspekte aus dem Gesamtzusammenhang herausnehmen, die Aufgabe erleichtern.

Zum Buch

Es sind jedoch die Zeit und das Engagement jeder Leserin und jedes Lesers gefordert, sich das Thema in seiner Komplexität zu erarbeiten.

Ein Handbuch ist kein Buch, das Sie von vorne bis hinten durchlesen müssen. Es ist als Nachschlagewerk gedacht. Das Kapitel B.2. stellt den konzeptionellen Rahmen dar. Die nachfolgenden Kapitel sind einzeln und unabhängig voneinander lesbar.

Informationen und Zahlen unterliegen der Aktualität. Internationale Statistiken mit Basisdaten erscheinen oft erst zwei oder drei Jahre nach Erhebung der Daten. Die Autorin und der Autor haben sich bemüht, die jeweils neuesten Zahlen zu verwenden. Redaktionsschluß des Buches war Mitte 1995. Viele Daten sind jedoch weiterhin gültig, auch wenn sie schon einige Jahre alt sind.

Statistiken sind außerdem immer mit Unsicherheiten und Ungenauigkeiten behaftet. Verschiedene Institutionen benutzen zum Beispiel unterschiedliche Definitionen oder regionale Einteilungen, so daß Daten voneinander abweichen können. Die im Rahmen des Handbuches verwendeten Daten entstammen den jeweils genannten Quellen und können in den Originalquellen näher analysiert werden.

 *Einleitung*

A. Einleitung

Seit Beginn ihrer Existenz sorgt sich die Menschheit um ihre Lebenssicherung. Das bedeutet vor allem auch die ausreichende Versorgung mit Nahrungsmitteln zur Sicherstellung der Ernährung einer wachsenden Weltbevölkerung.

Zu keiner Zeit war die ausreichende Versorgung mit Nahrungsmitteln gewährleistet. Im Alten Testament ist bereits von den sieben mageren und den sieben fetten Jahren die Rede. Thomas Robert Malthus regte mit seinen Schriften zu Beginn des 19. Jahrhunderts die Diskussion um die Grenzen der Nahrungsversorgung an. Die Nutzung vieler naturwissenschaftlicher Entdeckungen hat solche Bedenken zunächst zerstreut. Sie ermöglichte deutliche Steigerungen in der Produktion von Grundnahrungsmitteln. Justus von Liebigs Erkenntnisse führten zum Einsatz von künstlichen Düngemitteln. Ergänzt durch die Mechanisierung der Landwirtschaft, den Einsatz von Schädlingsbekämpfungsmitteln und die Züchtung hochertragsreicher Sorten wurde die Arbeit der Landwirte erleichtert und intensiviert. So wurde lange Zeit von der optimistischen Annahme ausgegangen, daß der Mensch sich seine Bedürfnisse durch eigene Anstrengungen erfüllen kann.

Auf den ersten Blick erscheint es so, als sei die Welternährungssituation noch nie besser gewesen als heute. Die Weltnahrungsmittelproduktion ist stärker gestiegen als das Bevölkerungswachstum. In den 80er Jahren konnte die Pro-Kopf-Produktion um fünf Prozent gesteigert werden. Die realen Nahrungsmittelpreise sind seit einiger Zeit gesunken und befinden sich an einem historischen Tiefstand. Die Erträge der Hauptgetreidearten haben sich in den letzten drei Dekaden mehr als verdoppelt. Derzeit wird weltweit ausreichend Nahrung produziert. Wenn sie gleichmäßig verteilt wäre, müßte niemand Hunger leiden. Andererseits haben mehr als 780 Millionen Menschen in Entwicklungsländern keinen Zugang zu genügend Nahrung, um ein gesundes und produktives Leben zu führen. Mehr als 190 Millionen Kinder sind untergewichtig. Hunger und Unterernährung sind weit verbreitet. Der Wunsch, den Nahrungsbedarf zu befriedigen, hat - in Kombination mit zunehmenden Bevölkerungsdichten und unangemessener Intensivierung der Landwirtschaft - zu einer Degradierung ökologisch anfälliger Landflächen geführt.

Einleitung

Heute - 1996 - ist uns zunehmend bewußt, daß wir an die „Grenzen des Wachstums" gestoßen sind, die Meadows und andere (1973) bereits zu Beginn der 70er Jahre zu erkennen glaubten. Das gilt für die Nahrungsmittelproduktion, das gilt aber vor allem für unsere gesamte Lebensweise.

Die Menschheit muß feststellen, daß es - trotz Verbesserungen in einigen Regionen der Welt - weiterhin schwerwiegende Ernährungsprobleme auf ihrem Planeten gibt. Einerseits sind in einer Welt, die sowohl das Wissen als auch die Mittel dazu hat, diese menschliche Katastrophe zu beenden, Hunger und Unterernährung auch heute noch weit verbreitet. Andererseits haben Veränderungen in der Ernährung und im Lebensstil aufgrund von Überfluß und Wohlstand zum Auftreten einer Reihe ernährungsbedingter und ernährungsabhängiger Krankheiten geführt, z.B. Übergewicht, Herz-Kreislauf-Erkrankungen und Zuckerkrankheit.

Das vorweggenommene Resümee über die Welternährungssituation lautet daher unverändert: „Die Lage ist weiterhin ernst".

In der heutigen Welt ist eine polarisierte Darstellung, die Unterernährung Entwicklungsländern und Überernährung Industrieländern zuweist, sicher eine Vereinfachung der Zustände. Abgesehen davon, daß eine Einteilung in diese Ländergruppen problematisch ist, finden sich auch in Entwicklungsländern - vor allem in städtischen Gebieten und bei wohlhabenderen Bevölkerungsgruppen - Anzeichen von Überernährung. Ebenso finden sich in Industrieländern - vor allem bei ärmeren Bevölkerungsgruppen - Anzeichen von Unterversorgung mit Nahrungsmitteln, wenn nicht gar Unterernährung. Auch innerhalb dieser jeweiligen Ländergruppen gibt es sehr unterschiedliche Versorgungslagen. In einem Entwicklungsland hungern nicht alle Menschen, und in Industrieländern ist nicht jede Person dick.

(Erläuterung 1)

Gerade das Thema Ernährung und Ernährungsprobleme ist ein Beispiel dafür, daß wir in der „Einen Welt" leben und es zunehmend mit Weltproblemen zu tun haben, die miteinander vernetzt sind. Betrachten wir jedoch die Situation der Mehrheit der Bevölkerungen, erscheint auch heute noch die Gegenüberstellung der Situation in Entwicklungsländern und Industrieländern angemessen. Daher ist in dem vorliegenden Handbuch diese Aufteilung Grundlage der Betrachtungen.

Erläuterung 1: Ländergruppen

Die Einteilung der Länder in Ländergruppen und die Merkmale, die einer Einteilung zugrunde liegen, sind umstritten. Entwicklungsländer werden entweder durch Kennzahlen der sozioökonomischen Entwicklung oder durch die Struktur ihrer Einbindung in die internationale Arbeitsteilung bestimmt. Wichtige gemeinsame Merkmale von Entwicklungsländern sind: ungenügende Versorgung mit Nahrungsmitteln, niedriges Pro-Kopf-Einkommen, schlechter Gesundheitszustand, zu wenig Bildungsmöglichkeiten, Arbeitslosigkeit, niedriger Lebensstandard bei oft extrem ungleicher Verteilung von Gütern und Dienstleistungen. Die Wirtschaft ist geprägt von einem Nebeneinander traditioneller Formen und modernem Sektor, Kapitalmangel für Investitionen, wachsenden außenwirtschaftlichen Schwierigkeiten (hohe Verschuldung, Verfall der Exporterlöse).

Eine weltweit verbindliche Liste von Entwicklungsländern existiert nicht. Der Einteilung der Vereinten Nationen (VN), der Weltbank und des Entwicklungshilfe-Ausschusses der OECD (DAC) liegt das Pro-Kopf-Einkommen zugrunde, es wird aber unterschiedlich bewertet.

Derzeit umfaßt die DAC-Entwicklungsländerliste sechs Entwicklungsländer in Europa, 51 in Afrika, 33 in Amerika, 41 in Asien und neun in Ozeanien.

Innerhalb der VN wurde 1971 der Begriff der „am wenigsten entwickelten Länder" (LDC) eingeführt. Derzeit werden zur Beurteilung folgende Kriterien herangezogen:
- Pro-Kopf-Einkommen;
- Niveau der Entwicklung der menschlichen Ressourcen, gemessen am „Augmented Physical Quality of Life Index", in den die Indikatoren Lebenserwartung, Kalorienversorgung pro Kopf, Einschulungsrate in Primar- und Sekundarschule sowie Alphabetisierungsrate der Erwachsenen eingehen;
- Wirtschaftliche Diversifizierung, gemessen am „Economic Diversification Index", der die Indikatoren Anteile der Industrie am Bruttoinlandsprodukt, Beschäftigtenzahl in der Industrie, Stromverbrauch pro Kopf und Ausrichtung der Exporte berücksichtigt.

Zu den LDC gehörten Ende 1991 folgende 47 Entwicklungsländer.
- *Afrika (32):* Äquatorialguinea, Äthiopien, Benin, Botswana, Burkina Faso, Burundi, Dschibuti, Gambia, Guinea, Guinea-Bissau, Kap Verde, Komoren, Lesotho, Liberia, Madagaskar, Malawi, Mali, Mauretanien, Mosambik, Niger, Ruanda, Sambia, Sao Tomé und Principe, Sierra Leone, Somalia, Sudan, Tansania, Togo, Tschad, Uganda, Zaire, Zentralafrikanische Republik;
- *Asien und Ozeanien (14):* Afghanistan, Bangladesh, Bhutan, Jemen, Kambodscha, Kiribati, Laos, Malediven, Myanmar, Nepal, Samoa, Salomon-Inseln, Tuvalu, Vanuatu;
- *Lateinamerika (1):* Haiti.

Quelle: Nohlen (1993); BMZ (1994a)

Erläuterung 2: Einige große Hungerkatastrophen

Zeit	Region	Anmerkungen
310 u.Z.	England	40.000 Tote
917-918	Indien, Kaschmir	
1064-72	Ägypten	7 Jahre ungenügendes Nilwasser
1600	Rußland	500.000 Tote
1660	Indien	2 Jahre kein Regen
1677	Indien, Hyderabad	Überschwemmungen
1769	Frankreich	5 Prozent der Bevölkerung starben
1769-70	Indien, Bengalen	10 Millionen Tote
1837-38	NW. Indien	800.000 Tote
1846-47	Irland	2-3 Millionen Tote,
1866	Indien, Bengalen, Orissa	1 Million Tote
1869	Indien, Rajputana	1,5 Millionen Tote
1876-78	Indien	5 Millionen Tote
1876-79	Nordchina	9-13 Millionen Tote
1888-92	Äthiopien	Opfer: 1/3 der Bevölkerung
1920-21	Nordchina	500.000 Tote
	Rußland	Trockenheit, Millionen Tote
1929	China, Hunan	2 Millionen Tote
1930	Rußland, bes. Ukraine	3 Millionen Verhungerte
1943	Bengalen	1,5-3 Millionen Tote
1946-48	China	30 Millionen Menschen von Hungersnot betroffen
1966-70	Biafra	2 Millionen Tote durch Krieg, Hunger und Krankheiten
1973-74	Sahel	Dürre
1974	Bangladesh	ca. 100.000 Tote
1983	Bolivien	1,6 Millionen Betroffene
1983-84	Sahel	Dürre
1992	östliches und südliches Afrika	Dürre, Bürgerkriege
1993	Ostafrika	Kriege, Millionen von Hungertod bedroht
1995-96	östliches und südliches Afrika	Dürre, Bürgerkriege

Quelle: Masefield (1963); Bohle (1992); Timberlake (1988) und eigene Zusammenstellung

B. Die Welternährungssituation

Die heutige Welternährungssituation, die Vorstellungen über Ursachen und die Maßnahmen zur Verbesserung bestehender Ernährungsprobleme sind ohne einen Rückblick nicht zu verstehen. Um die Situation von heute zu verstehen und Perspektiven für morgen abzuleiten, ist es notwendig, sich an das Zurückliegende zu erinnern.

1. Rückblick

(Erläuterung 2)

Das 20. Jahrhundert ist das Zeitalter der Industrialisierung und des technischen Fortschritts. Es ist jedoch keinesfalls frei von Krisen- und Hungersituationen großen Ausmaßes. Neben den Naturereignissen (z.B. Dürre, Fluten, Schädlingsbefall, Krankheitsepidemien), die Auslöser des Hungers sind, ist oft auch der Mensch selbst durch politische und ökonomische Handlungen (Krieg, Vertreibungen, Wirtschaftskrisen) der Verursacher von Hunger, Unterernährung und Tod. Wenn natürliche und durch den Menschen verursachte Ereignisse zusammenkommen, wie es zu Beginn der 90er Jahre in weiten Teilen Afrikas der Fall war, können Millionen von Menschen betroffen sein.

(Abb. 1)

Heute setzt sich zunehmend die Erkenntnis durch, daß menschliche Handlungen oder auch Nicht-Handlungen (im Falle unzureichender Vorsorge) Naturereignisse verschärfen und so gefährdete Bevölkerungen noch anfälliger für Krisen machen (IFRC, 1993).

Solche Weltkrisen stör(t)en den Frieden und den Fortschritt. Internationale Organisationen wurden ins Leben gerufen, um etwas dagegen zu unternehmen. Als Nachfolgeorganisation des Völkerbundes wurden die Vereinten Nationen gegründet. Die Unterzeichnung der Charta erfolgte am 26.06.1945. Sie trat am 24.10.1945 in Kraft. Heute besteht das „System der Vereinten Nationen" aus einer Vielzahl von Hauptorganen, Spezialorganen, Sonderorganisationen und autonomen Organisationen.

(Abb. 2)

Der Völkerbund organisierte die erste weltweite Bestandsaufnahme über die Nahrungsmittelproduktion (First World Food Survey, 1934-1938). Im Jahre 1945 wurde die Food and Agriculture Organization (FAO), die

Ernährungs- und Landwirtschaftsorganisation der Vereinten Nationen, gegründet, die sich der Steigerung der Nahrungsmittelproduktion widmen sollte. Kongresse, Entwicklungsdekaden, Aktionstage und Aktionswochen fanden statt und endeten mit vielversprechenden Deklarationen und Aktionsplänen zur Verbesserung der Welternährung. Wichtige Gutachten und Berichte zur Welternährung liegen vor.

(Erläuterungen 3 - 6)

Solche Aktivitäten sind sicher prinzipiell zu begrüßen. Da die gesetzten Ziele aber nicht erreicht wurden und die Kluft zwischen Arm und Reich sich vergrößerte, kann aber durchaus kritisiert werden, daß dieser große Aufwand bloßer Aktionismus ist.

Heute befassen sich innerhalb des Systems der Vereinten Nationen verschiedene Institutionen mit Fragen und Problemlösungen zur Welternährung. Daneben tragen viele staatliche Institutionen und Nicht-Regierungsorganisationen (NRO) zur Bekämpfung von Hunger und Unterernährung bei.

(Erläuterung 7)

Die Hoffnung bleibt, daß Nahrungs- und Ernährungsprobleme abgebaut werden können, wenn auch die Vorstellung, daß dies innerhalb dieses Jahrhunderts oder auch der nächsten Generation geschehen kann, geschwunden ist.

2. Die zwei Gesichter der Fehlernährung

Eine sachgerechte Beurteilung der Welternährungssituation ist aufgrund der Vielschichtigkeit äußerst problematisch. Erschwert wird dies dadurch, daß viele Zahlen und Meinungen über Unterernährung umstritten sind. Auch die Terminologie wird nicht einheitlich verwendet (Blanckenburg, 1986).

Generell ist die Welternährungslage durch weit verbreitete Fehlernährung gekennzeichnet. Darunter zu verstehen ist „jede Form der Nahrungszufuhr ..., bei der die dem Körper zunutze kommende Menge an Energie oder an einem oder mehreren Nährstoffen für längere Zeit nach oben oder nach unten so stark vom Optimum abweicht, daß es zu bleibenden Veränderungen im Stoffwechsel und schließlich zu einer Beeinträchtigung von Gesundheit und/oder Leistungsfähigkeit kommt" (Blanckenburg und Cremer, 1983). Fehlernährung umfaßt also sowohl Unter-

Erläuterung 3: Auswahl internationaler Tage, Jahre, Jahrzehnte und Konferenzen der VN

Internationale Tage:

8. März	Internationaler Frauentag
22. März	Weltwassertag
7. April	Weltgesundheitstag
5. Juni	Tag der Umwelt
11. Juli	Weltbevölkerungstag
8. September	Weltbildungstag
1. Montag im Oktober (in Deutschland: 20. September)	Weltkindertag
16. Oktober	Welternährungstag
24. Oktober	Tag der Vereinten Nationen
5. Dezember	Tag der Entwicklungshelfer
10. Dezember	Tag der Menschenrechte

Internationale Jahre:

1961	Weltsaatgutjahr
1966	Internationales Reisjahr
1974	Weltbevölkerungsjahr
1975	Internationales Jahr der Frau
1979	Internationales Jahr des Kindes
1985	Internationales Jahr der Jugend
1986	Internationales Friedensjahr
1990	Internationales Alphabetisierungsjahr
1994	Internationales Jahr der Familie

Internationale Dekaden:

1961-1970	Erste Entwicklungsdekade der Vereinten Nationen
1971-1980	Zweite Entwicklungsdekade der Vereinten Nationen
1981-1990	Dritte Entwicklungsdekade der Vereinten Nationen
1991-2000	Vierte Entwicklungsdekade der Vereinten Nationen
1976-1985	Frauendekade der Vereinten Nationen
80er Jahre	Dekade für die Industrielle Entwicklung Afrikas
1981-1990	Internationale Dekade für Trinkwasserversorgung und Abwasserhygiene

Internationale Konferenzen

1990	Weltgipfel für Kinder
1992 Juni	Konferenz für Umwelt und Entwicklung
Dezember	Welternährungskonferenz
1993	Weltkonferenz über Menschenrechte
1994	Weltbevölkerungskonferenz
1995 März	Weltgipfel für soziale Entwicklung
September	Weltfrauenkonferenz
1996 (geplant)	Welternährungsgipfel

Quellen: Oltersdorf (1986); DGVN (1993) und eigene Zusammenstellung

Erläuterung 4: Welternährungstag

Der Welternährungstag wurde von den Mitgliedern der FAO-Konferenz im November 1979 eingerichtet. Er wird jährlich am 16. Oktober in jetzt mehr als 150 Ländern begangen. Das Datum, das dafür gewählt wurde, ist der Gründungstag der FAO (1945).

Der Welternährungstag soll erinnern an die kontinuierliche Suche der FAO nach einer dauerhaften Lösung für die Probleme von Hunger und Armut in der Welt. Er wurde ins Leben gerufen mit dem Ziel, daß „Nahrung für alle" für gegenwärtige und zukünftige Generationen ein Menschenrecht wird.

Ziele sind:
- das öffentlichen Bewußtsein für die Probleme von Hunger in der Welt zu verbessern;
- die Aufmerksamkeit auf die Landwirtschaft und die Nahrungsmittelproduktion zu lenken;
- nationale, bilaterale, multilaterale und nichtstaatliche Anstrengungen zu stimulieren;
- den Technologietransfer in die „Dritte Welt" zu fördern;
- internationale und nationale Solidarität zu stärken im Kampf gegen Hunger, Unterernährung und Armut sowie die Aufmerksamkeit auf Ergebnisse in der landwirtschaftlichen Entwicklung zu lenken;
- die Beteiligung der ländlichen Bevölkerung, besonders der Frauen und Unterpriviligierten, an Entscheidungen und Aktivitäten, die ihr Leben beeinflussen, zu unterstützen und
- die ökonomische und technische Zusammenarbeit von Entwicklungsländern untereinander zu fördern.

In der Bundesrepublik Deutschland wird der Welternährungstag von der Deutschen Welthungerhilfe (D.W.) und dem Bundesministerium für Ernährung, Landwirtschaft und Forsten (BML) ausgerichtet.

Er steht in jedem Jahr unter einem anderen Motto, das verschiedene Aspekte der Welternährung aufgreift.
- 1991 war das Motto „Bäume als Lebensgrundlage".
- 1992 war das Motto „Nahrung und Ernährung".
- 1993 war das Motto „Die Vielfalt der Natur - Ein wertvolles Erbe".
- 1994 war das Motto „Wasser ist Leben".
- 1995 war das Motto „Nahrung für alle".

Quelle: FAO (1993); BML: FAO-aktuell (verschiedene Nummern); D.W.

Erläuterung 5: Beispiele für Nahrungs- und Ernährungsziele, die auf großen internationalen Konferenzen beschlossen wurden

Innerhalb eines Jahrzehnts wird kein Kind mehr hungrig zu Bett gehen. Keine Familie muß mehr um das Brot für den nächsten Tag zittern, und kein Mensch sieht mehr seine Zukunft und seine Fähigkeiten durch Unterernährung verkümmern.
(Welternährungskonferenz, Rom 1974)

Gesundheit für alle bis zum Jahr 2000. Dazu gehört auch die Förderung des Nahrungsangebotes und einer zweckmäßige Ernährung.
(Deklaration von Alma-Ata, Internationale Konferenz über Basisgesundheitsdienste [primary health care], 1978)

Mitgliedsstaaten müssen bereits erreichte Übereinkünfte zur Erreichung von vier Zielsetzungen in die Praxis umsetzten:
a)   Hunger und Verhungern zu beseitigen,
b)   Unterernährung und Mortalität bei Kindern weitgehend zu reduzieren,
c)   chronischen Hunger fühlbar zu reduzieren,
d)   Haupternährungskrankheiten beseitigen.
(Ernährungsziele der 4. Entwicklungsdekade der VN)

Die wichtigste Aufgabe besteht in der Verbesserung der Gesundheits- und Ernährungssituation von Kindern. Für dieses Problem zeichnen sich inzwischen Lösungsmöglichkeiten ab. Die Anwesenden werden sich dafür einsetzen, daß optimale Wachstums- und Entwicklungsbedingungen für Kinder geschaffen werden, um so Millionen von Kindern tragisches Leid zu ersparen in einer Welt, die über die Mittel verfügt, alle ihre Bewohner zu ernähren. Ernährungsziele bis zum Jahr 2000 wurden spezifiziert.
(Weltgipfel für Kinder, 1990)

Die Regierungen sollen Schritte in die Wege zu leiten, deren Ziel die Verbesserung der Ernährungssicherung und gegebenenfalls die Selbstversorgung mit Nahrungsmitteln im Rahmen einer nachhaltigen Landwirtschaft ist. Besonderer Nachdruck wird auf eine ausreichende und ausgewogene Ernährung gelegt.
(Agenda 21, Konferenz der VN für Umwelt und Entwicklung in Rio)

Die Anwesenden erklären ihren Entschluß, Hunger zu eliminieren und alle Formen von Unterernährung zu verringern. Hunger und Unterernährung sind inakzeptabel in einer Welt, die sowohl das Wissen als auch die Ressourcen hat, diese menschliche Katastrophe zu beenden. Innerhalb dieser Dekade sollen Verhungern und Hungern, weitverbreiteter chronischer Hunger, Unterernährung, besonders bei Kindern, Frauen und alten Menschen, Mikronährstoffdefizite, besonders Eisen-, Jod- und Vitamin-A-Mangel, ernährungsbedingte übertragbare und nichtübertragbare Krankheiten, Hindernisse für optimales Stillen und unsicheres Trinkwasser verringert werden.
(Internationale Ernährungskonferenz in Rom, 1992)

Bekräftigung der FAO und ihrer Mitglieder, alles für die Durchsetzung ihrer Ziele bei der Überwindung von Hunger, Unterernährung und Armut zu tun durch konkrete Maßnahmen für eine nachhaltige landwirtschaftliche und ländliche Entwicklung.
(„Quebec-Deklaration" zum Jubiläum der FAO, Oktober 1995)

Quellen: Oltersdorf (1986); UNICEF o.J.; BMU o.J.; FAO und WHO (1992a); Grant (1994); BML (1994e)

Erläuterung 6: Auswahl wichtiger Berichte und Gutachten zur Weltentwicklungs- und Welternährungslage

Speziell zum Thema Welternährung:
- Alan Berg: Malnutrition - What can be done? Baltimore 1987
- FAO: The fifth world food survey. Rome 1987
- UN ACC/SCN: Second report on the world food situation. *Volume I:* Global and regional results. Geneva, October 1992. *Volume II:* Country trends, methods and statistics. Geneva, March 1993
- FAO und WHO: International Conference on Nutrition. Nutrition and development - a global assessment. Rome 1992
- FAO und WHO: Major issues for nutrition strategies. Rome 1992
- Alexandratos, N. (Hrsg.): World Agriculture: Towards 2010. An FAO Study. Chichester 1995

Allgemein:
- Weltbank: Weltentwicklungsbericht. (erscheint jährlich)
- UNDP: Bericht über die menschliche Entwicklung. (erscheint jährlich)
- Konferenz der Vereinten Nationen für Umwelt und Entwicklung im Juni 1992 in Rio de Janeiro: Agenda 21. (Hrsg. vom BMU)
- UNICEF: Zur Situation der Kinder in der Welt. (erscheint jährlich)
- Berichte des Club of Rome. (erscheinen jährlich)
- Worldwatch Institute Report: Zur Lage der Welt. (erscheint jährlich)

**Erläuterung 7:
Internationale
Organisationen zur
Bekämpfung von Hunger
und Unterernährung**

FAO: Ernährungs- und Landwirtschaftsorganisation der VN
Sonderorganisation der VN, gegründet 1945
Ziele: Hebung des Ernährungs- und Lebensstandards der Völker, Sicherstellung einer Effizienzsteigerung bei der Erzeugung und Verteilung von Nahrungsmitteln und anderen landwirtschaftlichen Erzeugnissen, Verbesserung der Lebensbedingungen der Landbevölkerung, Ausweitung der Weltwirtschaft sowie Befreiung der Menschheit von Hunger.

UNICEF: Kinderhilfswerk der VN
Nebenorgan der VN, gegründet 1946
Hauptaufgabe: Verbesserung der Lebensbedingungen der Kinder in der Dritten Welt. Projekte in den Bereichen Gesundheit, Ernährung und Bildung.

WHO: Weltgesundheitsorganisation
Sonderorganisation der VN, gegründet 1948
Ziel: Erreichung eines möglichst guten Gesundheitszustands für alle Völker, wobei unter Gesundheit „ein Zustand völligen körperlichen, seelischen und sozialen Wohlbefindens zu verstehen ist".
Aufgaben u.a. Förderung der Verbesserung der Ernährung, Entwicklung internationaler Normen für Nahrungsmittel.

WFP: Welternährungsprogramm
gegründet 1961, zentrale Einrichtung der VN zur Nahrungsmittelhilfe
Hauptaufgaben: Durchführung von Entwicklungsprogrammen und Projekten zur Förderung der Nahrungsmittelproduktion und zur externen Versorgung von Nahrungsmitteldefizit-Ländern mit Grundnahrungsmitteln sowie Verwaltung der Internationalen Notstands-Nahrungsreserve.

UNU: Universität der VN
Autonomes Spezialorgan der VN mit Sitz in Tokyo, gegründet 1972
Sie ist keine Universität im üblichen Sinne, sie stellt vielmehr das Koordinationszentrum eines weltweiten Netzes unabhängiger Forschungseinrichtungen dar, die sich mit Problemen des menschlichen Überlebens, der Entwicklung und der Wohlfahrt befassen (u.a. Programm für Nahrung und Ernährung für menschliche und soziale Entwicklung).

IFAD: Internationaler Fonds für landwirtschaftliche Entwicklung
Sonderorganisation der VN, gegründet 1976 (im Gefolge der Welternährungskonferenz 1974)
Aufgaben: Förderung von Maßnahmen auf dem Gebiet der Ernährung und Landwirtschaft, Mobilisierung zusätzlicher Finanzmittel, die zu Vorzugsbedingungen den wirtschaftlich unterentwickelten Mitgliedsstaaten für die landwirtschaftliche Entwicklung zur Verfügung gestellt werden sollen.

UN ACC/SCN: Verwaltungskomitee für Koordinierung/Unterkomitee für Ernährung
gegründet 1977 (im Gefolge der Welternährungskonferenz),
Aufgabe: Koordination, Informationsaustausch und fachliche Anleitung, um den VN zu helfen, auf Ernährungsprobleme zu reagieren.

Quelle: Hüfner (1991); Hüfner (1992); N.N. (1994a); N.N. (1994b)

als auch Überernährung. Diese Unter- und Überernährung kann quantitativer oder qualitativer Art sein. Das bedeutet, daß entweder die Mengen oder die Zusammensetzung der Nahrung bzw. der Nährstoffe deutlich vom tatsächlichen Bedarf abweichen.

2.1. Welternährungsprobleme

Die beiden Seiten des Problems sollen im folgenden getrennt dargestellt werden.

Unter- bzw. Mangelernährung und Hunger

Unter Unterernährung versteht man „einen krankhaften Zustand, der aus einer unzureichenden Nahrungsaufnahme - unzureichender Zufuhr von Energie oder von einem oder mehreren Nährstoffen - über eine längere Zeitspanne resultiert und sich in erster Linie in einem verringerten Körpergewicht" (Blanckenburg und Cremer, 1983), aber auch einer verringerten Körpergröße, einer niedrigeren Leistungsfähigkeit und spezifischen klinischen Symptomen manifestiert.

Die Mangelerscheinungen, die klinisch feststellbar sind und als Unterernährung gemessen werden, sind das Ergebnis einer unzureichenden Versorgung mit Nahrungsmitteln bzw. Nährstoffen, teilweise verstärkt durch Krankheiten, vor allem Infektionen.

Manchmal wird zwischen Unterernährung, d.h. einer zu geringen Nährstoffmenge, und Mangelernährung, d.h. einer nicht ausgewogenen Zusammensetzung, unterschieden. Im Rahmen des vorliegenden Buches werden die Begriffe Unterernährung und Mangelernährung synonym verwendet.

Unterernährung kann jedoch nicht mit Hunger oder Hungern gleichgesetzt werden. Hunger ist ein „Komplex unangenehmer Gefühle, die sich bei Nahrungsentzug bemerkbar machen" (Blanckenburg und Cremer, 1983) und durch Nahrungsaufnahme gelindert bzw. beseitigt werden. Dagegen ist Hungern (gleich Verhungern) „das Ergebnis vollständigen Nahrungsentzugs oder einer über eine gewisse Zeit andauernden drastischen Verringerung der Nahrungsaufnahme" (Blanckenburg und Cremer, 1983).

Folgen sind schwere körperliche und psychische Störungen mit Organveränderungen und erhöhter Sterblichkeit.

Spittler (1989) macht die wichtige Unterscheidung zwischen Hungerkrise, Hungersnot und Hungerkatastrophe. Danach handelt es sich bei einer Hungerkrise um ein kollektives „außergewöhnliches Ereignis, das aus dem Normalen herausragt und eine Bedrohung darstellt". Auch unter Hungersnot ist eher ein außergewöhnliches Ereignis als der alltägliche Hunger zu verstehen. „Aber während das Wort Not an das passive Erleiden von Hunger denken läßt, bedeutet Krise eine Herausforderung für die Betroffenen." Der Begriff Hungerkatastrophe sollte nur im Extremfall verwendet werden, wenn Menschen massenhaft sterben und die Gesellschaft in ihrer bisherigen Form zerbricht.

Nicht alle Unterernährten empfinden Hunger. Unter dem Begriff versteckter Hunger (hidden hunger) sind leichtere und chronische Formen von Makro- und Mikronährstoffmängeln zu verstehen, die jedoch für einen Großteil der Sterblichkeit und Gesundheitsprobleme in Entwicklungsländern verantwortlich sind (Scrimshaw, 1994).

Vier bedeutende Welternährungsprobleme können aufgrund der großen Zahl der davon Betroffenen, der Schwere der Folgen und der vorhandenen Möglichkeiten zur Behandlung genannt werden. Dies sind Protein-Energie-Unterernährung (PEM), Vitamin-A-Mangel, Jodmangel und Eisenmangel. Daneben sind aber auch - vor allem unter Extrembedingungen in Flüchtlingslagern - wieder Mangelerscheinungen aufgetreten, die seit langem als ausgerottet galten, z.B. Skorbut (Vitamin-C-Mangel).

Einige Bevölkerungsgruppen sind besonders anfällig für Unterernährung und Hunger. Sie werden als Risikogruppen bezeichnet. Ursache für ihre Anfälligkeit ist entweder, daß sie aufgrund ihrer physiologischen Situation einen erhöhten Nährstoffbedarf aufweisen, z.B. Säuglinge, Kleinkinder, Schwangere, Stillende. Oder ihre Lebensumstände ermöglichen ihnen nur eingeschränkt, ihren Nährstoffbedarf zu decken. Dies sind z.B. alte Menschen, Flüchtlinge, Dürreopfer, Arme, Landlose.

Überernährung

Überernährung ist die zweite Form der Fehlernährung, die die heutige Welternährungssituation, besonders in Industrieländern, prägt. Dabei ist nicht nur ein Zuviel an Nahrungsenergie charakteristisch, die Menschen in Industrieländern essen auch zu fett, zu süß und zu salzig. Dem Körper wird zuviel Nahrungsenergie zugeführt, die er aufgrund des Rückgangs der schweren Arbeit und der körperlichen Aktivitäten nicht verbrauchen kann. Überernährung manifestiert sich in einem zu hohen Körpergewicht.

Jedes Problem hat zwei Seiten

Neben dieser Überversorgung ist problematisch, daß einzelne Nährstoffe (Vitamine, Mineralstoffe, Spurenelemente) und Ballaststoffe fehlen. Es herrscht Mangel im Überfluß, quantitative Überernährung ist von qualitativer Unterernährung begleitet. Wohlbefinden, Gesundheit und die Leistungsfähigkeit sind beeinträchtigt. Als Folge treten oft sogenannte Zivilisationskrankheiten wie Verstopfung, Bluthochdruck, Fettstoffwechselstörungen oder Gicht auf.

Die Welternährungslage zeigt also deutlich zwei Gesichter und zwei Problembereiche. Auf der einen Seite herrscht Überfluß, auf der anderen Seite herrscht Mangel.

2.2. Nahrungssicherheit - Ernährungssicherheit

Unterschiedliche Faktoren beeinflussen den Ernährungszustand von Individuen und Bevölkerungen. Nahezu alle Einflüsse, die zu unangemessener Nahrungsaufnahme führen oder die optimale Nutzung aufgenommener Nahrung beeinträchtigen, tragen zur Fehlernährung bei. Fehlernährung und daraus resultierende frühe Sterblichkeit sind das Ergebnis einer Reihe zusammenwirkender Ereignisse. Armut gilt weiterhin als der Hauptgrund für Unterernährung (FAO und WHO, 1992b).

Direkte Ursachen für Fehlernährung sind unangemessene Nahrungsaufnahme und Krankheiten, besonders Infektionskrankheiten. Diese wiederum hängen von verschiedenen Umständen ab, die unter den Stichworten Nahrungssicherheit, Fürsorge und Gesundheit zusammengefaßt werden können. Als grundsätzliche Bedingungen können die Ressourcen sowie die ökonomische, politische und ideologische Struktur eines Landes sowie dessen Institutionen genannt werden.

(Abb. 3)

B *Die Welternährungssituation*

Nahrungssicherheit wird definiert als Zugang von allen Menschen zu allen Zeiten zu der Nahrung, die sie für ein aktives und gesundes Leben benötigen. Auf Haushaltsebene bezieht sich Nahrungssicherheit auf die Fähigkeit des Haushalts, den Nahrungsbedarf seiner Mitglieder entweder durch Eigenproduktion oder durch Kauf von Nahrungsmitteln sicherzustellen (FAO und WHO, 1992c).

Nahrungssicherheit hat vier Dimensionen:

1. Es ist notwendig, eine ausreichende Nahrungsverfügbarkeit auf nationaler und lokaler Ebene sicherzustellen. Dies kann über Eigenproduktion und/oder Nahrungsmittelhandel erfolgen. Auch Nahrungsmittelhilfe kann zur besseren Verfügbarkeit von Nahrungsmitteln beitragen.

2. Diese Versorgung muß einigermaßen stabil sein, d.h. innerhalb eines Jahres und über mehrere Jahre sollte ein gleichbleibendes Angebot sichergestellt sein.

3. Es muß gewährleistet sein, daß die Haushalte auch Zugang zu verfügbaren Nahrungsmitteln haben, d.h. daß einerseits erreichbare Märkte existieren und andererseits die Haushalte auch über die nötige Kaufkraft verfügen, um vorhandene Nahrungsmittel zu erwerben. Dies ist vielleicht der entscheidendste Aspekt von Nahrungssicherheit. So haben z.B. Erfahrungen während der großen Saheldürre 1984/85 gezeigt, daß selbst nach extremen Ernteausfällen das Grundnahrungsmittel Hirse auf den Märkten verfügbar war. Dem Großteil der Bevölkerung fehlte jedoch das Geld, die erheblich gestiegenen Preise zu zahlen.

4. Die Qualität und gesundheitliche Unbedenklichkeit von verfügbaren Nahrungsmitteln muß sichergestellt werden. Das bedeutet, daß Nahrungsmittel Nährstoffe in relevanten Mengen enthalten und in ausreichender Vielfältigkeit verfügbar sein müssen, die Gesundheit des Konsumenten nicht durch chemische und/oder biologische Verunreinigungen beeinträchtigen dürfen und den Tatsachen entsprechend präsentiert und beworben werden müssen (FAO und WHO, 1992c und 1992d).

2. Die zwei Gesichter der Fehlernährung

Nahrungssicherheit allein ist allerdings nur eine notwendige, keine hinreichende Bedingung, um Fehlernährung zu vermeiden und Ernährungssicherheit zu gewährleisten.

Ernährungssicherheit im Sinne eines angemessenen Ernährungszustandes aller Menschen zu allen Zeiten kann nur erreicht werden, wenn Nahrungssicherheit herrscht und die verfügbaren Nahrungsmittel auch entsprechend den Bedürfnissen der Menschen konsumiert und im Körper verwertet werden. Ernährungssicherheit hängt nicht nur von genügend Nahrung auf Haushaltsebene ab, sondern auch von anderen Faktoren, wie z.B. Kinderfürsorge, Gesundheit und Zugang zu sauberem Wasser. In der Vergangenheit haben sich Maßnahmen zur Verbesserung der Welternährungssituation vor allem auf Verbesserungen und Ausdehnung der Nahrungsmittelproduktion und damit der Nahrungssicherung konzentriert. Unlängst wurden Befürchtungen geäussert, daß sich diese Tendenz fortsetzt (AGN, 1994). Daß dieser Ansatz nicht ausreicht, um Ernährungssicherung zu erreichen, zeigt das Beispiel vieler Länder, nicht zuletzt der Industrieländer.

(Kapitel B 4)

Sie verfügen über ein ausreichendes Angebot an Nahrungsmitteln guter Qualität zu angemessenen Preisen. Trotzdem sind auch hier Ernährungsprobleme weit verbreitet.

(Kapitel D)

3. Nahrungssicherheit - Nahrungsunsicherheit

Nahrungssicherheit herrscht, wenn genügend Nahrungsmittel produziert werden und die Menschen die verfügbaren Nahrungsmittel erwerben können. Die Bewertung der derzeitigen Nahrungssicherheit kann auf internationaler, nationaler, regionaler und auf Haushaltsebene erfolgen. Die Betrachtung der Weltagrarproduktion, des Nahrungsmittelhandels, der Nahrungsmittelvorräte, der Verarbeitung der Nahrung, der Weltbevölkerung und der Nahrungsmittel- und Nährstoffversorgung pro Person erlaubt - unter Berücksichtigung von Verteilungsaspekten - sowohl Aussagen über Nahrungssicherheit und Nahrungsunsicherheit weltweit als auch im lokalen Kontext.

3.1. Weltagrarproduktion

(Tab. 1)

Die Produktion der Weltlandwirtschaft ist in den 80er und zu Beginn der 90er Jahre stetig gestiegen. Im Vergleich zum Durchschnitt der Periode von 1979 bis 1981 lag sie 1992 um 30 Prozent, 1993 um 28 Prozent höher. Der Zuwachs war sowohl bei der Nahrungsmittelproduktion insgesamt als auch beim Anbau von Feldfrüchten und Getreide sowie der Viehwirtschaft zu verzeichnen. Allerdings war die Zunahme regional sehr unterschiedlich. Die größten Zuwächse waren durch Erfolge der sogenannten Grünen Revolution in Asien zu verzeichnen, während in Nord- und Zentralamerika sowie Europa kaum Zuwächse zu beobachten waren.

(Erläuterung 8)

Für die Entwicklungsländer insgesamt stieg die Nahrungsmittelproduktion während der 80er Jahre um 39 Prozent. Die Höhe und der Zuwachs der Produktion waren in China und im Fernen Osten besonders beeindruckend. Sogar in Afrika stieg die Produktion um 33 Prozent. Insgesamt verbesserte sich die Produktion in 101 Entwicklungsländern; 30 Länder hatten Zuwächse von 40 Prozent oder mehr (Pinstrup-Andersen, 1993).

1992 wurden insgesamt ca. 1,95 Milliarden Tonnen Getreide produziert. Die Entwicklungsländer, in denen 77 Prozent der Weltbevölkerung leben, haben einen Anteil von 54 Prozent an der Getreideproduktion, während die Industrieländer mit 23 Prozent der Bevölkerung 45 Prozent des Getreides produzieren. Bei anderen Nahrungs-

mitteln ist das Verhältnis noch ungünstiger, z.B. liegt der Anteil der Entwicklungsländer an der Fleischproduktion bei 44 Prozent und an der Milchproduktion nur bei 32 Prozent.

(Tab. 2)

Die Weltgetreideproduktion konnte - mit jährlichen Schwankungen - von durchschnittlich knapp 1,8 Milliarden Tonnen im Jahr 1984 auf durchschnittlich über 1,9 Milliarden Tonnen im Jahr 1994 gesteigert werden.

(Abb. 4)

Unter Berücksichtigung des Bevölkerungswachstums wird deutlich, daß die Produktionszunahme ziemlich genau mit dem Bevölkerungswachstum Schritt halten konnte. Die Indizes der Agrarproduktion pro Kopf insgesamt lagen 1993 nur 3 Prozent über dem Niveau von 1979-81. Der Index der Getreideproduktion lag sogar leicht darunter.

(Erläuterung 9 sowie Tab. 3 und 4)

(Tab. 5)

Insgesamt ist festzustellen, daß die Weltgetreideproduktion pro Kopf zwischen 1980 und 1993 stagnierte, und es gibt Anzeichen, daß der Trend in der Pro-Kopf-Weltnahrungsmittelproduktion rückläufig sein wird, wenn nicht bald Gegenmaßnahmen ergriffen werden (Pinstrup-Andersen, 1994).

Getreide wird einerseits direkt als Nahrungsmittel verwendet, andererseits wird es auch in der Viehwirtschaft zur Produktion tierischer Lebensmittel verfüttert. Im Durchschnitt werden sieben Kalorien aus Getreide benötigt, um eine Kalorie aus tierischen Lebensmitteln zu gewinnen. Je nach tierischem Produkt sind die Verhältnisse günstiger oder ungünstiger. Abhängig von den jeweiligen Ernährungsgewohnheiten, d.h. dem Anteil tierischer Nahrungsmittel an der Ernährung, besteht ein extrem hoher Bedarf an Primärkalorien, der erfahrungsgemäß mit der wirtschaftlichen Entwicklung eines Landes steigt.

(Abb. 5)

(Tab. 6)
(Kap. B 4.2)

Die Landwirtschaft hat je nach Region und Land unterschiedlich große wirtschaftliche Bedeutung. Insgesamt wurden 1992 weltweit ca. 10 Prozent der Landfläche als Ackerland, weniger als 1 Prozent für Dauerkulturen und ca. 26 Prozent als Weidefläche genutzt. 1993 war knapp die Hälfte der arbeitenden Bevölkerung in der Landwirtschaft tätig, in Afrika waren es über 60 Prozent und in Asien knapp 60 Prozent. In einzelnen Ländern trägt die Landwirtschaft zu mehr als 50 Prozent zur Entstehung des Bruttoinlandsproduktes bei. In vielen Ländern tragen

(Tab. 7)

(Tab. 8)

(Tab. 9)

Erläuterung 8: Grüne Revolution

Unter Grüner Revolution wird die Steigerung der Produktivität in der Landwirtschaft durch neue Anbaumethoden verstanden. Es ist eine kapital- und betriebskostenintensivere Produktionsform durch besseres Saatgut (Hochertragssorten), das höhere Erträge und mehrmalige Ernten im Jahr ermöglicht, durch Verwendung größerer Mengen Wasser, Energie, Düngemittel und Pflanzenschutzmittel sowie Mechanisierung.

Das neue Saatgut war Ergebnis der Forschungen, die an den großen internationalen Agrarforschungszentren, dem IRRI (Internationales Reisforschungszentrum) auf den Philippinen und dem CIMMYT (Internationales Zentrum zur Verbesserung von Mais und Weizen) in Mexiko durchgeführt wurden.

Die Grüne Revolution brachte wichtige Erfolge in der Nahrungsmittelproduktion:

- Doppel- oder Dreifachernten im Jahr;
- Verdoppelung bis Verdreifachung der Erträge (in Indien führten die Ertragssteigerungen dazu, daß das Land vom zweitgrößten Getreideimporteur im Jahr 1966 bis zum Ende der 70er Jahre zum autarken Getreideversorger wurde);
- weltweiter Anstieg der bewässerten Fläche;
- niedrigere Nahrungsmittelpreise.

Schwachstellen und Kritikpunkte an der Grünen Revolution waren und sind:

- Die neuen Hochertragssorten stellen hohe Ansprüche und sind nur für begrenzte Klima- und Bodenbedingungen geeignet.
- Nationale Forschungseinrichtungen, die die weltweit vorhandenen Sorten an lokale Bedingungen hätten anpassen können, waren nicht vorhanden.
- Nur wenn günstige Rahmenbedingungen (Agrarverfassung, Vermarktungs- und Kreditwesen, Infrastruktur, Bildungs- und Ausbildungssystem) vorliegen, können die Vorteile wirksam werden.
- Die intensive Agrarproduktion benötigt sehr viel Energie.
- Regenfälle, Bewässerung oder Schutz vor Überschwemmungen waren unzureichend.
- Die Produktion ist von externen Vorleistungen (Dünger, Pflanzenschutzmitteln) und damit oft von Importen abhängig.
- Transport- und Vertriebsnetze waren mangelhaft.
- Preise und sonstige Leistungsanreize reichten nicht aus, um die neue Technologie zu finanzieren.
- Die Unterschiede zwischen Arm und Reich wurden verschärft.
- Arbeitsplätze wurden vernichtet.
- Der hohe Einsatz von Chemie verursacht ökologische Schäden.
- Die Artenvielfalt ist aufgrund von Monokulturen verloren gegangen.
- Die Pflanzen sind anfälliger geworden für Schädlinge.
- Benachteiligte Regionen werden noch weiter benachteiligt. Die Trockengebiete Afrikas und Asiens, die große Ernährungsprobleme aufweisen, zogen bisher nur geringen Nutzen aus den neuen Hochertragssorten.
- Die Ernährungsprobleme wurden nicht gelöst, da die Hungernden keine Kaufkraft zum Erwerb des Getreides haben.

Seit der Kritik konzentriert sich die internationale Agrarforschung stärker auf Produkte, die in Kleinbetrieben angebaut werden können, nicht produktionsmittelintensiv aber resistent sind gegenüber einer Reihe von Pflanzenkrankheiten sowie in Trockenlandschaften gedeihen.

Insgesamt ist ein ganzes Technologiepaket aus den Mindestelementen Saatgut, Dünger, Wasser, Beratung, Kreditversorgung und Vermarktung erforderlich, das auf die lokalen Verhältnisse zugeschnitten ist, um die Erfolge der Grünen Revolution weiter zu verbreiten.

Quellen: Weltbank (1982), S. 72 ff; Nuscheler (1985), S. 129 f; Zurek (1992), S. 62 ff; Nohlen (1993), S. 290 f; Haubold (1994)

Erläuterung 9: Wachstum und Verteilung der Weltbevölkerung, Urbanisierung

Seit 1975 liegt die Wachstumsrate der Weltbevölkerung jährlich bei etwa 1,7 Prozent. Die Fertilität ging leicht zurück, von 3,8 Geburten pro Frau im gebärfähigen Alter im Zeitraum zwischen 1970 und 1975 auf 3,3 Geburten pro Frau im gebärfähigen Alter im Zeitraum zwischen 1990 und 1995.

Zur Jahresmitte 1994 zählte die Weltbevölkerung 5,66 Milliarden Menschen. Im Jahr 1998 werden sechs Milliarden auf der Erde leben. Obwohl die Fertilitätsziffern generell rückläufig sind, wächst die Weltbevölkerung jährlich weiterhin um 94 Millionen Menschen. Dies ist der höchste Zuwachs, den es jemals gegeben hat. Mit einer Rate von 2,9 Prozent pro Jahr hatte Afrika die am schnellsten wachsende Bevölkerung der Welt. Die Bevölkerungen Asiens und Lateinamerikas sind jeweils um 1,8 Prozent, diejenigen Nordamerikas um rund 1,1 Prozent und die der früheren UdSSR um 0,5 Prozent pro Jahr gewachsen. Mit 0,3 Prozent lag die Wachstumsrate in Europa am niedrigsten. Die genannten Wachstumsraten erklären die Verschiebungen in der regionalen Verteilung der Weltbevölkerung seit den fünfziger Jahren, als 55 Prozent in Asien, 16 Prozent in Europa und 9 Prozent in Afrika lebten. Im Jahr 1993 lag der Anteil Asiens bei 60 Prozent, während Afrika Europa vom zweiten Platz der Liste verdrängt hatte.

Im Zeitraum zwischen 1990 und 1995 wird für Afrika mit einem jährlichen Zuwachs von 3 Prozent, für Asien von 1,9 Prozent und für Lateinamerika von 2,1 Prozent gerechnet.

Die größten Wachstumsraten traten überwiegend in den ärmsten Ländern auf:

In den 47 Ländern, die von den Vereinten Nationen offiziell als „am wenigsten entwickelt" eingestuft wurden (LDC), betrug der Anteil am weltweiten Bevölkerungswachstum im Jahr 1950 7 Prozent, im Jahr 1990 jedoch schon 13 Prozent.

Die Lebenserwartung hat sich in Ostasien während der letzten vier Jahrzehnte um 30 Jahre, in Afrika dagegen, wo sich 30 der 47 „am wenigsten entwickelten" Länder der Welt befinden, nur um 15 Jahre erhöht.

Die Fertilität ist während des gleichen Zeitraums in Ostasien um 60 Prozent, in Südasien dagegen nur um 25 Prozent und in Afrika fast überhaupt nicht zurückgegangen.

Die Müttersterblichkeit ist in Ostasien um die Hälfte zurückgegangen, bleibt jedoch in Südasien und Afrika im wesentlichen konstant.

Inzwischen lebt knapp die Hälfte der Weltbevölkerung in Städten. Der Begriff Urbanisierung beinhaltet sowohl den dynamischen Prozeß (Urbanisierungsrate) als auch das erreichte Niveau (Urbanisierungsgrad) der urbanen Entwicklung.

Allerdings ist das Verständnis darüber, was „urban" oder „Stadt" ist, sehr unterschiedlich. Schweden definiert zum Beispiel jede kompakte Siedlung mit mehr als 200 Einwohnern als Stadt, Japan setzt eine Mindestgröße von 50.000 Einwohnern fest, Burundi und Gambia verstehen nur ihre Hauptstädte als urban.

Über Jahrhunderte war der Lebensraum der Menschen ländlich, charakterisiert durch den Boden, der bearbeitet wurde, oder die Weide, auf der die Tiere weideten. Um 1800 lebten ganze 3 Prozent der Bevölkerung in Städten, 1900 waren es 13,6 Prozent. Weltweit waren es 1992 44 Prozent, und der Zuzug in die Städte hält an. Es wird damit gerechnet, daß in den ersten Jahrzehnten des kommenden Jahrhunderts mehr als die Hälfte der Weltbevölkerung in Städten leben wird. Bis zum Jahr 2000 wird sich die Anzahl der Millionenstädte in Entwicklungsländern von heute 125 auf ca. 300 Städte mehr als verdoppeln. Weltweit lebt mehr als ein Drittel der städtischen Bevölkerung in Städten mit mehr als einer Millionen Einwohner. Ein Phänomen der Urbanisierung ist das Entstehen von „Megastädten" in Entwicklungsländern. 1950 lagen sieben der zehn größten Städte in Industrieländern, nur eine (New York) hatte mehr als 10 Millionen Einwohner. 1990 lagen 7 der zehn größten Städte in Entwicklungsländern, alle hatten mehr als 10 Millionen Einwohner. Die Versorgung der städtischen Bevölkerung in Entwicklungsländern mit Nahrungsmitteln, mit Erwerbsmöglichkeiten oder auch nur einem bescheidenen Niveau an sozialen Dienstleistungen verursacht große Probleme.

Quellen: Schädle (1990); Sadik (1993), S. 1 und 4 f; Sadik (1994), S. 1; UNDP (1994), S. 177

Erläuterung 10: Nahrungsmittelanbau versus Anbau von Vermarktungsfrüchten „cash crops"

Der Gebrauch des Begriffs „cash crop" ist verwirrend. Im Deutschen wird er vielfach übersetzt mit Exportfrucht. Dies trifft aber nur einen Teil des Begriffes, da auch Produkte, die nicht exportiert werden, „cash" bringen. „Cash crops" sind typischerweise Produkte wie Reis, Sorghum, Erdnüsse, Mais, Kakao, Kaffee, Tee, Palmöl, Zuckerrohr, Jute, Kautschuk, Baumwolle, Soja und Tapioka, d.h. Nahrungsmittel und Nicht-Nahrungsmittel (u.a. Futtermittel), die oft exportiert, aber auch im Anbauland konsumiert werden. „Cash crops" sind also Agrarprodukte, die vermarktet werden.

Eine verbreitete Argumentation ist, daß der Export von Agrargütern für Hunger und Unterernährung in Entwicklungsländern verantwortlich ist. Die Exportorientierung der Landwirtschaft bindet in vielen Ländern Arbeitskräfte und Boden für den Anbau von Vermarktungsfrüchten, so daß der heimische Nahrungsmittelanbau vernachlässigt wird. Beispiele für solche Entwicklungen gibt es genügend.

Daß der Anbau von Vermarktungsfrüchten die Ursache für Unterernährung ist, ist jedoch nicht zwingend. Analysen der Wirkungen des Anbaus von Vermarktungsfrüchten zeigen, daß
- sowohl Erfolge als auch Mißerfolge in bezug auf eine Verbesserung der Nahrungs- und Ernährungssicherung sowie des Lebensstandards aufgetreten sind;
- die Auswirkungen unterschiedlich sind in Abhängigkeit von der Art des Produktes, der Kontrolle über Produktion und Einkommen, der Allokation der Arbeitskräfte eines Haushalts, der Beibehaltung von Subsistenzproduktion, dem Landbesitz und den Preispolitiken für Nahrungsmittel und Vermarktungsfrüchten;
- die Körpergröße der Kinder zunimmt und die Kindersterblichkeit abnimmt;
- auch das Gewicht und die Körpergröße von Erwachsenen sowie die Verbreitung degenerativer Erkrankungen (Diabetes, Übergewicht, Hypercholesterinämie, Bluthochdruck) zuzunehmen scheinen, ausgelöst durch große Veränderungen im Lebensstil;
- die Ernährungsgewohnheiten sich vom Konsum lokaler Nahrungsmittel zum Konsum von importierten Nahrungsmitteln, Zucker und Alkohol veränderten;
- positive Effekte auftreten, wenn die Ernährungssituation vor dem Beginn des „cash cropping" relativ schlecht ist, wenn weiterhin Nahrungsmittel zum Eigenverbrauch angebaut werden und das Einkommen den Produzenten direkt zugute kommt;
- eine Erhöhung des Einkommens sich nur zum Teil in einer Erhöhung der Nahrungsaufnahme und in einer Verbesserung des Ernährungszustandes von Kindern niederschlägt;
- die Auswirkungen sowohl im Familienkontext als auch auf regionaler und nationaler Ebene sowie im Zeitablauf (kurzfristig - langfristig) bewertet werden müssen.

Als Faktoren, die beim Anbau von „cash crops" ausschlaggebend sind für eine verbesserte Nahrungs und Ernährungssicherheit, werden genannt:
- die Beteiligung und die Entlohnung der Bauern;
- die erzielbaren Preise, die Stabilität der Preise, die Dauerhaftigkeit der Preise;
- keine Konkurrenz zum Anbau von Nahrungsmittel um Land und Arbeitskräfte, d. h. Schutz und Stabilisierung der Subsistenzproduktion,
- effektive Organisation der Bauern;
- Beteiligung der Bauern am politischen Prozeß;
- Wechsel von einer Kontrolle der Einkommen durch die Männer hin zu einer Kontrolle durch die Frauen.

Wenn angemessene Zusatzmaßnahmen, wie z.B. Gesundheitsdienste, Ernährungsberatung und Bildung, die möglichen Einkommensverbesserungen durch den Anbau von Vermarktungsfrüchten begleiten, sind die Chancen für eine quantitativ und qualitativ verbesserte Nahrungsaufnahme und einen verbesserten Ernährungszustand gut.

Gleichzeitig gilt es, mögliche negative Ernährungswirkungen, z.B. das Auftreten degenerativer Erkrankungen, zu vermeiden. Die genannten Maßnahmen können auch dazu einen Beitrag leisten.

Quellen: Wesel (1990) S. 168; N.N. (1989); Kennedy u.a. (1992); Walt (1993); Heywood and Hide (1994)

*3. Nahrungssicherheit -
Nahrungsunsicherheit*

Exporte von Agrarprodukten zu einem hohen Anteil zu den Exporterlösen bei.

(Tab. 10)

Eine Kontroverse in der Diskussion um die wirtschaftliche Bedeutung der Landwirtschaft besteht darin, ob die Produktion von Nahrungsmitteln für den Selbstverbrauch oder der Anbau von Vermarktungsprodukten, die oft in den Export gehen, gefördert werden soll.

(Erläuterung 10)

Die genannten Zunahmen in der landwirtschaftlichen Produktion sind vor allem auf die Zunahme der Produktivität zurückzuführen, d.h. der Produktion pro Flächeneinheit, die weltweit bei allen Hauptgetreidearten, aber auch bei Wurzel- und Knollenfrüchten sowie Hülsenfrüchten gestiegen ist, während das Ausmaß der bebauten Flächen kaum ausgedehnt bzw. sogar eingeschränkt wurde.

(Tab. 11 und Abb. 6)
(Tab. 12)

Während die Zunahmen der landwirtschaftlichen Produktion in den Entwicklungsländern von einem niedrigen Niveau ausgingen, verhält sich dies in den Industrieländern anders. Dort werden seit vielen Jahren Überschüsse produziert, die mit hohen Kosten verbunden sind und in ihrer bisherigen Produktionsweise große Umweltschäden mit sich bringen. Inzwischen hat ein Umdenkungsprozeß eingesetzt. So wurde zum Beispiel eine Reform der EU-Agrarpolitik eingeleitet. Dadurch soll erreicht werden, daß die Überschußproduktion eingeschränkt wird, denn es ist unwahrscheinlich, daß durch Überschußproduktion in Industrieländern eine wesentliche Verbesserung der Nahrungssicherheit in unterversorgten Ländern zu erreichen ist. Einem Großteil der Länder mit Defiziten in der Nahrungsmittelproduktion fehlen die Mittel, um über Importe die Nahrungssicherheit zu verbessern.

(Abb. 7, 8, 9 und 10 sowie Tab. 13 und 14)

(Erläuterung 11)

(Erläuterung 12)

> „Die Agrar-Überschußproduktion der westlichen Industrieländer war schon in der Vergangenheit keine Lösung der Ungleichverteilung und der Unterversorgung weiter Teile der Welt."
>
> (Enquete-Kommission „Schutz der Erdatmosphäre", 1994, S. 42 f)

Erläuterung 11: Einschätzungen der Enquete-Kommission des Deutschen Bundestages zu Wirkungen der bisherigen Landwirtschaft

„Die Landwirtschaft trägt global wie national zu 15 Prozent zum anthropogenen Treibhauseffekt bei. Die Analyse der in Mitteleuropa vorherrschenden Intensivlandwirtschaft belegt den deutlichen Zusammenhang zwischen der Produktionsintensität, dem Grad der Spezialisierung und Konzentration sowie dem Ausmaß der verschiedenen Umweltbelastungen und der klimaschädlichen Spurengasemissionen aus der Landwirtschaft."

„Die Brandrodung der Tropenwälder trägt mit 15 Prozent zum anthropogenen Treibhauseffekt bei. Die tropischen Wälder werden zum größten Teil gerodet, um neue landwirtschaftliche Anbauflächen zu gewinnen. Der reichtumsbedingten Ressourcenverschwendung des Nordens steht die armutsbedingte Ressourcenzerstörung des Südens gegenüber. Die umweltbelastende Intensivlandwirtschaft mit ihren Überschüssen im Norden und die weitgehend fremdbestimmte, exportorientierte Landwirtschaft bei Unterversorgung der einheimischen Bevölkerung im Süden verursachen beide steigende Emissionen klimawirksamer Spurengase und sind daher Mitverursacher der globalen Klimaänderung."

„Die Qualität unserer Lebensumwelt und unserer Nahrungsmittel hat sich verschlechtert. Die Landwirtschaft ist heute in erheblichem Umfang an der Eutrophierung von Ökosystemen, am Artensterben und der genetischen Verarmung, an der Zerstörung wertvoller Biotope und am Waldsterben beteiligt. ... Die Konzentration der intensiven Landbewirtschaftung und die konzentrierte Massentierhaltung in den landwirtschaftlichen „Gunsträumen" verstärkt dort die regionalen Umweltschäden und trägt erheblich zur Degradierung der Böden bei. Die künstliche Bewässerung führt in semi-ariden und ariden Gebieten oft zur Versalzung. Überhöhte Düngung und Pestizideinsatz tragen zur chemischen Belastung bei. Unsachgemäße, nicht standortgerechte Bodenbearbeitung sowie die fehlende Stallmist-Humusbewirtschaftung ziehen Strukturschäden, Erosion und Verdichtung der Böden nach sich. Die stetig wachsende, häufig irreversible Schädigung der Böden führt zur weiteren Ausdehnung der Wüstenflächen. Übernutzung und Überweidung, nicht angepaßte Anbaumethoden und die Rodung der Wälder sind weltweit die häufigsten Ursachen dieser Entwicklung.

Durch die notwendige Steigerung der landwirtschaftlichen Produktion und die weitere Ausdehnung der Landbewirtschaftung insbesondere in den unterversorgten Regionen der Welt wird der Beitrag der Landwirtschaft an der anthropogenen Klimaänderung künftig weiter steigen. Gleichzeitig beschleunigt die Klimaänderung die weitere Erosion, Versalzung und Desertifikation der landwirtschaftlichen Nutzflächen."

„Die weltweite Klimaänderung und die dabei sehr wahrscheinliche Zunahme von Dürren, Stürmen und anderen extremen Wetterereignissen gefährden die Welternährung in zunehmendem Maße."

Quelle: Enquete-Kommission „Schutz der Erdatmosphäre" (1994), S. 39 ff

Erläuterung 12: Die europäische Agrarreform

Im Sommer 1992 beschlossen die EU-Agrarminister eine Reform der Gemeinsamen Agrarpolitik. Sie umfaßt Regelungen zu wichtigen pflanzlichen und tierischen Produkten, nachwachsenden Rohstoffen, Flächenstillegungen und flankierenden Maßnahmen.

Die Grundsatzbeschlüsse werden durch EU-Verordnungen geregelt und durch nationales Recht ergänzt.

Ziele der Reform sind die Minderung der Überschußproduktion und die Sicherung auskömmlicher Preise für die Bauern auf lange Sicht.

Die Reform bietet Neuregelungen bei
- den Prämien für Rinder und Schafe;
- den Marktordnungspreisen für Getreide;
- der Flächenstillegung;
- dem Anbau nachwachsender Rohstoffe auf stillgelegten Flächen;
- flankierenden Maßnahmen, z.B. Vorruhestandsregelung, Aufforstung, umweltgerechte Produktionsverfahren.

Kritiker der Reform sagen, daß sie für Bäuerinnen und Bauern nicht akzeptabel sei. Sie unterstütze weiterhin die Industrie, die internationalen Handelsfirmen und die bereits bisher privilegierten Betriebe. Nach einer guten Analyse der Probleme und Formulierung sinnvoller Zielsetzungen sei eine Reform gefolgt, die weit entfernt sei von den genannten Zielsetzungen, die darin bestanden die Landwirte zum Bleiben zu bewegen, die Erzeugung zu verringern, die Extensivierung zu fördern und die Grundprinzipien Einheit des Marktes, Gemeinschaftspräferenz und finanzielle Solidarität zu verfolgen.

Wichtige Problembereiche, wie z.B. unangemessene Verteilung der EU-Gelder zugunsten der Großbetriebe, die Konzentration der Betriebe, unzureichende Einkommen, die Überschüsse und Umweltprobleme in der Schweine- und Geflügelproduktion, würden nicht bearbeitet.

Andererseits wird von ersten Ergebnissen berichtet, die die Wirkungen der Neuregelungen zeigen. In der EU wurden 1993 ca. 16 Millionen Tonnen Getreide weniger geerntet, der Import von Getreidesubstituten (Futtermittel) ging zurück, und die Verfütterung heimischen Getreides ist gestiegen.

Quellen: BML (1994c); Choplin (1993)

3.2. Welthandel mit Nahrungsmitteln

Der Welthandel mit Getreide wird davon bestimmt, daß es wenige Exportländer gibt und die Entwicklungsländer die größten Getreideimporteure sind.

Die Entwicklungsländer führten 1993/94 mehr als die Hälfte des weltweit gehandelten Weizens ein, gefolgt von der Gemeinschaft Unabhängiger Staaten (GUS) mit 11 Prozent und China mit 7 Prozent. Während die Weizenimporte Chinas zwischen 1988/89 und 1993/94 um nahezu 60 Prozent zurückgegangen sind, sind sie für die Entwicklungsländer in derselben Periode um gut 15 Prozent gestiegen. Hauptexporteure für Weizen waren die USA (34 Prozent), Kanada und EU (jeweils 20 Prozent) und Australien (12 Prozent). Auch für Reis und übriges Getreide sind die Entwicklungsländer die Hauptimporteure (48 Prozent), gefolgt von Japan (26 Prozent). Die GUS, China und die EU hatten jeweils weniger als 10 Prozent Anteile am Import. Die USA waren 1993/94 mit 54 Prozent bei den übrigen Getreiden und Reis die wichtigsten Exporteure, gefolgt von China (13 Prozent), der EU (10 Prozent) und Argentinien (9 Prozent).

(Tab. 15)

Insgesamt lag das Volumen der Getreideimporte 1992 höher als zehn Jahre zuvor. Es verteilt sich jedoch anders. Die Industrieländer importierten 1992 weniger Getreide als 1982, während die Getreideimporte der Entwicklungsländer zugenommen haben.

(Tab. 16)

Je nach Ländergruppe ist der Anteil, den die Getreideimporte an der heimischen Produktion haben, unterschiedlich. 1992 hatten Getreideimporte im Nahen Osten einen Anteil von 40 Prozent an der einheimischen Produktion, in Afrika 37 Prozent, in Lateinamerika 24 Prozent und im Fernen Osten nur 6 Prozent. Gegenüber 1982 bedeutet dies für die Länder Afrikas und Lateinamerikas einen Anstieg und für den Nahen Osten einen Rückgang.

(Tab. 17)

Insgesamt sind Länder in unterschiedlichem Maße von Importen abhängig, um ihren Nahrungsmittel- und Getreidebedarf zu decken. Es gibt Länder, die 1986-88 mehr als die Hälfte ihres Nahrungsmittelbedarfs importieren mußten, z.B. Jamaika, Tunesien, Botswana, Jemen und Mauretanien. Insgesamt importierten die Entwicklungsländer knapp 10 Prozent ihres Nahrungsmittelbedarfs. Unter Umständen kann dabei Nahrungsmittelhilfe einen hohen Anteil an den Getreideimporten ausmachen.

(Tab. 18)

Im Agrarbereich gibt es viele Beispiele für negative Effekte der Agrar- und Handelspolitik der Industrieländer auf Länder, die Agrarprodukte exportieren. Wenn Länder ihre heimische Produktion subventionieren, werden sie nur wenig aus anderen Ländern importieren. Wenn sie außerdem Überschüsse auf dem Weltmarkt verkaufen, kann das Exportvolumen anderer Länder zurückgehen. Wenn dadurch auf dem Weltmarkt eine Überversorgung eintritt, sinken die Preise und reduzieren die Exporteinnahmen anderer Staaten (FAO und WHO, 1992b). Dies ist besonders problematisch für Entwicklungsländer, die auf Agrarexporte dringend angewiesen sind.

Die Verzerrungen der Weltagrarpreise beeinflussen die Wettbewerbspositionen im Agrarbereich. Länder, die unter normalen, unbeeinflußten Bedingungen Exporteure sein könnten, importieren Agrarprodukte. Andere exportieren, obwohl sie ohne den Schutz des Agrarsektors Importeure wären. Letzteres gilt vor allem für Industrieländer. Nach Einschätzung des Wissenschaftlichen Beirats beim Bundesministerium für wirtschaftliche Zusammenarbeit und Entwicklung (BMZ) trägt die EU in hohem Maße zu den Verzerrungen bei. Ihre Agrarpolitik führt bei wichtigen landwirtschaftlichen Produkten (Getreide, Zucker, Obst, Gemüse, Rindfleisch, Milch) zur Absenkung der Weltmarktpreise. Andererseits importiert die EU große Mengen Getreideersatzstoffe als Futtermittel, die bei einem wirklichen Marktpreis für Getreide in der EU unter Umständen nicht konkurrenzfähig wären. Mit Ausnahme der Futtermittelimporte ergab sich in den 80er Jahren eine negative Entwicklung der Agrarhandelsbilanz der Entwicklungsländer mit der EU. Gründe für diese Entwicklungen liegen einerseits in der Protektion der europäischen Landwirtschaft, aber andererseits auch in dem Bevölkerungswachstum und dem stark gestiegenen Pro-Kopf-Einkommen in einigen Ländern, die zu einem wachsenden Importbedarf an Nahrungsmitteln führten, sowie in einer verfehlten Agrarpolitik in den Ländern selbst (BMZ, Wissenschaftlicher Beirat, 1988). Mit der EU-Agrarpolitik

(Tab. 19)

B Die Welternährungssituation

(Erläuterungen 13 und 14)

können für viele Entwicklungsländer verheerende Folgen verbunden sein. Die Folgen sind allerdings je nach Art der Produkte und der Außenhandelsposition verschieden. Länder, die tropische Produkte exportieren, die in der EU nicht produziert werden, z.B. Kaffee, Kakao, tropische Früchte, sind durch die Agrarpolitik der EU kaum behindert. Starke Beeinträchtigungen treten für Länder auf, die mit konkurrierenden Produkten handeln, z.B. Getreide, Milch, Rindfleisch, Zucker. Andererseits haben Entwicklungsländer, die Nahrungsmittel importieren, kurzfristig durchaus Vorteile durch die Absenkung der Weltmarktpreise. Wenn diese allerdings im Inland dazu führen, daß den Bauern die Anreize für eigene Produktion fehlen, werden die Bemühungen der Entwicklungsländer um Selbstversorgung unterwandert. Ob insgesamt positive oder negative Auswirkungen überwiegen, muß im Einzelfall beurteilt werden. In jedem Fall sollte die Unterordnung der Entwicklungspolitik unter die EU-Agrarpolitik überwunden werden (Dihm, 1994).

(Erläuterung 15)

Ob eine Liberalisierung der Agrarpolitik der Industrieländer die Situation in Exportländern verbessern kann, ist eine umstrittene These.

3.3. Nahrungsmittelvorräte

Es ist schwierig, Aussagen über die Weltvorräte an Getreide und anderen Nahrungsmitteln zu einem bestimmten Zeitpunkt zu treffen, da verfügbare Zahlen auf zusammengefaßten Daten am Ende der jeweiligen nationalen Wirtschaftsjahre beruhen, welche in den verschiedenen Regionen der Welt unterschiedlich sind.

(Tab. 20)

Die Weltgetreidebestände schwanken jährlich und lagen 1993/94 bei ca. 250 Millionen Tonnen (ohne Reis), davon war mehr als die Hälfte Weizen. Die größten Bestände hatten die EU und die USA mit jeweils ca. 44 Millionen Tonnen. Kanada hatte Bestände von ca. 20 Millionen Tonnen. Während die Bestände der EU zwischen 1986/87 und 1993/94 anstiegen, sind die Bestände der USA drastisch gesunken. Zu Beginn der 90er Jahre lagen die Vorräte bei ca. 20 Prozent des Verbrauchs. Die FAO hält 17 bis 18 Prozent für notwendig, um die weltweite Nahrungsversorgung zu gewährleisten. Für 1994 und 1995 hat sich

Erläuterung 13: Auswirkungen der EU-Rindfleischexporte auf Viehzüchter in Westafrika

Gefördert durch die EU-Agrarpolitik, hat sich die Rindfleischproduktion in den Mitgliedsstaaten stark erhöht, so daß die EU Anfang der 80er Jahre begann, Rindfleisch zu exportieren. Um auf dem Weltmarkt verkaufen zu können, wurden die Preise subventioniert. 1992 gab die EU 9,2 Milliarden DM Steuergelder für die Regulierung des Rindfleischmarktes aus.

Zwischen 1980 und 1992 haben sich die Rindfleischexporte der EU nach Westafrika von 14.000 Tonnen auf 55.000 Tonnen nahezu vervierfacht. Waren in den 80er Jahren die Elfenbeinküste und Togo, gefolgt von Benin und Senegal die größten Importeure, übernahm Ghana zu Beginn der 90er Jahre die Spitzenposition. Dessen Importe stiegen von 100 Tonnen (1988) auf 22.000 Tonnen (1992). Die EU ist für alle wichtigen Importländer Westafrikas mit ca. 95 Prozent der wichtigste Rindfleischlieferant. Folgen des Importanstieges ist ein starker Preisverfall für die einheimischen Erzeuger und die Viehzüchter des Sahel, die den Bedarf der Küstenländer deckten. Die EU-Kommission geht von 30 Prozent Preisrückgang seit 1983 aus. Dadurch werden Ziele der einheimischen Regierung zur höheren Selbstversorgung untergraben. Zwei bis drei Millionen Viehzüchter des Sahel sind wahrscheinlich in ihrer Existenz bedroht.

„Alles beruht hier auf dem Einkommen aus dem Verkauf von Tieren. In diesem Klima kann niemand auf Pflanzenproduktion setzen. Wenn die Tiere unverkäuflich sind oder zu lächerlichen Preisen verkauft werden, verlieren die Menschen ihre Ersparnisse. Sie können dann nicht genug Nahrungsmittel kaufen, können nicht für die Medizin oder die Bildung für ihre Kinder aufkommen."

J.M. Kabore, Regierungsbeamter aus Burkina Faso, verantwortlich für die Förderung der Viehhaltung

„Viehzucht ist die Mutter aller Aktivitäten im Sahel. Wenn wir unsere Rinder nicht verkaufen können, müssen wir leiden. Derzeit leiden wir."

S. Madiene, Vorsitzender einer Nomaden-Organisation aus Burkina Faso

Dabei galt das Interesse der Exportunternehmen nicht in erster Linie dem Verkaufserlös in den Ländern, sondern den lukrativ hohen Subventionen der EU, die mehr als das Doppelte des Endverkaufspreises in Afrika betrugen.

Völlig unsinnig wird eine solche Politik, wenn mit Entwicklungshilfegeldern der EU oder EU-Mitgliedsstaaten gleichzeitig Projekte zur Verbesserung und Ausdehnung der Viehzucht in der Region und zum regionalen Handel gefördert werden.

Inzwischen hat die EU-Kommission auf die wachsende Kritik an den Exportbeihilfen reagiert. Sie hat eine mittelfristige Senkung der Erstattungen für Rindfleisch aus der EU nach Westafrika beschlossen und diskutiert - gemeinsam mit dem Ministerrat - Mechanismen für regelmäßige Konsultation und Koordination zwischen den betroffenen Politikfeldern Agrar- und Entwicklungspolitik.

Quellen: FIAN und GERMANWATCH (1993); Adelmann (1993); GEP (1993); Dihm (1994); N.N. (1994c); GERMANWATCH (o.J.a); Braßel und Windfuhr (1995)

Erläuterung 14: Auswirkungen der EU-Getreideexporte nach Afrika

Bereits zu Beginn des Jahres 1994, nach der Kampagne zum „Rindfleischskandal", fragte der Administrator für Handelspolitik in der Generaldirektion für Entwicklung der EU, Martin Dihm: „Und was ist mit anderen subventionierten EU-Agrarexporten, die die Eigenproduktion in den Entwicklungsländern lähmen (z.B. Getreide)?"

Nicht lange danach lag eine detaillierte Analyse der Auswirkungen der EU-Getreideexporte nach Afrika vor.

Danach
- ist die Bedeutung der EU-Agrarexporte in Entwicklungsländer mit 5 Prozent der EU-Produktion relativ gering. Gleichzeitig sind die Entwicklungsländer beim EU-Agrarhandel mit Drittländern die wichtigsten Partner, und die EU ist für die Entwicklungsländer der wichtigste Lieferant von Agrarprodukten. Änderungen der EU-Agrar- und Handelspolitik dürften einen großen Einfluß auf die Agrarproduktion und Handelspolitik der Entwicklungsländer, aber relativ geringe Auswirkungen für die EU-Landwirtschaft haben;
- sind Getreide- und Getreideerzeugnisse nach Milcherzeugnissen das zweitwichtigste Agrarexportprodukt der EU in Entwicklungsländer;
- bestehen zwei Drittel der EU Getreideexporte aus Weizen. 20 Prozent der EU-Agrarmarktordnungsausgaben (11 Milliarden DM im Jahr 1992) wurden für Getreide ausgegeben, davon 86 Prozent für Exportsubventionen und Lagerhaltung;
- erreichten die EU-Getreideexporte in Drittländer 1993 eine neue Rekordmarke (knapp 36 Millionen Tonnen). Der Großteil davon ging in Entwicklungsländer;
- wird der Weltmarktpreis durch den Subventionswettlauf zwischen der EU und den USA immer weiter nach unten gezogen;
- konkurriert der Weizen in vielen Ländern Afrikas südlich der Sahara nicht direkt mit einheimischen Getreiden, da er dort aufgrund von Standortbedingungen nicht angebaut werden kann. Er verdrängt aber indirekt über den niedrigen Importpreis und die Präferenzen der Konsumenten traditionelle Grobgetreidearten wie Hirse, Sorghum und Mais;
- treffen billige Getreideimporte aus der EU in vielen Ländern Afrikas auf ungünstige Rahmenbedingungen für die inländische Agrarproduktion.

Es erscheint unabdingbar, daß das Thema EU-Agrarsubventionen am Beispiel der Getreideexporte erneut diskutiert wird und Anpassungen der Politik vorgenommen werden.

Quellen: Dihm (1994); Walter (1994); GERMANWATCH (o.J.b); BUKO Agrar Koordination (1994)

Erläuterung 15: Agrarbereich und allgemeines Zoll- und Handelsabkommen (GATT)

Im Rahmen der Uruguay-Runde des GATT wird seit 1986 versucht, den internationalen Handel in allen Sektoren, u.a. in der Landwirtschaft und im Handel mit tropischen Früchten, zu liberalisieren. Im Dezember 1993 gelang es, Reformen im Welthandel des GATT zu vereinbaren. Relevante Ziele für den Agrarbereich waren:
- Verbesserung des Marktzugangs;
- Reduzierung der internen Stützung der Landwirtschaft;
- Abbau der subventionierten Exporte.

Maßnahmen, um diese Ziele zu erreichen, gelten zunächst für sechs Jahre (1995 - 2001) und umfassen u.a.:
- Umbau der nichttarifären Handelshemmnisse in äquivalente Zollabgaben und deren Abbau um 36 Prozent; Gewährung eines Mindestmarktzuganges mit Zollbegünstigungen von 3 Prozent des Inlandsverbrauchs (Anstieg auf 5 Prozent bis zum Jahr 2001);
- Abbau der Agrarstützung für alle Produkte um 20 Prozent (wettbewerbsneutrale Beihilfen und direkte Ausgleichszahlungen sind vom Abbau freigestellt);
- Abbau der subventionierten Exporte um 36 Prozent (wertmäßig) bzw. 21 Prozent (mengenmäßig). In Fällen, in denen keine Exportsubventionen gezahlt werden, kann mengenmäßig unbegrenzt exportiert werden.

Es handelt sich also insgesamt um Produktions-, Export- und Subventionskürzungen. Sie gelten für alle GATT-Vertragsparteien mit Ausnahme der LDC (43 Länder mit einem Bruttosozialprodukt unter 500 US $ pro Kopf und Jahr). Insgesamt wurden für alle Entwicklungsländer längere Anpassungsfristen und niedrigere Abbauraten beschlossen.

Die Wirkungen, die von den Übereinkünften der Uruguay-Runde ausgehen werden, werden durch Befürworter und Kritiker unterschiedlich eingeschätzt und beurteilt. Folgende Argumente werden genannt:
- Die Weltmarktpreise für Agrarprodukte werden ansteigen. Dies hat positive Effekte auf die inländische Produktion und erhöht die Wettbewerbskraft der Agrarexportländer.
- Für Nettonahrungsmittelimporteure treten negative Wirkungen auf. Sie müssen für die Importe höhere Preise zahlen und sind so auf zusätzliche Kredite bzw. auf Nahrungsmittelhilfe zum Ausgleich angewiesen.
- Agrarexperten aus Entwicklungsländern vertreten die Ansicht, daß durch die Handelsliberalisierung Einbußen an ländlichen Arbeitsplätzen und Ernährungssicherheit in vielen Staaten und eine Konzentration des Landbesitzes zu befürchten sind.
- Es wird befürchtet, daß GATT kaum zu einer nennenswerten Einschränkung des Agrardumpings führen wird. Die EU darf z.B. im Jahr 2000 weiterhin 817.000 Tonnen Rindfleisch und nach 2001 jährlich 23,4 Millionen Tonnen Getreide subventioniert exportieren.
- Es ist fraglich, ob die Annahme, daß Getreide aus der EU vermehrt in der Verfütterung eingesetzt wird, zutreffen wird. Dadurch ist auch die Wirkung auf Futtermittelimporte offen.
- Es wird befürchtet, daß Getreide-Überschüsse, die nicht mehr subventioniert werden dürfen, als Nahrungsmittelhilfe exportiert werden, die Nahrungsmittelhilfe wieder stärker von Bedürfnissen der Überschußbeseitigung als der Versorgungssituation in Empfängerländern bestimmt wird und Entwicklungsländer mit Nahrungsmittelhilfe überschwemmt werden. Die FAO berichtete im November/Dezember 1994 von Steigerungen der Getreide-Nahrungsmittelhilfe der EU, der USA und Kanadas, allerdings ohne die neuen Handelsregelungen als Ursache zu nennen.
- Durch den vermuteten Anstieg der Weltmarktpreise und technischen Fortschritt könnte in Überschußländern unter Umständen ein exportfähiges Angebot von Getreide zu Weltmarktpreisen produziert werden, das keiner Mengenbegrenzung unterliegt.

Quellen: FAO und WHO (1992b), S. 66; FIAN und GERMANWATCH (1993), S. 9; Schug (1993); BML (1994a), S. 142 f; Walter (1994), S. 16 ff und 49 ff; N.N. (1994d); FAO (1994c), S. 19; FAO (1995a); Reinermann (1995)

(Tab. 21) die Versorgungssituation verschlechtert. Die Bestände erreichten Mitte der 80er Jahre einen Höchststand und sinken seitdem wieder. Sie liegen allerdings immer noch *(Abb. 11)* höher als vor der Nahrungskrise zu Beginn der 70er Jahre.

Anfang des Jahres 1993 betrugen die Lagerbestände der EU bei Getreide 24,91 Millionen Tonnen, bei Rindfleisch 1,075 Millionen Tonnen, bei Magermilchpulver 35.000 Tonnen und bei Butter 229.000 Tonnen. Dies bedeutet für Getreide und Rindfleisch eine Steigerung, für Magermilchpulver und Butter eine Verringerung der Be- *(Abb. 12)* stände gegenüber 1992. Die Bundesrepublik Deutschland hatte 1993 44 Prozent der EU-Bestände an Getreide, 28 Prozent an Magermilchpulver, 17 Prozent an Butter und 5 *(Tab. 22)* Prozent an Rindfleisch eingelagert.

Für Notfälle sind besondere Vorkehrungen getroffen. 1975 wurde durch einen Beschluß der Generalversammlung der VN die Internationale Nahrungsnotreserve geschaffen. Sie soll aus freiwilligen Beiträgen jährlich mindestens 500.000 Tonnen Nahrungsmittel für Notsituationen enthalten (Nohlen, 1993). Im November 1994 lagen die Zusagen für die Internationale Nahrungsnotreserve bei 1.048.719 Tonnen, davon waren 818.950 Tonnen Getreide und 229.769 Tonnen andere Nahrungsmittel (hauptsächlich Pflanzenöl, Hülsenfrüchte und Magermilchpulver) (FAO, 1994d).

Im Rahmen der Vorsorge hat der deutsche Staat eine zivile Notfallreserve mit Vorräten an verbrauchsfertigen Lebensmitteln eingelagert. Als mögliche Ursachen für Notsituationen werden vom Bundesministerium für Ernährung, Landwirtschaft und Forsten (BML) heute Natur- und Umweltkatastrophen, Tierseuchen größeren Ausmaßes, Unfälle in kerntechnischen und chemischen Großanlagen oder politisch-militärische Krisen außerhalb Deutschlands angesehen (BML, 1994a).

3.4. Lebensmittelverarbeitung

In diesem Kapitel sollen Aspekte der industriellen Lebensmittelverarbeitung angesprochen werden. Aspekte der Zubereitung im Haushalt werden an anderer Stelle berück- *(Kap. B 4.2)* sichtigt.

Nur ein Teil der produzierten und gehandelten Nahrungsmittel wird direkt als Grundnahrungsmittel verzehrt. Viele Nahrungsmittel werden verschiedenen Verfahren der Lebensmittelkonservierung, der Lebensmittelverarbeitung und der Lebensmittelzubereitung unterzogen.

Ziele solcher Bearbeitungen sind:
- die Lagerfähigkeit zu verbessern und die mögliche Lagerdauer zu erhöhen;
- für den menschlichen Organismus notwendige Nähr- und Wirkstoffgruppen abzutrennen oder aufzubereiten, damit gut verdauliche und biologisch wertvolle, dabei geschmacklich ansprechende und sättigende Nahrungsmittel bereitstehen;
- den Wünschen der Verbraucher nach gesunden, hygienisch einwandfreien Lebensmitteln, leichter Handhabung und schneller Zubereitung entgegenzukommen;
- den tatsächlichen, vermeintlichen oder geweckten Wünschen der Verbraucher nach Nahrungsmitteln, die als gesund gelten (z.B. cholesterinarme Lebensmittel oder eiweißreiche Sportlernahrung), zu entsprechen.

Solche Ansprüche an die Nahrungsmittel entstanden vor allem über die Änderung der Lebensweise in der modernen Industrie- und Dienstleistungsgesellschaft und das zunehmende Gesundheitsbewußtsein der Bevölkerung. Das Bedürfnis nach ganzjährig verfügbaren Nahrungsmitteln, die Trennung von Nahrungsmittelproduktion und -konsum, die räumliche Entfernung zwischen Bäuerin/Bauer und Konsumenten sowie der Zeitaufwand für Tätigkeiten außerhalb des Haushalts haben den Bedarf an einem ständig verfügbaren, breiten Angebot von schon weitgehend zubereiteten Lebensmitteln steigen lassen.

Nicht überall auf der Welt haben solche Veränderungen in gleichem Maße stattgefunden, so daß auch der Anteil der Grundnahrungsmittel und der Anteil der verarbeiteten Halbfertig- und Fertigprodukte an der täglichen Ernährung in Abhängigkeit von der Lebenssituation der Menschen sehr unterschiedlich ist.

Die in der Lebensmittelverarbeitung benutzten Verfahren sind zum Teil schon sehr alt, wie z.B. das Mahlen von Getreide oder das Trocknen von Lebensmitteln, andere wurden in der Lebensmitteltechnologie in den letzten Jahren neu entwickelt, wie z.B. die Gefriertrocknung oder Lebensmittelbestrahlung.

In der Lebensmittelindustrie wird gegart, haltbar gemacht und abgepackt. Viele der neu entstandenen Produkte erfordern neue Technologien, besondere Zutaten und Zusatzstoffe, damit ein für den Verbraucher attraktives Produkt entsteht. Zusatzstoffe, z.B. Farbstoffe, Konservierungsstoffe und Geschmacksverstärker, haben für den Hersteller viele Vorteile. Sie wirken verkaufsfördernd (z.B. Farbe), steigern den Umsatz (z.B. Light-Produkte), können Qualitätsmängel (z.B. faden Geschmack, unappetitliches Aussehen) verdecken und erlauben erleichterte und verbilligte Produktion, Lagerung und Transport. Gesundheitliche Vorteile für den Verbraucher liegen vor allem in der hygienischen Unbedenklichkeit und Haltbarkeit der Produkte.

Die neuen Wortschöpfungen „Food Design" und „Novel Food" beschreiben, was heute in industriellem Maßstab am Reißbrett und im Labor in einigen Zweigen der Lebensmittelindustrie geschieht. Aus Rohstoffen und Zusatzstoffen werden neue Lebensmittel kreiert. Light-Produkte waren der Anfang, inzwischen sind auch Fett-, Milch- und Fleischprodukte als Imitate in der EU erhältlich. Und Lebensmittel, bei deren Produktion die Gentechnologie angewendet wird, stellen den neuesten Stand der Lebensmitteltechnologie dar.

(Erläuterungen 36 und 41)

Problematisch ist, daß bei den meisten Verfahren der Lebensmittelverarbeitung wertvolle Inhaltsstoffe vermindert, zerstört oder abgetrennt werden, während der Nutzen für die Verbraucherinnen und Verbraucher oft fraglich ist. Als Beispiele dafür können Vitaminverluste durch Hitzebehandlung der Lebensmittel oder die Abtrennung essentieller Inhaltsstoffe bei der Herstellung von Weißmehl genannt werden. Andererseits ist bei bestimmten Nahrungsmitteln bzw. deren Inhaltsstoffen eine gewisse Verarbeitung unerläßlich. Beispielsweise müssen Kartoffeln gekocht werden, um die enthaltene Stärke verdaulich zu machen, oder Hülsenfrüchte erhitzt werden, um toxische Inhaltsstoffe zu zerstören.

Insgesamt lauten die Empfehlungen für eine gesunde Ernährung: „Wählen Sie täglich und reichlich Getreide/

Getreideprodukte/Kartoffeln, Gemüse/Hülsenfrüchte, Obst, Getränke sowie Milch/Milchprodukte" (DGE, 1995). Hier wird von stark bearbeiteten Nahrungsmitteln oder Fertigprodukten gar nicht gesprochen. Außerdem soll die Nahrung nährstoffschonend zubereitet sein (DGE, 1995) bzw. „Lebensmittel sollten nur in dem Maße verarbeitet werden, wie es zur Gewährleistung der gesundheitlichen Unbedenklichkeit sowie der Genußfähigkeit und Bekömmlichkeit erforderlich ist." (Koerber, 1993)

Wir sollten uns öfter fragen, ob wir die neuartigen Produkte wirklich brauchen oder wollen, ob wir in Zukunft möglichst naturbelassen oder stark verarbeitet essen wollen. Das bedeutet nicht, daß nur der eigene Garten, das selbst gebackene Brot, Einkochen und andere zeitaufwendige Tätigkeiten eine gesunde Nahrung sichern. Die Frage ist, ob der Nutzen der neuen Produkte mögliche Risiken rechtfertigt (Menden, 1990; DGE, 1990; AID 1991; Verbraucher-Zentrale 1992; AID 1993; Verbraucher-Zentrale 1993; Stiftung Warentest o. J.; Koerber, 1993).

3.5. Entwicklung der Nahrungsversorgung

Die Versorgung der Bevölkerung mit ausreichend Nahrung ist eine der wichtigsten Aufgaben zur Befriedigung der Grundbedürfnisse und die Voraussetzung für Nahrungssicherheit. Der Anteil der inländischen Produktion am Verbrauch von Nahrungsmitteln wird als Selbstversorgungsgrad bezeichnet. Die EU ist bei allen wichtigen Grundnahrungsmitteln (für die Daten vorliegen) mit Ausnahme von Obst Selbstversorger. Allerdings ist die Situation für einzelne Länder und Nahrungsmittelgruppen unterschiedlich. In Deutschland machte im Wirtschaftsjahr 1991/92 zum Beispiel die einheimische Gemüseproduktion nur 37 Prozent der insgesamt auf den Märkten und in den Geschäften verfügbaren Menge aus, während die Niederlande mehr als zweieinhalbmal so viel produzierten, wie sie selbst brauchten. Der Selbstversorgungsgrad der Landwirtschaft ausgewählter Länder in Afrika ist je nach Land und Produktgruppe ebenfalls differenziert zu beurteilen. Mit Ausnahme von Swasiland hat sich bei allen aufgeführten Ländern der Selbstversorgungsgrad für Nahrungsmittel insgesamt seit Beginn der 60er Jahre ver-

(Erläuterung 16)

(Tab. 23)

Erläuterung 16: Selbstversorgungsgrad

Selbstversorgungsgrad wird definiert als der prozentuale Anteil der Inlandsproduktion an der Gesamtverfügbarkeit der entsprechenden Produkte in einem Land. Er wird in der Versorgungsbilanz errechnet unter Berücksichtigung von Produktionsmengen, Bestandsveränderungen sowie Einfuhr- und Ausfuhrmengen. Die FAO errechnet den Selbstversorgungsgrad über die Formel Produktion / (Produktion + Import - Export), berechnet in Kalorien.

Der Selbstversorgungsgrad sagt nichts aus über die Deckung des Bedarfs einer Bevölkerung, weil ein Bedarf, der sich nicht in kaufkräftige Nachfrage umsetzt (Kap. 4.1), in der Berechnung des Selbstversorgungsgrades nicht berücksichtigt ist.

Quellen: CMA (1980), S. 33; FAO/ESN (1994), S. 4

Erläuterung 17: Nahrungsbilanzen

Seit 1971 hat die FAO ein computergestütztes System entwickelt, um landwirtschaftliche Daten für mehr als 300 unverarbeitete und 310 verarbeitete Produkte (Nahrungsmittel, Agrarprodukte und Fischereiprodukte) zusammenzustellen und zu aktualisieren.

Die gesamte produzierte Menge Nahrungsmittel in einem Land, addiert zu der Gesamtimportmenge, verrechnet mit Änderungen der Vorräte, ergibt die verfügbare Menge innerhalb einer Periode. Wenn davon die Mengen abgezogen werden, die für Exporte, Viehfutter, Saatgut und industrielle Zwecke verwendet werden und während Lagerhaltung und Transport verloren gehen, errechnen sich die Mengen, die als Nahrungsmittel im Einzelhandel für die menschliche Ernährung zur Verfügung stehen.

Die Pro-Kopf-Verfügbarkeit von Nahrungsmitteln für den Verzehr ergibt sich dann, indem die verfügbare Menge durch die aktuelle Bevölkerungszahl dividiert wird.

Nahrungsbilanzen errechnen sich demnach nach folgender Formel:

$$NV = \frac{IP + I +/- V - E - VF - S - SV}{B}$$

NV: Nahrungsverfügbarkeit pro Kopf
IP: Inländische Produktion
I: Import
V: Vorratssaldo
E: Export
VF: Viehfutter
S: Saatgut
SV: Schwund und Verluste
B: Bevölkerungszahl

Die Daten können ausgedrückt werden in Mengeneinheiten und/oder - unter Verwendung angemessener Nährwerttabellen - in Energie und Nährstoffen. Tabelle 32 ist ein Beispiel für Ergebnisse einer Nahrungsbilanz.

Es ist wichtig festzustellen, daß mit der so ermittelten Verfügbarkeit von Nahrungsmitteln die Mengen gemeint sind, die für die Verbraucherinnen und Verbraucher bereitstehen. Diese entsprechen nicht notwendigerweise den Mengen, die auch tatsächlich gegessen werden. Die Verzehrsmengen können kleiner sein als die verfügbaren Mengen. Die Differenz hängt ab von Verlusten auf Haushaltsebene während Lagerung, Zubereitung und Kochen, von Nahrungsmittelmengen, die im Haushalt an Tiere verfüttert werden und von Resten, die entsorgt werden.

Außerdem geben die errechneten Durchschnittszahlen keinerlei Hinweis über die Ernährung verschiedener Bevölkerungsgruppen, z.B. in Abhängigkeit von der sozioökonomischen Situation, der ökologischen Zone und geographischen Region innerhalb eines Landes. Saisonale Unterschiede in der Verfügbarkeit und Unterschiede in der Verteilung im Haushalt finden ebenfalls keine Berücksichtigung.

Daten aus Nahrungsbilanzen geben also lediglich die durchschnittliche Verfügbarkeit von Nahrungsmitteln für eine Bevölkerung insgesamt an und sagen nichts aus über die tatsächlich durch ein Individuum verzehrten Mengen.

Quelle: FAO (1993a), S. xiii f und eigene Darstellung

schlechtert. 1988-90 konnte außer Swasiland keines der ausgewählten Länder genügend Nahrungsmittel selbst produzieren. Mauretanien wies mit 46 Prozent den niedrigsten Selbstversorgungsgrad bei Nahrungsmitteln insgesamt auf, obwohl das Land Selbstversorger ist, z.B. bei Hülsenfrüchten und Eiern, und Überproduktion bei Fisch aufwies. *(Tab. 24)*

Über Handel und evtl. Nahrungsmittelhilfe erfolgt ein Ausgleich nationaler Produktionsdefizite, um die nationale Nahrungsmittelverfügbarkeit zu verbessern.

Nach Berechnungen aus Nahrungsbilanzen standen 1988-90 weltweit durchschnittlich 2.697 kcal, 70,9 g Protein und 67,7 g Fett pro Person und Tag zur Verfügung. Dies bedeutet sowohl für die Industrieländer als auch für die meisten Entwicklungsregionen eine stetige Verbesserung der Verfügbarkeit. Ausnahmen sind Afrika südlich der Sahara, dessen durchschnittliche Energieverfügbarkeit seit 1970 rückläufig ist, und Südamerika, dessen durchschnittliche Energieverfügbarkeit seit 1980 zurückgeht. Allerdings ist dort das Versorgungsniveau erheblich höher als in Afrika südlich der Sahara. *(Erläuterung 17)* *(Tab. 25)* *(Abb. 13)*

Experten sind sich einig, daß mit der verfügbaren Nahrung kein Mensch auf der Erde hungern müßte (Oltersdorf 1992; Pinstrup-Andersen, 1994). Eine vereinfachte Überschlagsrechnung zeigt, daß weltweit genügend Nahrung produziert wird. *(Erläuterung 18)*

Bereits die regionale Betrachtung und die Gegenüberstellung von Kalorienverfügbarkeit und -bedarf zeigen aber, daß eine insgesamt ausreichende Nahrungsmittelproduktion nicht genügt, um Nahrungssicherheit für alle Menschen zu erreichen. In den Entwicklungsländern insgesamt, in Afrika südlich der Sahara, in Asien und besonders in den am wenigsten entwickelten Ländern ist die Versorgungslage bereits im Durchschnitt problematisch. Viele Haushalte sind von Nahrungsunsicherheit betroffen. Sie haben keinen Zugang zu ausreichend Nahrungsmitteln für ein gesundes und aktives Leben. Damit fehlt ihnen bereits die notwendige Voraussetzung für Ernährungssicherheit, d.h. einen angemessenen Ernährungszustand. *(Tab. 26)*

Eine Vielzahl von Ländern ist von nationaler Nahrungsunsicherheit unterschiedlichen Ausmaßes betroffen. Die Zahl der Länder, die im Durchschnitt täglich weniger *(Tab. 27)*

Erläuterung 18: Schätzung des Weltbedarfs an Nahrungsmitteln

Ein erwachsener Mensch benötigt ca. 2.500 kcal (10.450 Kilojoule, kJ) und 55 g Eiweiß pro Tag (WHO, 1985) bzw. 900.000 kcal (3,76 x 10^6 kJ) und 20 kg Eiweiß pro Jahr.

Zur Mitte des Jahres 1994 gab es auf der Welt ca. 5,66 Milliarden Menschen (SADIK, 1994).

Diese benötigten: $5,1 \times 10^{15}$ kcal/Jahr (bzw. $2,1 \times 10^{16}$ kJ) und $1,1 \times 10^{11}$ kg Eiweiß/Jahr.

Getreide enthält pro kg ca. 3.000 kcal (12.500 kJ) und 100 g Eiweiß.

Um den genannten jährlichen Bedarf der Weltbevölkerung decken zu können, wird also rechnerisch folgende jährliche Getreideproduktion benötigt:
bezüglich der Nahrungsenergie:
- 1,7 Milliarden Tonnen.

bezüglich des Eiweißes:
- 1,1 Milliarden Tonnen.

Die weltweite Getreideproduktion lag 1994 bei über 1,9 Milliarden Tonnen (FAO, 1995b) und dazu gibt es noch eine Reihe von anderen Lebensmitteln, die zur Bedarfsdeckung beitragen (vgl. Tab. 35 und Abb. 18).

So ergibt sich rein rechnerisch auf der Erde ein Nahrungsmittelüberfluß, wenn die Produktion ausschließlich für die menschliche Ernährung verwendet würde.

Quelle: eigene Berechnung in Anlehnung an Oltersdorf (1986), S. 29

Erläuterung 19: Nahrungsdefizitäre Länder mit niedrigem Einkommen (LIFDC = low-income food-deficit countries)

Länder mit einem Nahrungsmitteldefizit und einem Pro-Kopf-Einkommen, das unter dem Niveau liegt, das die Weltbank als Kriterium für die Gewährung günstiger Kredite angibt (1.235 US $ im Jahr 1991, 1.345 US $ im Jahr 1993), werden als nahrungsdefizitäre Länder mit niedrigem Einkommen (LIFDC) bezeichnet. In Übereinstimmung mit den Richtlinien und Kriterien des Nahrungsmittelhilfekomitees (CFA) des Welternährungsprogramms (WFP) erhalten diese Länder Priorität in der Zusage von Nahrungsmittelhilfe.

Quelle: WFP (1993), S. 130; FAO (1995b), S. 2

Erläuterung 20: Index der Nahrungssicherheit auf Haushaltsebene

Der AHFSI (Aggregate Household Food Security Index = aggregierter Index der Nahrungssicherheit auf Haushaltsebene) wurde von der FAO entwickelt. Er umfaßt alle Aspekte der Nahrungssicherheit, d.h. neben der Verfügbarkeit allgemein - wie sie über Nahrungsbilanzen ermittelt wird - auch die Regelmäßigkeit der Verfügbarkeit und den Zugang zu Nahrungsmitteln.

Der Index kombiniert die durchschnittliche Verfügbarkeit von Nahrungsenergie mit Informationen über die Verteilung von verfügbaren Nahrungsmitteln, um den Anteil der Bevölkerung zu schätzen, der im Durchschnitt im Laufe eines Jahres nicht genügend Nahrungsmittel zur Aufrechterhaltung des Körpergewichts und leichter Aktivitäten hat. Zusätzlich wird das Ausmaß von Unterernährung berücksichtigt, indem die Abweichung der Unterernährten von den durchschnittlichen Empfehlungen zur Energieaufnahme geschätzt wird.

AHFSI-Werte von 100 bedeuten einen Zustand allgemeiner Nahrungssicherheit ohne Risiko, während der Wert Null den Zustand völliger Hungersnot bedeutet.

Quelle: FAO (1994a), S. 19 f

als 2.200 kcal/Person bereitstellen können, ist zwischen 1979-81 und 1988-90 von 33 auf 22 zurückgegangen. Im Januar 1993 galten 42 Länder in Afrika südlich der Sahara, 20 Länder in Asien und im Pazifik, neun Länder in Lateinamerika und der Karibik sowie sieben Länder in Nordafrika und im Mittleren Osten als nahrungsdefizitäre Länder mit niedrigem Einkommen.

(Tab. 28)

(Erläuterung 19 und Tab. 29)

Die FAO hat mit der Berechnung des Index der Nahrungssicherheit auf Haushaltsebene eine Methode entwickelt, um aus nationalen Daten Rückschlüsse über die Nahrungssicherheit der Haushalte abzuleiten. Danach war die Versorgungssituation der Familien in Ländern wie Ägypten, Argentinien und Südkorea für die Periode 1991-93 gut, während in Ländern wie Äthiopien, Mosambik und der Zentralafrikanischen Republik viele Familien von Nahrungsunsicherheit betroffen waren und damit nicht über genügend Nahrungsmittel verfügten, um ein gesundes und aktives Leben zu führen.

(Erläuterung 20)

(Tab. 30)

Aus der bisherigen Analyse wird deutlich, daß weltweit eine bemerkenswerte Steigerung der landwirtschaftlichen Produktion und damit der Verfügbarkeit von Nahrungsenergie und Nährstoffen zu verzeichnen war. Zusammengefaßte Daten verdecken aber immer, daß es große Unterschiede zwischen den Regionen, aber auch innerhalb der Regionen zwischen verschiedenen Ländern gibt.

Am Beispiel der durchschnittlichen Nahrungsmittelproduktion pro Person und der Verfügbarkeit von Nahrungsenergie sollen diese regionalen Unterschiede, die auch Unterschiede in der Kaufkraft reflektieren, verdeutlicht werden.

Die Nahrungsmittelproduktion pro Person hat sich 1993 in einigen Ländern gegenüber 1979-81 verbessert, z.B. in Ägypten, Nigeria, Indien, Saudi-Arabien, Australien. Andere Länder, z.B. Gambia, Mosambik, Haiti, Afghanistan, Bulgarien, mußten dramatische Produktionseinbußen hinnehmen.

(Tab. 31)

Insgesamt hat sich die Bereitstellung von Nahrungsenergie und Hauptnährstoffen in allen Weltregionen zwischen 1961-63 und 1988-1990 verbessert (FAO, 1993a). Für einige Länder, z.B. Madagaskar, Mosambik und Peru, mußten jedoch Einbußen in der Pro-Kopf-Verfügbarkeit

B *Die Welternährungssituation*

(Tab. 32)
(Abb. 14)

vermerkt werden. In anderen Ländern, z.B. Ruanda, Tansania, Honduras und Bangladesh, verbesserte sich zwar im gleichen Zeitraum die Situation. Sie sind aber weiterhin bereits in ihrer Durchschnittsversorgung gefährdet.

Am Beispiel von Mexiko und Indien wird veranschaulicht, daß in der Bereitstellung von Nahrung auf Haushaltsebene, d.h. also bei der Nahrungssicherheit, auch ökonomische Unterschiede eine bedeutende Rolle spielen. In Mexiko konsumierten acht Prozent der Bevölkerung, die Reichsten des Landes, in einem Jahr 55 kg Fleisch pro Person. Dagegen mußten die 65 Prozent Ärmsten mit 4 kg auskommen. Im Bundesstaat Maharastra in Indien verzehrte die Bevölkerung im Durchschnitt 2.180 Kalorien pro Person und Tag. 20 Prozent der Einwohner hatten 2.990 Kalorien zur Verfügung, während die 20 Prozent Ärmsten nur 1.540 Kalorien essen konnten.

„Es gibt Hunger, weil die einen wegen mangelnder Kaufkraft nicht kaufen können, was die anderen zuviel haben: Hunger (und Unterernährung) ist ein Verteilungsproblem."

(Strahm, 1986, S. 37)

4. Ernährungssicherheit - Ernährungsunsicherheit

Selbst wenn global und auf Haushaltsebene Nahrungssicherheit besteht, ist nicht sichergestellt, daß alle Menschen gut ernährt sind.

Die Ernährungssicherheit ist gefährdet, wenn
- der Nahrungs- bzw. Nährstoffbedarf oder die speziellen Bedürfnisse, z.B. von Kleinkindern, nicht berücksichtigt werden;
- die Ernährungsgewohnheiten nicht dem Bedarf entsprechen;
- die Menschen krank sind und deshalb keinen Appetit haben oder die aufgenommene Nahrung schlecht verwerten können;
- die Gesundheitsdienste Krankheiten nicht verhüten oder behandeln können;
- die für die Ernährung zuständigen Personen (zumeist Frauen) nicht das Wissen oder die Kraft haben, verfügbare Nahrungsmittel auch angemessen zuzubereiten, oder
- zuwenig Brennmaterial und/oder Wasser in ausreichender Menge und guter Qualität bereit stehen.

4.1. Der Nahrungsbedarf des Menschen

Genaugenommen braucht der Mensch keine Nahrung, sondern Energie und Nährstoffe. Hauptnährstoffe sind Eiweiß, Fett und Kohlenhydrate, die vor allem Energie, aber auch essentielle Aminosäuren und Fettsäuren liefern. Mikronährstoffe sind Mineralstoffe (Mengen- und Spurenelemente) und Vitamine (fettlösliche und wasserlösliche). Der Nährstoffbedarf ist die Menge eines Nährstoffes, die für die Aufrechterhaltung der Körperfunktionen und damit für Gesundheit und Leistungsfähigkeit benötigt wird. Der Grundbedarf oder Mindestbedarf ist die Nährstoffmenge, die nötig ist, um nachweisbare Mangelerscheinungen zu verhindern. Ein Mehrbedarf kann unter verschiedenen physiologischen Bedingungen (Wachstum, Schwangerschaft, Stillzeit), durch Umwelteinflüsse oder durch Wechselwirkungen von Nahrungsbestandteilen entstehen. Ein Sicherheitszuschlag berücksichtigt Nährstoffverluste, die durch Zubereitung von Lebensmitteln bis zum Verzehr entstehen.

Empfehlungen für die Nährstoffzufuhr von Bevölkerungen berücksichtigen den Grundbedarf sowie die genannten Aufschläge, so daß sie die Nährstoffmengen ausdrücken, die in allen Lebenssituationen einen optimalen Stoffwechsel des Körpers ermöglichen. Problematisch ist, daß der Grundbedarf bei vielen Nährstoffen nicht exakt ermittelbar ist und auch die notwendigen Sicherheitszuschläge unterschiedlich eingeschätzt werden, so daß verschiedene Gremien unterschiedliche Nährstoffzufuhren empfehlen. Solche Empfehlungen existieren z.B. von der Deutschen Gesellschaft für Ernährung (DGE), vom Food and Nutrition Board in den USA sowie von der FAO und Weltgesundheitsorganisation (WHO) (Elmadfa und Leitzmann, 1988). Inzwischen gibt es auch Bestrebungen, die Empfehlungen auf europäischer Ebene zu harmonisieren (N.N., 1990), die jedoch sehr umstritten sind (Gaßmann und Kübler, 1994).

(Tab. 33)

Empfehlungen für die Nährstoffzufuhr sind keine konstanten Größen. Neue wissenschaftliche Erkenntnisse können zu neuen Empfehlungen führen. Die DGE hat z.B. 1991 für die Bundesrepublik Deutschland die fünfte Überarbeitung der Empfehlungen vorgelegt (DGE, 1991). Die FAO ist noch 1987 von einem durchschnittlichen Energiebedarf einer Bevölkerung ausgegangen, der bei dem 1,2fachen bzw. 1,4fachen des Grundumsatzes lag (FAO, 1987). Nach neueren Einschätzungen nennt die FAO bei ihrer Bestimmung der Zahl der chronisch Unterversorgten einen durchschnittlichen Energiebedarf einer Bevölkerung, der dem 1,54fachen des Grundumsatzes entspricht und somit dem Erhalt der Körperfunktionen und des Körpergewichts dient sowie leichte Aktivitäten erlaubt. Damit steigt dann auch die Zahl der als chronisch unterversorgt angesehenen Personen (FAO und WHO, 1992b). Würde der zusätzliche Bedarf für die gerade in Entwicklungsländern oft schwere körperliche Arbeit (z.B. Feldarbeit, Hausarbeit, Wasserholen, Brennholzsammeln) berücksichtigt, wäre die Zahl der chronisch Unterversorgten noch höher. Ähnlich hat eine Revision der Höhe des Eiweißbedarfes in den 70er Jahren rein rechnerisch die „Eiweißlücke", die bis dahin als das Welternährungsproblem angesehen wurde, verschwinden lassen.

(Erläuterung 23)

(Tab. 34)

Neben diesem Nährstoffbedarf sind für bestimmte Bevölkerungsgruppen, besonders Säuglinge und Kleinkinder, spezifische Bedürfnisse zu berücksichtigen. Die WHO empfiehlt, daß Kinder in den ersten vier bis sechs Lebensmonaten ausschließlich gestillt werden sollen. Anschließend müssen die Kinder langsam an feste Nahrung in der richtigen Zusammensetzung gewöhnt werden, bevor sie etwa ab dem zweiten Lebensjahr die Nahrung der Erwachsenen zu sich nehmen können (Cameron und Hofvander, 1983; WHO, 1989; Forschungsinstitut für Kinderernährung, 3/92 und 6/92; DGE, 1994a).

Allerdings ist es wichtig zu berücksichtigen, daß der physiologische Nahrungs- bzw. Nährstoffbedarf nicht automatisch auch zu einer Nachfrage nach Nahrungsmitteln entsprechender Quantität und Qualität führt. Nur wer selbst genügend Land besitzt, kann im Rahmen der Subsistenzproduktion seinen Bedarf decken. Wer nicht selbst Nahrungsmittel für sich und seine Familie produziert, muß die notwendige Kaufkraft besitzen, um ausreichend Nahrungsmittel zu kaufen. Nur wer kaufkräftig ist, für den werden auch Nahrungsmittel produziert. So kommt es immer wieder vor, daß Länder Grundnahrungsmittel exportieren, obwohl im eigenen Land der Bedarf nicht gedeckt ist und Unterernährung verbreitet ist (Wesel, 1990).

4.2. Ernährungsgewohnheiten

Die verfügbare Nahrung wird im Haushalt zu Mahlzeiten zusammengestellt und zubereitet. Die Zubereitung hat verschiedene Wirkungen, sowohl erwünschte als auch unerwünschte.

Erwünschte Wirkungen sind z.B.,
- daß die Lebensmittelhygiene verbessert wird, da Verunreinigungen entfernt und Krankheitskeime abgetötet werden;
- daß sich der Genuß verbessert, da appetitanregende Aroma- und Röststoffe gebildet werden sowie unerwünschte Geruchs- und Geschmacksstoffe entfernt werden;
- daß die Nahrung besser verdaulich wird und die Ausnützbarkeit von Nährstoffen zunimmt, da Eiweiß und Stärke, z.B. bei Fleisch, Eiern, Getreide und Kartoffeln, so umgebaut werden, daß sie vom Körper besser verwertet werden können;

- daß schädliche Inhaltsstoffe (Schwermetalle, Pflanzengifte, Rückstände von Pflanzenschutzmitteln) teilweise durch Waschen entfernt werden können.

Unerwünschte Wirkungen sind z.B.,
- daß sich der Genuß verschlechtert durch Auslaugen von Aromastoffen und Zerstörung der Struktur und Konsistenz;
- daß durch Waschen und Erwärmen Nährstoffverluste auftreten bei Eiweiß, Aminosäuren, Fett, Kohlenhydraten sowie bei Vitaminen und Mineralstoffen.

(Kap B 3.5) Unter Umständen können - je nach Lagerung und Zubereitungsart - erhebliche Nährstoffverluste auftreten (Bognar, 1983; AID, 1983; AID, 1990; AID, 1992), die die in Nahrungsbilanzen errechnete Verfügbarkeit von Nährstoffen vermindern.

Verschiedene Nahrungsbestandteile können sich ergänzen, so daß insgesamt eine Verbesserung der Nährstoffverwertung auftritt. Dafür können zwei wichtige Beispiele genannt werden, zum einen die Verbesserung der Eisenaufnahme aus pflanzlichen Eisenlieferanten durch die gleichzeitige Aufnahme von Vitamin C, und zum anderen verbessert sich die biologische Wertigkeit von Eiweiß durch die Kombination pflanzlicher Eiweißträger untereinander bzw. die Kombination von pflanzlichem und tierischem Eiweiß.

Zu einer differenzierten Betrachtung der Welternährungssituation gehört auch, die Nahrungsmuster und Ernährungsgewohnheiten näher zu untersuchen. Weltweit *(Tab. 35 und Abb. 15)* überwiegt der Verzehr von Getreide. Mehr als 50 Prozent der verfügbaren Nahrungsenergie stammen aus Reis, Weizen, Mais, Hirse, Sorghum und anderen Getreidearten. Allerdings wird in Entwicklungsländern mehr Getreide für *(Tab. 36)* die Ernährung verbraucht als in Industrieländern. Tierische Lebensmittel (Fleisch, Innereien, Fisch, Milch, Milchprodukte und Eier) machen nur 13,5 Prozent der zur Verfügung stehenden Nahrungsenergie aus. Die verschiedenen Lebensmittelgruppen tragen jedoch regional ganz unterschiedlich zur Energieversorgung bei.

Die Entwicklungsländer bieten fast ein einheitliches Bild. Eine Nahrungsmittelgruppe dominiert, meist Getreide. Demgegenüber dominiert in Industrieländern keine *(Abb. 16 und 17)* Lebensmittelgruppe. Da die verschiedenen Lebensmittelgruppen auch unterschiedliche Nährstoffe enthalten, kann ihr Anteil an der Ernährung für verschiedene Ernährungsprobleme verantwortlich sein.

So ist z.B. ein Auftreten von Kwashiorkor, einer Form von schwerer Unterernährung, in Regionen, in denen Wurzel- und Knollenfrüchte, die relativ proteinarm sind, das Grundnahrungsmittel darstellen, wahrscheinlicher als in Regionen, in denen relativ proteinreiche Getreide den Hauptbestandteil der Nahrung darstellen. Allerdings weiß man heute, daß Kwashiorkor keine reine Proteinmangelerkrankung ist, sondern auch andere Einflüsse in der Entstehung von Kwashiorkor eine Rolle spielen dürften. *(Abb. 28)*

Eine der Hauptursachen für Vitamin-A-Mangel ist der zu geringe Konsum von Lebensmitteln, die viel Vitamin A bzw. Carotin (Vorstufe des Vitamin A) enthalten, wie z.B. tierische Lebensmittel sowie gelbe Gemüse und Obst (z.B. Aprikosen, Möhren) und die Blätter grüner Gemüse.

Ernährungsgewohnheiten sind auch abhängig von der ökonomischen Situation. Mit steigendem Einkommen und Entwicklungsstand
- wird mehr Nahrungsenergie aufgenommen;
- werden weniger Kohlenhydrate verzehrt und auch ihre Zusammensetzung ändert sich stark (einem geringeren Verzehr hochmolekularer Kohlenhydrate aus Getreide und Wurzeln/Knollenfrüchten steht ein vermehrter Verzehr von Zucker gegenüber);
- wird mehr Fett verzehrt;
- wird pflanzliches Eiweiß (aus Getreide und Hülsenfrüchten) gegen tierisches Eiweiß ausgetauscht ; *(Abb. 18)*
- wird ein sinkender Anteil der Haushaltseinkommen für Ernährung und Getreide ausgegeben. *(Tab. 37)*

Eine Einkommenserhöhung bewirkt, daß immer mehr veredelte und verarbeitete Lebensmittel verzehrt werden. Dieser Trend wird durch zunehmende Verstädterung beschleunigt. Mit solchen Änderungen in der Zusammensetzung der Ernährung ändert sich auch die Art der Ernährungsprobleme (Oltersdorf, 1986; Pinstrup-Andersen, 1993; Popkin, 1993).

Auch wenn auf Haushaltsebene Nahrungssicherheit herrscht, kann aufgrund negativer Ernährungsgewohnheiten die Ernährungssicherheit einzelner Familienmitglieder gefährdet sein. Die Verteilung der Mahlzeit erfolgt oft zugunsten der männlichen Familienvorstände und Jungen. Die benachteiligten Frauen und Mädchen sind daher unter Umständen häufiger von Unterernährung betroffen (FAO, 1987; UN ACC/SCN, 1992).

Nahrungstabus können einzelne Familienmitglieder diskriminieren. Es ist zum Beispiel bekannt, daß in vielen Kulturkreisen Schwangere, Stillende und Kinder von Nahrungsmitteln ausgeschlossen werden, die sie aufgrund ihres besonderen Bedarfs gerade benötigen würden. Oft sind proteinreiche Nahrungsmittel mit solchen Tabus belegt (FAO/ESN).

(Kap. B 3.1) Auch die Verstädterung beeinflußt die Ernährungsgewohnheiten. Dabei ist zwischen folgenden drei Gruppen, deren Ernährungsprobleme unterschiedlich sind, zu unterscheiden:

- Einwohner, die seit Jahren in Städten wohnen und ein reguläres Einkommen haben. Sie können alle Vorteile, die die Städte in bezug auf die Versorgung mit Nahrungsmitteln und Gesundheitsdiensten bieten, nutzen.
- Neuzugezogene, die mit den Verhältnissen in den Städten noch nicht so vertraut sind und die Angebote noch nicht zu nutzen wissen. Sie suchen oft lange nach einem Kompromiß zwischen der traditionellen und der städtischen Ernährung. Sie versorgen sich weiterhin aus den Regionen, aus denen sie in die Stadt gezogen sind.
- Benachteiligte, die ohne Arbeit sind und in Slums leben. Sie haben unzureichende finanzielle Mittel. Ihre Ernährung ist oft schlechter als in ländlichen Gebieten.

Die Verstädterung kann sich also sowohl positiv als auch negativ auf die Ernährung auswirken.

Positive Effekte sind:
- Die Verfügbarkeit von Nahrungsmitteln ist durch Märkte und Geschäfte kontinuierlich gesichert. Wer die Mittel und die Kenntnisse hat, kann seine Ernährung abwechslungsreich und ausgewogen gestalten.
- In vielen Städten in Entwicklungsländern ist der Fleischkonsum höher als auf dem Land, oft sogar höher als in Viehzuchtgebieten. Grund dafür ist, daß es in Städten Schlachthöfe, Kühlmöglichkeiten und Vermarktungswege gibt, die auf dem Land oft nicht vorhanden sind. Dort wer-

den Tiere meist nur zu besonderen Gelegenheiten (Hochzeit, Taufe, Beerdigungen) geschlachtet oder wenn sichergestellt ist, daß das Fleisch noch am selben Tag verkauft werden kann.

Negative Effekte sind:
- Die Städter, die selbst keine Nahrungsmittel mehr produzieren, geben nach und nach den Konsum traditioneller Nahrungsmittel auf zugunsten von Brot, Reis, Konserven und Halbfertig- oder Fertiggerichten, die oft von geringerem Ernährungswert sind und deren hygienische Qualität problematisch ist bzw. den Einsatz von Konservierungsmitteln erforderlich macht.
- Oft liegen die Märkte weit entfernt von den Wohngebieten, so daß für Transport bezahlt werden muß.
- Bei begrenztem Einkommen konkurrieren Ausgaben für Nahrungsmittel mit Ausgaben für andere Güter und Dienstleistungen. In Städten müssen die Menschen außerdem oft für bestimmte Güter und Dienste bezahlen, die in ländlichen Regionen kostenlos sind oder nicht existieren (Brennholz, Wasser, Abwasser, Strom).
- Stadtbewohner, besonders städtische Arme, bei denen die ganze Familie arbeitet, um Geld zu verdienen, haben oft wenig Zeit für die Zubereitung von Mahlzeiten und eine gute Betreuung der besonders gefährdeten Kleinkinder. Oft fehlt ihnen auch das Geld, um Brennstoff für die Nahrungszubereitung zu kaufen.

Die genannten Wirkungen der Verstädterung gelten mehr oder weniger ausgeprägt sowohl für Industrie- als auch für Entwicklungsländer.

Allerdings ist trotz geringerer Nahrungsaufnahme in städtischen Regionen die Verbreitung von Unterernährung dort geringer als in ländlichen Gebieten, wie die verfügbaren Studien zur Nahrungsaufnahme und zum Ernährungszustand in städtischen und ländlichen Regionen in Entwicklungsländern ergeben haben. Dies mag auf den ersten Blick paradox erscheinen. Es könnte aber dadurch erklärt werden, daß in ländlichen Regionen der Energiebedarf aufgrund schwerer körperlicher Arbeit oft höher ist als in den Städten und daß in den Städten die Versorgung mit Gesundheitsdiensten, Wasser und Sanitäreinrichtungen meistens besser ist, wovon eine indirekt positive

Wirkung auf den Ernährungszustand ausgeht (Hartog, 1983; Bodenstedt, 1983a; Bodenstedt, 1983b; GTZ 1987; FAO, 1987; Agbessi Dos Santos und Damon, 1987; Pryer und Crook, 1988; UNDP, 1994; Delisle, 1991; Winarno und Allain, 1994).

4.3. Ernährung und Infektionskrankheiten

Ernährung und Gesundheit hängen eng zusammen. Der Kreislauf Ernährung bzw. Unterernährung und Infektionskrankheiten ist eines der bedeutendsten Gesundheitsprobleme in der Welt, besonders in Entwicklungsländern.

(Abb. 19)

Die Mechanismen, durch die Infektionen zu Wachstumsrückstand und klinischer Unterernährung führen, werden immer besser erforscht. Durch Anorexie (Appetitlosigkeit), Änderungen im Stoffwechsel, Malabsorption (Störungen der Nährstoffaufnahme durch die Darmwand) und Änderungen des Ernährungsverhaltens wird - wenn die Nährstoffreserven gering sind - Unterernährung hervorgerufen. Atemwegs- und Durchfallerkrankungen sind die häufigsten Infektionen und haben den größten negativen Einfluß auf das Wachstum von Säuglingen und Kleinkindern.

(Kap. C 1)

(Abb. 20)

Andererseits beeinflussen die Ernährung und der Ernährungszustand der betroffenen Person den Verlauf und die Dauer von Infektionskrankheiten. Es ist bekannt, daß Protein-Energie-Unterernährung das Immunsystem beeinträchtigt. Wachstumsrückstand ist verbunden mit verminderter Immunität. Unter solchen Bedingungen erkranken die Betroffenen oft erneut, ist ihre Krankheit schwerer und dauert länger. Offenbar beeinflussen sogar leichtere Formen von Unterernährung die Immunreaktion und damit die Morbidität (Krankheitshäufigkeit) und Mortalität (Sterblichkeit) negativ.

(Kap. C 1)

Für einzelne Infektionen und bestimmte Nährstoffe sind die Zusammenhänge zwischen Ernährung und Infektionen hinlänglich bekannt. Zum Beispiel verlängert Protein-Energie-Unterernährung die Dauer von Durchfallerkrankungen. Auch Vitamin-A-Mangel, Protein-Energie-Unterernährung und Maserninfektionen wirken zusammen und verstärken sich unter Umständen gegenseitig.

Es wird geschätzt, daß weltweit jährlich (ohne China) 1,4 Milliarden Durchfallepisoden bei Kindern im Alter unter fünf Jahren auftreten. 1990 starben daran mehr als drei Millionen Kinder. Bis zu 70 Prozent der Durchfallepisoden können Krankheitskeimen zugeschrieben werden, die durch Nahrungsmittel übertragen werden.

Hygienisches Verhalten im Umgang mit Nahrungsmitteln bei der Zubereitung von Mahlzeiten, die Versorgung mit ausreichend Trinkwasser guter Qualität und die Förderung des Stillens können zur Prävention beitragen.

Erfolgreiche Impfkampagnen haben ebenfalls Einfluß darauf, den Ernährungszustand von Kindern deutlich zu verbessern, da sie die Erkrankungen verringern. Die medizinischen Erfolge in der Bekämpfung der Kinderkrankheiten helfen, Unterernährung und Wachstumsstörungen bei Kindern zu bekämpfen.

Als besonders problematisch muß die zunehmende Zahl von Aids-Erkrankungen weltweit angesehen werden. Da an dieser Krankheit vor allem ökonomisch aktive Menschen erkranken, sind sowohl die Nahrungssicherheit als auch die Ernährungssicherheit der Familien und Gesellschaften extrem gefährdet (Tomkins und Watson, 1989; FAO und WHO, 1992d; FAO und WHO, 1992e; Motarjemi u.a., 1993; Weltbank, 1993; Grant, 1994).

4.4. Ernährung und Gesundheitsdienste

Neben der individuellen Verantwortung jeder und jedes einzelnen sowie ihrer und seiner Familie für eine gesunde Lebensweise ist auch das Gesundheitssystem von Bedeutung, wenn es darum geht, richtige Ernährung zu fördern sowie in der Prävention und Therapie von Unterernährung und Infektionskrankheiten tätig zu werden. *(Kap. C 4.1)*

Die Zunahme der Lebenserwartung, der Rückgang der Säuglings- und Kindersterblichkeit, die Möglichkeit der einfachen Behandlung von Durchfallerkrankungen (Orale Rehydratationstherapie, ORT), die Ausrottung der Pocken, die Ausweitung von Schutzimpfungen und der damit einhergehende Rückgang von Masern und Kinderlähmung reflektieren Fortschritte in der Lebensqualität. Sie sind - *(Tab. 38 sowie Abb. 21 und 22)* neben anderen Einflüssen - Ergebnis der Bemühungen von Staaten zur Verbesserung des Gesundheitswesens.

B *Die Welternährungssituation*

(Tab. 39)

(Abb. 23 und 24)

(Tab. 40)

Trotz dieser Fortschritte bleiben jedoch große Gesundheitsprobleme. Die Verbesserungen sind ungleich verteilt. Die medizinische Infrastruktur und damit der Zugang der Bevölkerungen zu Gesundheitsdiensten ist oft unzureichend. Ausgaben der öffentlichen Hand konzentrieren sich häufig auf große Spezialkliniken und vernachlässigen die Basisversorgung. Eine Reihe von Untersuchungen haben gezeigt, daß Angehörige armer Haushalte besonders in ländlichen Regionen erheblich weitere Entfernungen zurücklegen müssen, um Gesundheitsdienste zu erreichen. Die Sterblichkeit ist in Entwicklungsländern weiterhin auf einem inakzeptabel hohen Niveau, die Kindersterblichkeit ist dort zehnmal so hoch wie in entwickelten Ländern. Nahezu die Hälfte der Todesfälle ist auf Atemwegserkrankungen und Durchfall zurückzuführen, deren Einfluß durch Mangel- oder Unterernährung verschärft wird. Jedes Jahr sterben sieben Millionen Erwachsene an Krankheiten, die mit geringem Aufwand hätten vermieden oder geheilt werden können. Allein die Tuberkulose ist für über zwei Millionen solcher Todesfälle verantwortlich. Komplikationen während Schwangerschaft und Entbindung verursachen jährlich ca. 400.000 Todesfälle bei Frauen. Die Müttersterblichkeit ist in Entwicklungsländern im Durchschnitt dreißigmal so hoch wie in Ländern mit hohen Einkommen (Weltbank, 1993).

Auch im Gesundheitssektor bestehen nicht nur zwischen Entwicklungsländern und entwickelten Ländern große Unterschiede, sondern zwischen verschiedenen Entwicklungsländern unterscheiden sich auch der Gesundheitszustand, der Zugang zu Gesundheitsdiensten, die Inanspruchnahme der Gesundheitsdienste, die finanzielle Lastenverteilung der Gesundheitsausgaben und die öffentlichen wie privaten Ausgaben für das Gesundheitswesen erheblich. In Bangladesh ist die Kindersterblichkeit bei Armen in den Städten mit 13,4 Prozent fast doppelt so hoch wie im städtischen Durchschnitt, der bei 6,8 Prozent liegt, und auch höher als der Gesamtdurchschnitt des Landes, der mit 10 Prozent zu beziffern ist.

In China bestehen einkommensabhängige Unterschiede im Fortschritt des Gesundheitswesens. Die Säuglingssterblichkeit fiel zwischen 1950 und 1982 im Landesdurchschnitt von 20 Prozent auf 4,6 Prozent. Sie beträgt in armen Regionen 7 Prozent, in wohlhabenden Regionen weniger als 2 Prozent.

In Kenia und Kamerun bestehen zwischen den ethnischen Gruppen Unterschiede in der Wahrscheinlichkeit, daß ein Kind im ersten Lebensjahr stirbt (Weltbank, 1993).

Solche Unzulänglichkeiten sind mitverantwortlich für bestehende Ernährungsprobleme und verhindern, daß der Gesundheitssektor die Funktion übernehmen kann, die ihm in der Verbesserung der Ernährungssituation zukommt.

4.5. Fürsorge, Rolle und Situation der Frauen

Fürsorge ist ein wichtiges und oft vernachlässigtes Element in der Sicherung einer guten Ernährung und Gesundheit.

(Erläuterung 21)

Unterernährung kann auch dann auftreten, wenn Haushalte Zugang zu ausreichend Nahrungsmitteln und Gesundheitsdiensten haben. Ausreichende Einkommen, größere Nahrungsverfügbarkeit und verbesserte Gesundheitsdienste sind zwar notwendige Voraussetzungen, um die Ernährung zu verbessern, sie werden aber dann nichts bewirken, wenn die Familienmitglieder sie nicht richtig nutzen können. Kenntnisse, Einstellungen und Verhalten der Familienmitglieder, besonders des Haushaltsvorstandes und der für die Fürsorge zuständigen Person, bestimmen in großem Umfang ihren Ernährungsstatus (FAO und WHO, 1992b).

Es sind vor allem die Frauen, die für Ernährung und Fürsorge in den Familien, aber auch in der Gesellschaft, zuständig sind. Es sind Frauen - mehr als Männer -, die einen Großteil der Arbeit in der Ernährungskette von der Beschaffung durch eigene Produktion oder durch Kauf von Nahrungsmitteln bis zum Verzehr verrichten und für Personen sorgen, die sich nicht selbst versorgen können. Frauen sind in der Feldwirtschaft und damit in der Nahrungsmittelproduktion tätig. In Afrika produzieren sie ungefähr 80 Prozent der Nahrung der Familien. Frauen helfen, Tiere zu hüten und Fleisch, Milch und Eier zu produzieren. Sie sind vor allem für die Haltung von Kleintieren (Ziegen, Schafe, Hühner) zuständig. Frauen und Kinder sammeln wild wachsende Nahrungsmittel

B *Die Welternährungssituation*

(wie Blätter und Früchte). Frauen verarbeiten Nahrungsmittel. Viele Frauen kaufen mit ihrem Verdienst sämtliche oder einen Teil der Nahrungsmittel. Frauen holen Wasser und Brennholz, um das Essen zuzubereiten, hinterher erledigen sie den Abwasch und andere Reinigungsarbeiten. Frauen füttern kleine Kinder (einschließlich Stillen). Frauen kümmern sich um alte und kranke Angehörige (King und Burgess, 1992). Viele dieser Tätigkeiten sind Aufgaben von Frauen sowohl in Entwicklungsländern als auch in Industrieländern.

Frauen sind sehr stark in ihren Rollen als Mütter, Haushaltsmanagerinnen, Produzentinnen und Organisatorinnen von Gemeinschaften engagiert; Rollen, die teilweise miteinander um die Zeit und das Geld der Frauen konkurrieren und sie überfordern können. Dadurch ist die Ernährungssicherheit der Frauen selbst und ihrer Familienmitglieder gefährdet (Holmboe-Ottensen u.a., 1989; McGuire und Popkin, 1990; Gillespie und Mason, 1991a; FAO und WHO, 1992b).

(Abb. 25)

Insgesamt sind weltweit Frauen gegenüber Männern offensichtlich immer noch benachteiligt. Das Weltentwicklungsprogramm der Vereinten Nationen, UNDP, stellte fest:

(Tab. 41)

„ **Bei fast allen sozio-ökonomischen Indikatoren ist die Situation der Männer besser als die der Frauen.** "

(UNDP 1994, S. 113)

In Entwicklungsländern werden Frauen in vielen Bereichen diskriminiert, bei den Beschäftigungsmöglichkeiten, dem Zugang zu Bildung, bei der Ernährung und der Gesundheitsversorgung. Zwei Drittel der Analphabeten sind Frauen. In einigen Ländern, besonders in Asien, werden Gesundheit und Ernährung von Mädchen und Frauen so stark vernachlässigt, daß dort sogar die natürliche biologische Tendenz der längeren Lebenserwartung von Frauen beeinträchtigt ist.

In Industrieländern spiegelt sich Diskriminierung aufgrund des Geschlechts vor allem im Erwerbsbereich und in den Löhnen wider. Frauen haben im Vergleich zu Männern weniger als zwei Drittel der Beschäftigungschancen und verdienen etwa halb so viel.

> „Ein Mädchen großzuziehen ist, als würde man den Garten des Nachbarn bewässern."
>
> *Indisches Sprichwort*
> *(Rabe, 1994, S. 57)*

Dabei versprechen Verbesserungen der Situation der Frauen, z.B. durch Ausbildung, verbesserte Einkommen, Zugang zu Krediten, arbeitserleichternde Technologien und Beteiligung an Entscheidungen, Verbesserungen für die Ernährung und Gesundheit aller Familienmitglieder, besonders der Kinder, und somit mehr Lebenschancen und eine Verbesserung der Lebenssituation zukünftiger Generationen. Frauen müssen aber auch in ihrer Verantwortung für die Fürsorge durch die Männer und gesellschaftliche Gruppen und Institutionen entlastet werden.

Frauenförderung muß sich dafür einsetzen, daß Frauen ihre eigenen Entscheidungen treffen können, ausreichend an gesellschaftlichen Entscheidungen teilnehmen, von Bildung im gleichen Ausmaß profitieren wie Männer, auf dem Arbeitsmarkt gleiche Chancen erhalten und am Fortschritt teilhaben. Nur dann können Frauen auch ihre Schlüsselrolle in der Verbesserung der Ernährung angemessen erfüllen.

4.6. Ernährung und Umweltbedingungen

Die Gesundheit und damit auch die Ernährungssicherheit können durch verschiedene Umwelteinflüsse beeinträchtigt werden. Dies können die Wohnbedingungen, die Wasserversorgung und Abwasserbeseitigung, die Sanitäreinrichtungen sowie die Versorgung mit Brennstoff zum Kochen und Heizen sein.

Vor allem das häusliche Umfeld birgt für Arme große Gesundheitsrisiken und trägt in Entwicklungsländern mit fast 30 Prozent zur gesamten Krankheitsbelastung bei (Weltbank, 1993).

B *Die Welternährungssituation*

In vielen Städten leben die Menschen in überbelegten und verfallenden Häusern oder Notunterkünften. Die Überbelegung und die Verschmutzung der Innenraumluft ist verbunden mit einer Zunahme der Atemwegsinfektionen, stärkeren Belastungen durch Hitze, Kälte, Lärm, Staub, Regen, Insekten, Mäuse, Ratten sowie schlechten Entwässerungsanlagen. Außerdem nimmt unter solchen Bedingungen die Gewaltbereitschaft zu (Weltbank, 1993). Dies sind Faktoren, die direkt oder indirekt über Infektionen den Ernährungs- und Gesundheitsstatus beeinträchtigen.

Unzureichende Wasserversorgung und ein schlechtes Kanalisationssystem sowie mangelhafte Abfallbeseitigung und Entwässerung, oft verbunden mit ungenügender Hygiene, sind Ursachen von Infektionen und gefährden die Ernährungssicherheit großer Bevölkerungsgruppen.

(Erläuterung 22)

Brennholz in Form von Feuerholz und Holzkohle ist die Hauptenergiequelle zum Kochen sowie für einfache Lebensmittelkonservierungs- und -verarbeitungsverfahren in Entwicklungsländern. In tropischen Gebieten Afrikas, Amerikas und Asiens werden im Durchschnitt 84 Prozent des genutzten Holzes als Brennholz benutzt und nur 16 Prozent als Nutzholz. Allerdings ist die Verwendung regional verschieden. Vor allem in trockenen Tropenregionen dominiert das Sammeln und Einschlagen von Brennholz, während in den immer- und regengrünen Waldzonen der Nutzholzanteil überwiegt.

(Tab. 42)

In vielen Regionen ist die Brennholzversorgung rapide zurückgegangen, so daß die Menschen auf dem Land, meist Frauen, lange Wege gehen müssen (verbunden mit schwerer körperlicher Arbeit), um ihren Brennstoffbedarf zu decken. Auch die städtische Bevölkerung ist betroffen, da sie einen zunehmenden Anteil ihres Einkommens für Brennholz ausgeben muß.

(Tab. 43)

Es wird geschätzt, daß 1980 ca. 100 Millionen Menschen in ländlichen Regionen in Entwicklungsländern unter akutem Brennholzmangel litten. Weitere eine Milliarde Menschen lebten unter Bedingungen, unter denen Brennholz knapp wurde, und 300 Millionen lebten in Gebieten, in denen ein Brennholzmangel absehbar war. Wenn die

Trends der Vergangenheit anhalten, werden im Jahr 2000 2,4 Milliarden Menschen in Gebieten mit akutem Brennholzmangel bzw. nicht tragbarer Nutzung leben. Viele Länder Afrikas sind betroffen.

Insgesamt kann von einer Brennholzkrise gesprochen werden, da bereits viele Menschen unter Brennholzmangel leiden und auch eine Lösung auf absehbare Zeit nicht erkennbar ist. Die Brennholzkrise führt oft dazu, daß weniger häufig gekocht wird. So kann der Mangel an Brennholz direkt zu Unterernährung beitragen. Einmal am Tag zubereitete Mahlzeiten werden über den Tag verteilt gegessen. Dies kann bei schlechten Konservierungsmöglichkeiten die Häufigkeit von Durchfallerkrankungen erhöhen, so daß auch indirekt die Ernährung beeinträchtigt ist. Weitere Gefährdungen liegen zum Beispiel in der hohen und zunehmenden körperlichen Belastung beim Sammeln von Holz, in den zunehmenden Ausgaben beim Kauf von Brennholz (wodurch weniger Geld zum Kauf von Nahrungsmitteln bleibt) und in der Zunahme von Krankheiten (besonders Atemwegsinfektionen), wenn aufgrund des Brennholzmangels auch weniger geheizt wird (FAO, 1987; Bick u.a., 1992; Enquete-Kommission „Schutz der Erdatmosphäre", 1994).

(Tab. 44)

Zusammenfassend kann festgestellt werden, daß derzeit global gesehen weltweit genügend Nahrungsmittel produziert wurden, um die Weltbevölkerung ernähren zu können. Ungleicher Zugang zu verfügbaren Nahrungsmitteln, unzureichende Fürsorge, unzulängliche Gesundheitsversorgung und ungünstige Umweltbedingungen verhindern jedoch, daß die verfügbare Nahrung auch zu einer angemessenen Ernährung aller Menschen genutzt wird.

Ernährungsprobleme sind die Folge.

(Tab. 45)

Erläuterung 21: Begriffserklärung Fürsorge

Der deutsche Ausdruck „Fürsorge" steht für den englischen Begriff „care", der in der internationalen Diskussion um Ursachen von Unterernährung verwendet wird.

Dabei ist unter Fürsorge allgemein zu verstehen die Zeit, die Aufmerksamkeit und die Unterstützung auf Haushaltsebene sowie auf gesellschaftlicher Ebene, die verwendet werden, um die physischen, mentalen und sozialen Bedürfnisse von Kindern und anderen Familienmitgliedern zu erfüllen. Fürsorge führt dann zu optimaler Nutzung menschlicher, ökonomischer und organisatorischer Ressourcen. Im Extremfall bedeutet der Mangel an Fürsorge Vernachlässigung.

Quelle: Gillespie und Mason (1991a), S. 80

Erläuterung 22: Wasserversorgung und Kanalisationswesen

In Entwicklungsländern haben etwa 1,3 Milliarden Menschen keine Möglichkeit, an genügend sauberes Wasser zu kommen. Fast zwei Milliarden Menschen fehlt ein geeignetes System zur Beseitigung ihrer Fäkalien. In der Nähe von Wohnungen abgelagerte Fäkalien, verseuchtes Trinkwasser (manchmal eine Folge schlecht geplanter oder gewarteter Abwasseranlagen), Fische aus verschmutzten Flüssen oder Küstengewässern und Agrarprodukte von Böden, die mit menschlichem Kot gedüngt wurden, sind Gefahren für die Gesundheit. Die zur Verfügung stehende Wassermenge ist ebenso wichtig wie die Wasserqualität. Um die Übertragung von Krankheiten zu verringern, ist es besonders wichtig, regelmäßig die Hände zu waschen. Aber ohne ausreichendes Wasser im Haus oder in dessen Nähe ist Hygiene schwierig oder unmöglich. Die mangelhafte Wasserversorgung und ein unzureichendes Kanalisationswesen sind die Hauptursachen dafür, daß durch Fäkalien übertragene Krankheiten in Entwicklungsländern so häufig sind. Die wichtigsten dieser Krankheiten, Durchfallerkrankungen und intestinale Wurminfektionen, machen 10 Prozent der gesamten Krankheitsbelastung in Entwicklungsländern aus. Verbesserungen in der Wasserversorgung erhöhen die Produktivität, da Brennstoffe, die für das Kochen verunreinigten Wassers gebraucht werden, eingespart werden können. Fast noch wichtiger ist aber, daß Frauen, die Wasser von entfernten Quellen holen müssen, Zeit und Energie sparen.

Quelle: Weltbank (1993), S. 111 und 115

Erläuterung 23: Chronische Unterversorgung

Die FAO hat eine Methodik entwickelt, die es erlaubt, aus globalen Daten von Nahrungsbilanzen die Anzahl und den Anteil der Personen in einer Bevölkerung zu bestimmen, die über den Zeitraum eines Jahres gesehen keinen Zugang zu ausreichend Nahrung haben, um ihren Energiebedarf zu decken. Diese Bevölkerungsgruppe kann als chronisch unterernährt bzw. unterversorgt angesehen werden. Die Zahlen beruhen auf einer Schätzung der Verteilung der verfügbaren Nahrungsmittel zwischen den Haushalten einer Bevölkerung und der Anwendung einer Bedarfsgrenze für den Energiebedarf. Neuerdings benutzt die FAO das 1,54fache des Grundumsatzes als Grenze. Dieses Energieniveau erlaubt die Aufrechterhaltung des Körpergewichtes und leichte Aktivitäten.

Da die Verteilung von Nahrungsmitteln innerhalb der Haushalte, saisonale und akute Unterernährungsprobleme sowie die Verbreitung von Infektionskrankheiten nicht berücksichtigt sind, ist die Zahl unterversorgter Personen vermutlich höher als die angegebenen Zahlen (Tab. 46 und Abb. 26).

Quelle: FAO und WHO (1992b), S. 5 f

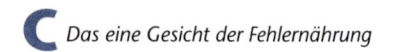

C. Das eine Gesicht der Fehlernährung: Nahrungs- und Ernährungsunsicherheit in Entwicklungsländern

1. Verbreitung von Unterernährung

Die FAO schätzt, daß 1988-90 mehr als 780 Millionen Menschen in Entwicklungsländern keinen Zugang zu ausreichend Nahrungsmitteln hatten, um ein aktives und gesundes Leben zu führen.

(Erläuterung 23)

In den Entwicklungsländern insgesamt sind in den letzten 20 Jahren der Anteil und die Anzahl der chronisch Unterversorgten kontinuierlich gesunken. Allerdings steht dieser globalen Verbesserung der Situation eine unterschiedliche regionale Entwicklung gegenüber. In Afrika ist zum Beispiel der Anteil der chronisch Unterversorgten seit den 70er Jahren praktisch unverändert geblieben, so daß aufgrund des Bevölkerungswachstums die Zahl der betroffenen Personen dramatisch gestiegen ist von 101 Millionen Menschen in der Periode 1969-71 auf 168 Millionen in der Periode 1988-90. Die Entwicklung hin zu einer verbesserten Ernährungssituation hat sich in Lateinamerika, der Karibik und dem Nahen Osten verlangsamt. Auch wenn der Anteil der chronisch Unterversorgten in diesen Regionen stets gering war, ist die absolute Zahl der Betroffenen ebenfalls gestiegen. In Asien und im Pazifik gab es den stärksten Rückgang in den letzten 20 Jahren von 40 Prozent auf 19 Prozent zwischen 1969-71 und 1988-90. Afrika hat zwar mit 33 Prozent den höchsten Anteil chronisch Unterversorgter, in Asien lebt aber aufgrund der Bevölkerungszahl mit 528 Millionen Betroffenen mit Abstand die größte Zahl chronisch Unterversorgter. Nicht jede Unterversorgung schlägt sich in meßbarer Unterernährung (Protein-Energie-Unterernährung) nieder.

(Tab. 46 und Abb. 26)

1.1. Protein-Energie-Unterernährung

Für den Begriff Protein-Energie-Unterernährung hat sich auch im deutschen Sprachraum die internationale Abkürzung PEM (protein-energy malnutrition) eingebürgert. Damit ist eine Vielzahl von Veränderungen gemeint, die auftreten, wenn Menschen zuwenig Nahrung zu sich neh-

1. Verbreitung von Unterernährung

men. Sie sind kurzfristig vor allem durch Gewichtsverlust und langfristig durch Wachstumsstillstand charakterisiert. Dies läßt sich sowohl bei Kindern als auch bei Erwachsenen messen.

(Erläuterung 24)

Schwere Formen von PEM werden als Marasmus (Protein- und Energie-Unterernährung) und Kwashiorkor (vor allem Protein-Unterernährung) bezeichnet und zeigen charakteristische klinische Krankheitsanzeichen.

(Abb. 27 und 28)

Neuere Analysen zeigen, daß die Verbreitung von Unterernährung bei Kleinkindern zwischen 1975 und 1990 weltweit von 47,5 Prozent auf 40,8 Prozent gesunken ist. Aufgrund des Bevölkerungswachstums in dieser Periode ist allerdings die Anzahl unterernährter Kinder kaum zurückgegangen. Auch hier gibt es wieder große regionale Unterschiede. Während in Afrika kaum Verbesserungen festzustellen sind und die Anzahl unterernährter Kinder dort von 19,7 Millionen auf 27,4 Millionen gestiegen ist, waren in Asien, besonders in Ländern Ost- und Südostasiens, große Fortschritte erkennbar.

(Tab. 47)

Die WHO verfügt über eine Datenbank, in der Informationen über das Wachstum von 85 Prozent der Kinder in der Welt im Alter unter fünf Jahren gesammelt werden. Ergebnisse aus dieser Datenbank zeigen, daß in Entwicklungsländern 35,8 Prozent der Kinder (192,5 Millionen) untergewichtig, 9,2 Prozent (49,5 Millionen) akut unterernährt und 42,7 Prozent (229,9 Millionen) chronisch unterernährt sind. Asien ist besonders von Unterernährung betroffen.

(Tab. 48)

Globale Daten zur Verbreitung von niedrigem „Body Mass Index" (BMI) als Indikator für Unterernährung bei Erwachsenen liegen nicht vor (FAO und WHO, 1992b).

(Erläuterung 24)

Geringes Geburtsgewicht bei Neugeborenen (weniger als 2.500 Gramm) kann als Anzeichen für Ernährungsprobleme der Mutter angesehen werden. Die WHO schätzt, daß global 17,4 Prozent der Neugeborenen betroffen sind; 6,5 Prozent in entwickelten Ländern und 18,8 Prozent in Entwicklungsländern. Die regionale Analyse zeigt, daß sehr hohe Raten von geringem Geburtsgewicht in Südzentralasien (33,5 Prozent) und in Afrika südlich der Sahara (15 Prozent) auftreten (FAO und WHO, 1992b). In den letzten Jahren konnte in vielen Ländern die Verbrei-

C *Das eine Gesicht der Fehlernährung*

(Erläuterung 25)
(Erläuterung 26)

(Tab. 49)

(Abb. 29)

(Abb. 30)

(Erläuterung 27)

(Abb. 31)

(Erläuterung 28)

tung von Unterernährung eingeschränkt werden. Tansania und Brasilien können dafür als Beispiele genannt werden.

1.2. Vitamin- und Mineralstoffmangelerscheinungen

Weltweit sind viele Menschen von Defiziten in der Aufnahme von Vitamin A, Eisen und Jod betroffen. Da die Folgen davon (Erblindung, Anämie und Kropf) schwerwiegend sind, können diese Mikronährstoffdefizite als bedeutende Ernährungsprobleme angesehen werden.

Vitamin-A-Mangel stellt in vielen Ländern bzw. Regionen der Erde ein signifikantes Problem des öffentlichen Gesundheitswesens dar. Weltweit leben 190 Millionen Kinder im Vorschulalter in Regionen, die als Defizitgebiete gelten, da dort der Konsum Vitamin-A-reicher Lebensmittel gering ist. Diese Zahl steigt stark, wenn weitere Risikogruppen, wie z.B. Schulkinder und Frauen im gebärfähigen Alter, dazukommen. 13 Millionen Vorschulkinder weisen Augenschäden auf. Jedes Jahr erblinden 250.000 bis 500.000 Kinder teilweise oder ganz aufgrund von Vitamin-A-Mangel, zwei Drittel dieser Kinder sterben in den darauffolgenden Monaten.

Von Eisenmangel sind weltweit mehr als zwei Milliarden Menschen betroffen. Eisendefizit trifft vor allem Frauen und Vorschulkinder, von denen oft mehr als 50 Prozent einen Mangel aufweisen. Anämie ist ein Beispiel dafür, daß Frauen stärker von Unterernährung betroffen sind als Männer. Mehr als eine Milliarde Menschen leben in Regionen, die arm an Jod sind, und können deshalb als Risikogruppen angesehen werden. Mehr als 200 Millionen Menschen haben einen Kropf. 26 Millionen Menschen, von denen sechs Millionen zwergwüchsig sind, haben mentale Störungen aufgrund von Jodmangel. Obwohl in 95 Ländern der Erde Jodmangel auftritt, lebt mehr als die Hälfte der Betroffenen in China und Indien.

Andere Mikronährstoffdefizite, z.B. Beriberi (Vitamin-B1-Mangel), Pellagra (Niacinmangel), Skorbut (Vitamin-C-Mangel) und Rachitis (Vitamin-D-Mangel), die eigentlich schon als ausgerottet galten, treten unter extremen Bedingungen wieder auf, im allgemeinen, weil die Versorgung mit den benötigten Vitaminen über die Nahrung unzureichend ist. Betroffen sind davon vor allem Flüchtlinge.

Erläuterung 24: Messung von Fehlernährung

Der Ernährungszustand von Individuen kann über Körpermessungen (Anthropometrie) bestimmt werden. Die am häufigsten verwendeten Indikatoren sind Körpergewicht und Körpergröße, die in Relation gesetzt werden zum Alter und Geschlecht der Personen. Andere Indikatoren sind z.B. Oberarm-, Kopf- und Oberschenkelumfang sowie Hautfaltendicke. Die wichtigsten Indizes sind Gewicht/Größe, Größe/Alter und Gewicht/Alter bei Kleinkindern (0 - 5 Jahre) sowie der Body Mass Index (BMI) bei Erwachsenen. Die WHO empfiehlt die Verwendung von Daten des NCHS (National Centre for Health Statistics) als Vergleichsreferenz. Die Darstellung der Ergebnisse sollte in Form von Abweichungen vom mittleren Referenzwert für eine Person eines gegebenen Alters erfolgen. Dabei wird der Wert von zwei Standardabweichungen (SD) vom Mittelwert üblicherweise als Grenzwert angesehen zur Bestimmung von leichter Fehlernährung, 3 SD gelten als schwere Fehlernährung. Manchmal werden noch prozentuale Abweichungen verwendet (Abb. 35).

Ein weiterer anthropometrischer Index, der zur Beschreibung der Ernährungssituation herangezogen wird, ist das Geburtsgewicht.

Gewicht/Alter (Untergewicht)

Der Anteil von Kindern unter fünf Jahren, die untergewichtig sind, reicht in vielen Entwicklungsländern von 10 bis zu 50 Prozent mit einem Mittelwert von ca. 20 bis 30 Prozent.

Gewicht/Größe (akute Unterernährung, Auszehrung)

Kinder mit unzureichender Nahrungsaufnahme und/oder akuten Infektionen verlieren relativ schnell an Körpergewicht, während sich ihre Körpergröße nur sehr langsam ändert. In den meisten Fällen sind weniger als zwei Prozent der Kinder im Alter unter fünf Jahren unter dem Grenzwert.

Größe/Alter (chronische Unterernährung, Wachstumsrückstand)

Verlängerte Unterernährung verursacht Wachstumsverzögerungen, die sowohl die Größe als auch das Gewicht betreffen. Das Längenwachstum ist besonders betroffen durch dauerhaft wirkende Umweltbedingungen und sozio-ökonomische Faktoren, d.h. dieser Index reflektiert generelle sozio-ökonomische Bedingungen. In Entwicklungsländern ist Wachstumsverzögerung verbreitet. Der Anteil von Kindern mit Wachstumsverzögerungen liegt oft zwischen 20 und 60 Prozent, der Durchschnitt nahe bei 40 Prozent.

Gewicht/Größe^2 (BMI)

Dieser Index setzt das Körpergewicht in Beziehung zur Körperoberfläche. Es wurde ermittelt, daß der normale BMI zwischen 18,5 und 25,0 liegt. Individuen mit einem BMI über 30 werden als übergewichtig, die mit einem BMI unter 18,5 als untergewichtig angesehen. Einige Studien haben eine erhöhte Mortalität festgestellt bei BMI-Werten über 30 und unter 18,5.

Geringes Geburtsgewicht

Geringes Geburtsgewicht ist ein bedeutendes Gesundheitsproblem in Entwicklungsländern, da es mit erhöhter Säuglingssterblichkeit verbunden ist. Um internationale Vergleichbarkeit zu gewährleisten, wird ein Geburtsgewicht unter 2.500 Gramm als zu niedrig angesehen.

Die Ursachen für geringes Geburtsgewicht sind multifaktoriell und miteinander verbunden. Auswertungen haben in Entwicklungsländern geringe Kalorienaufnahme oder geringe Gewichtszunahme während der Schwangerschaft, geringes Gewicht vor der Schwangerschaft, geringe Körpergröße, Malaria und weibliches Geschlecht des Fötus als wichtige Bestimmungsgrößen ermittelt (in der Reihenfolge ihrer Bedeutung), in Industrieländern Rauchen, geringe Kalorienaufnahme oder Gewichtszunahme während der Schwangerschaft, geringes Gewicht vor der Schwangerschaft, Frühreife, weibliches Geschlecht des Fötus und geringe Körpergröße.

Quelle: FAO und WHO (1992b), S. 11 und 14; Shetty und James (1994)

Erläuterung 25: Ernährungssituation in Tansania

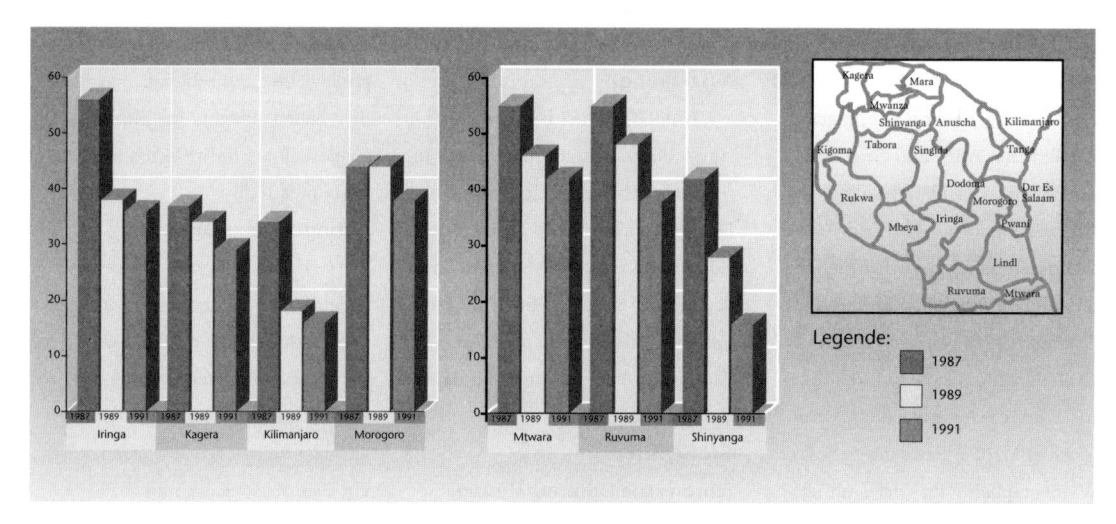

Anteil untergewichtiger Kinder im Alter unter fünf Jahren (< 80 Prozent des Standards)
Quelle: UN ACC/SCN (1993), S. 62 ff

Trotz nahezu völliger Stagnation der Wirtschaft konnten in Tansania einige Fortschritte in der Ernährungssituation und der Sterblichkeit von Kleinkindern (Kinder im Alter unter fünf Jahren) erzielt werden. Es wird deutlich, daß ein Land nicht auf wirtschaftliche Fortschritte warten muß, bevor ein effektiver sozialer Sektor und ein Gesundheitssystem aufgebaut sind.

Seit 1973 hatten Nahrungs- und Ernährungspolitiken starke Unterstützung. Ein Zeichen dafür ist die Gründung des „Tanzania Food and Nutrition Centre" durch das Parlament. Dieses günstige politische Klima führte zu einer Basismobilisierung, die in einer Art Ernährungsbewegung mündete. Eine Reihe von Programmen auf Gemeindeebene waren erfolgreich, besonders in Iringa.

Erläuterung 26: Ernährungssituation in Brasilien

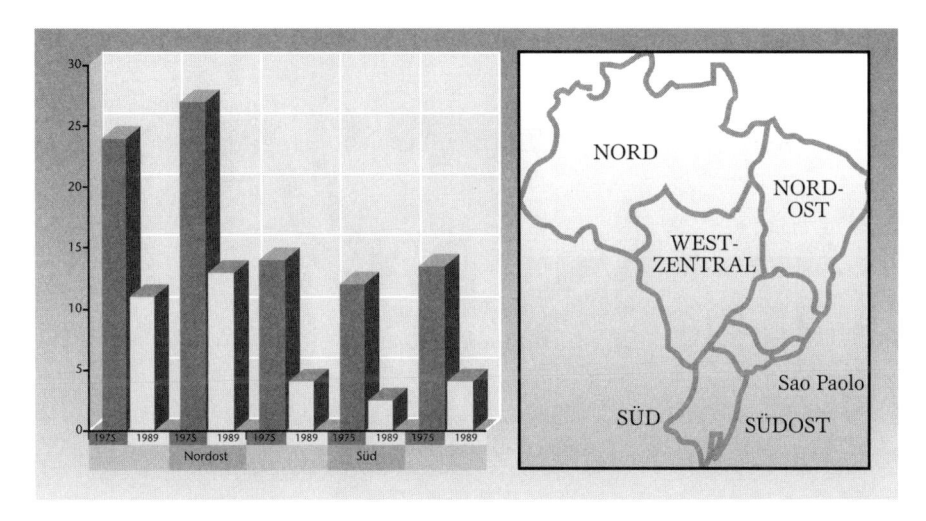

Anteil untergewichtiger Kinder im Alter von 0 - 59 Monaten (< -2 Standardabweichungen)
Quelle: UN ACC/SCN (1993), S. 74 ff

Trends in der Ernährungssituation zeigen, daß in den 70er Jahren im Gefolge eines Wirtschaftsbooms große Verbesserungen der Ernährungssituation erreicht werden konnten. Diese Verbesserungen setzten sich - jedoch in geringerem Ausmaß - trotz wirtschaftlichen Abschwungs fort. Allerdings hat sich gezeigt, daß einige Regionen, besonders der Nordosten, weiterhin stark von Unterernährung bei Kindern betroffen ist.

Maßnahmen im Gesundheitssektor und der Mutter-Kind-Gesundheit wurden ergriffen, um das landesweite Ungleichgewicht zu verringern. Wichtige Einflußgrößen für die Verbesserung der Ernährungssituation waren die hohen politischen Prioritäten für Gesundheitsdienste, Ausbildung und direkte Nahrungsinterventionen. Schulspeisung ist weit verbreitet. Das Land profitierte ebenfalls von dem starken Rückgang der Fruchtbarkeitsraten.

Allerdings sind die Aussichten für die 90er Jahre weniger günstig. Es ist unwahrscheinlich, daß sich die Erfolge wiederholen werden. Das Fehlen von Anzeichen für eine ökonomische Erholung, das Fortbestehen einer ungleichen Einkommensverteilung und Einschnitte bei den Sozialausgaben lassen vermuten, daß in der Zukunft Erfolge sehr viel schwerer zu erreichen sein werden.

Erläuterung 27: Ernährungssituation von Fauen

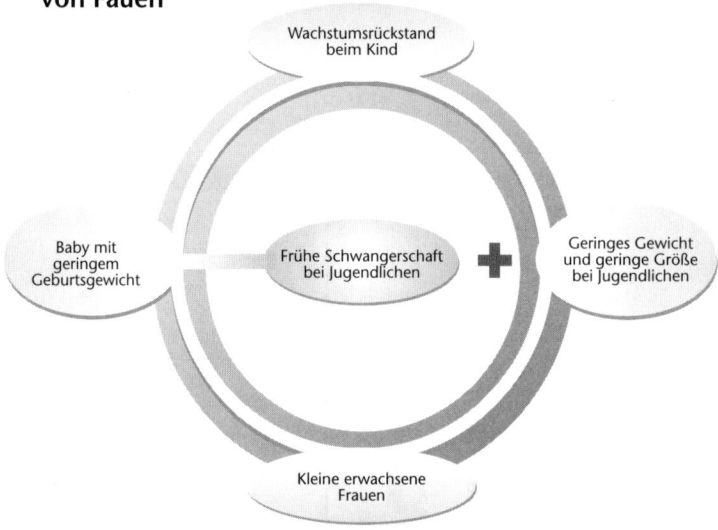

Diagramm (Kreislauf):
- Wachstumsrückstand beim Kind
- Geringes Gewicht und geringe Größe bei Jugendlichen
- Kleine erwachsene Frauen
- Baby mit geringem Geburtsgewicht
- Frühe Schwangerschaft bei Jugendlichen +

Wachstumsverzögerung über Generationen
Quelle: Tinker u.a. (1994), S. 7

6 Prozent der Frauen in Entwicklungsländern im Alter zwischen 15 und 44 Jahren leiden unter Unterernährung. Es wird geschätzt, daß 450 Millionen erwachsene Frauen in Entwicklungsländern einen Wachstumsrückstand (Ergebnis von Protein-Energie-Unterernährung in der Kindheit) aufweisen. Dies bedeutet für die Frauen ein erhöhtes Risiko von Schwangerschaftskomplikationen. Mehr als 50 Prozent der Frauen in Entwicklungsländern sind anämisch (meist aufgrund von Eisenmangel). Ca. 250 Millionen Frauen leiden unter Jodmangelerscheinungen und Millionen - die genaue Zahl ist nicht bekannt - sind blind, wahrscheinlich aufgrund von Vitamin-A-Mangel. Frauen leiden mehr als Männer an Eisenmangelanämie, an Wachstumsstörungen aufgrund einer PEM und an Jodmangel. Die Ernährungsprobleme von Frauen sind am schlimmsten in Südasien, wo die Verbreitung von Unterernährung weltweit am höchsten ist und wo als Folge einer weitverbreiteten Diskriminierung Mädchen und Frauen überdurchschnittlich stark betroffen sind. Dort sind 60 Prozent der Frauen im reproduktiven Alter untergewichtig, über 60 Prozent anämisch, und 15 Prozent weisen Wachstumsverzögerungen auf.

Ein großes Problem ist, daß Frauen einen bestehenden Wachstumsrückstand über Generationen weitergeben.

„Eine Frau, die mit ihrem achten Kind schwanger war, kam hierher in die Klinik. Sie war extrem anämisch. Wir gaben ihr ein Rezept mit und erklärten ihr, wie wichtig es für sie sei, noch vor der Geburt wieder zu Kräften zu kommen. Ihr Ehemann weigerte sich, die Medizin zu bezahlen. Als die Frau ein weiteres Mal kam, hatte sich ihre Anämie weiter verschlimmert. Wir sagten ihr, was sie essen solle und daß sie ihren Schmuck verkaufen solle, um von dem Geld die Lebensmittel zu kaufen. Das wagte sie nicht. Sie starb dann während der Geburt. Später erfuhr ich, daß ihr Mann nach altem Brauch zu ihrer Beerdigung einen Ochsen schlachtete. Er wollte damit kundtun, wieviel ihm seine Frau wert gewesen war ... Und natürlich heiratete er wenige Monate später wieder. Frauen besitzen keinen Wert für die Männer, sie bekommen von ihnen nicht einmal die Medizin, die sie brauchen, um zu überleben."

Bericht eines Sozialarbeiters aus Westafrika

Quelle: Sadik (1994), S. 38
Quellen: Weltbank (1993); Tinker u.a. (1994)

2. Folgen von Unterernährung

Unterernährung und Mikronährstoffdefizite können zu einer Reihe von Bedingungen führen, die die Gesundheit und das Wohlbefinden von Individuen beeinträchtigen. In schweren Fällen können sie lebensbedrohend sein, so daß sie mitverantwortlich sind für die in vielen Ländern immer noch hohe Säuglings- und Kindersterblichkeit.

(Abb. 32)

(Erläuterung 29 sowie Abb. 33 und 34)

Sowohl die leichten als auch die schwersten Formen von Unterernährung führen dazu, daß die Lebensqualität abnimmt und die menschliche Leistungsfähigkeit sich weniger entwickeln kann. Unterernährung trägt so zu verminderter menschlicher, ökonomischer und sozialer Entwicklung bei und ist im Gegenzug auch Folge unzureichender Entwicklung auf individueller, familiärer und gesellschaftlicher Ebene.

„Hunger und Armut sind heute in der Welt bedrohlicher denn je. Sie verhindern eine menschenwürdige Entwicklung. Sie beschleunigen den Raubbau an der Natur. Und sie vertreiben die Notleidenden aus ihrer Heimat."

Richard von Weizsäcker, Bundespräsident von 1984 - 1994
(Deutsche Welthungerhilfe, 1993, S. 5)

Eine Anzahl temporärer oder permanenter körperlicher und geistiger Beeinträchtigungen werden durch Hunger, Unter- und Mangelernährung sowie ernährungsabhängige Krankheiten verursacht. Es gibt starke Anzeichen, daß schlechte Ernährung einen bedeutsamen Einfluß hat auf die Fortpflanzungsfähigkeit, die körperliche Aktivität, das Wachstum und die Entwicklung von Kindern, die Lernkapazität, die Arbeitsleistung sowie die generelle Lebensqualität und das Wohlbefinden (Weingärtner, 1991; FAO und WHO, 1992b).

Zunächst geht der Körper einen weitgehend „unsichtbaren Kompromiß" ein, wenn er unzureichend Nahrung zugeführt bekommt. Der Körper versucht, durch verschiedene Anpassungsmechanismen des Stoffwechsels den Nahrungsmangel auszugleichen und Energie einzusparen.

Sichtbar wird der Nahrungsmangel dann durch ausgeprägte Trägheit. Die Leistungsfähigkeit nimmt ab. Unterernährte Kinder spielen und bewegen sich kaum. Sie bleiben lieber sitzen oder liegen.

Erläuterung 28: Ernährungssituation von Flüchtlingen

Flüchtlinge und Binnenvertriebene gehören zu den Bevölkerungsgruppen, die in besonderem Maße von Unterernährung betroffen sind, da sie stark von externer Hilfe abhängen, um ihre Grundbedürfnisse, unter anderem ihre Ernährung, zu sichern. Sie haben in der Aufnahmeregion oder im Aufnahmeland kaum oder gar keine Mittel, um sich selbst zu versorgen. Da sie oft bereits vor ihrer Flucht unter Nahrungsmangel und Unterernährung leiden, sind sie zweifach betroffen. So verwundert es nicht, daß die Verbreitung akuter Protein-Energie-Unterernährung in Flüchtlingslagern relativ hoch ist. Außerdem treten dort auch Mikronährstoffdefizite auf, die eigentlich als ausgerottet galten. Besonders problematisch sind die Zeit der Flucht selbst und die Anfangsphase, wenn das Camp entsteht und die internationale Hilfe noch nicht angelaufen ist. Kritische Versorgungssituationen sind in der Vergangenheit immer wieder aufgetreten. Wer erinnert sich nicht an die Fernsehbilder aus Somalia, Ruanda und Zaire?

„Wußten Sie, daß Hunderttausende von Flüchtlingskindern jede Nacht hungrig einschlafen müssen? Daß nur jedes achte Flüchtlingskind jemals eine Schule besuchen konnte? Die meisten dieser Kinder sind noch nie im Kino gewesen, oder in einem Park, schon gar nicht in einem Museum. ... Zu viele Flüchtlingskinder kennen Gras nur als etwas, das man essen kann, nicht als Spielfeld zum Herumtollen."

Sadako Ogata
Hohe Flüchtlingskommissarin der Vereinten Nationen

Quellen: UNHCR (1993); UN ACC/SCN (1993/94); Gillespie und Mason (1991b)

Der Körper reduziert seinen Nährstoffverbrauch und lebt von seinen Reserven. Muskel- und Fettgewebe gehen zurück. Beeinträchtigungen des Körpergewichts und des Längenwachstums werden meßbar.

Bei schweren Formen von Unterernährung treten klinische Anzeichen an Haut, Haaren etc. auf.

(Abb. 27 und 28)

Mikronährstoffdefizite führen zu spezifischen Mangelerscheinungen. Eisenmangel beeinträchtigt die körperliche Leistungsfähigkeit und die Gehirnfunktionen. Jodmangel kann zu irreversibler geistiger und körperlicher Unterentwicklung führen, und Vitamin-A-Mangel ist der Hauptgrund für Erblinden bei Kindern (Grant, 1994).

Zusätzlich vermindert Unterernährung die Fähigkeit von Individuen, mit Infektionskrankheiten fertig zu werden. Dauer und Schweregrad von Krankheiten sind bei schlecht ernährten Personen höher als bei gut ernährten Personen. Andererseits sind Personen, die an Infektionskrankheiten leiden, anfälliger für Unterernährung. Durchfallerkrankungen und parasitäre Wurminfektionen haben großen Einfluß auf die Ernährungssituation (Weltbank, 1993; King und Burgess, 1992).

(Abb. 19)

3. Ursachen von Unterernährung

Insgesamt sind die Ursachen für Unterernährung vielfältig, wie die bisherigen Ausführungen gezeigt haben. Armut von Familien und Gesellschaften gilt als Hauptursache von Unterernährung. Aber eine Erhöhung des Einkommens reicht allein nicht aus, um Unterernährung zu beseitigen (Marek o.J.).

(Abb. 3)

Da Unterernährung nicht nur auf einer unzureichenden Nahrungsverfügbarkeit und -aufnahme, sondern auch auf der Gesundheitssituation und der Fürsorge für bedürftige Mitglieder der Familien und der Gesellschaften beruht, reichen Maßnahmen zur Verbesserung der landwirtschaftlichen Produktion, zur Erhöhung der Einkommen und zur Bereitstellung ausreichender Nahrungsmittel für alle Bewohner der Erde (Nahrungssicherheit) allein nicht aus, um auch Ernährungssicherheit zu erreichen.

Aussagen wie „der hohe Fleischkonsum in Industrieländern ist schuld an den Welternährungsproblemen" oder „der Export landwirtschaftlicher Güter ist verantwortlich für den Hunger in Entwicklungsländern" greifen zu kurz. Diese Faktoren können zwar zur problematischen Welternährungslage beitragen, tun es aber sicher nicht in allen Ländern und sind sicher auch nicht überall die Hauptursache.

Die Ursachen für bestehende Ernährungsprobleme müssen im jeweiligen Familien- und Gesellschaftszusammenhang individuell ermittelt werden, um richtige Maßnahmen zur Verbesserung der Situation einleiten zu können.

Wenn z.B. die Ernährungssituation von Erwachsenen als gut beurteilt werden kann und Kleinkinder unterernährt sind, dann könnten Maßnahmen der Ernährungsberatung, Aktivitäten zur Reduzierung von Infektionskrankheiten und Förderung von elterlicher Fürsorge unter Umständen mehr Erfolg in der Bekämpfung von Unterernährung versprechen als Maßnahmen, die die landwirtschaftliche Produktion und die Nahrungsverfügbarkeit auf Haushaltsebene verbessern (FAO und WHO 1992b, S. 14).

4. Maßnahmen zur Verbesserung der Ernährungssituation in Entwicklungsländern

Maßnahmen zur Verbesserung der Ernährungssituation in Entwicklungsländern setzen an den Ursachen für Unterernährung und Mortalität an. Sie müssen darauf abzielen, Nahrungs- und Ernährungssicherheit für Haushalte und deren Mitglieder zu verbessern und dauerhaft zu sichern.

(Erläuterung 30) Maßnahmen zur Verbesserung der Nahrungssicherheit sollen eine quantitative und qualitative Verbesserung der Produktion und der Vermarktung von Nahrungsmitteln zu angemessenen Preisen erreichen. Außerdem sollen die Einkommen erhöht werden, damit die Familien die verfügbaren Nahrungsmittel auch erwerben können.

(Erläuterung 31) Maßnahmen zur Verbesserung der Ernährungssicherheit umfassen vor allem eine Verbesserung der Gesundheitssituation, des Wissens um eine gute Ernährung und der Umsetzung des Wissens in ein angemessenes Verhalten, der Fürsorge für Kinder und andere Gruppen, die nicht für sich selbst sorgen können, sowie der Wasser-, Abwasser-, Brennholz- und Sanitärversorgung.

Die Minderung der weit verbreiteten Armut hat bereits zu einer Verbesserung der Ernährungssituation beigetragen. Dies konnte zum Beispiel in Asien beobachtet werden.

Die Integration von Ernährungsgesichtspunkten in Entwicklungspolitik und -pläne ist eine wichtige Voraussetzung für Ernährungssicherung. Nur so kann erreicht werden, daß sich die nationale und internationale Gemeinschaft ausreichend dafür einsetzt, die Auswirkungen von Entwicklungsmaßnahmen auf die Ernährungssituation zu beachten.

Eine kontinuierliche Agrar- und Ernährungsforschung ist eine weitere wichtige Voraussetzung, um die wissenschaftlichen Grundlagen für Interventionen zu erarbeiten.

Im Prinzip liegen ausreichende Erfahrungen mit Maßnahmen und Projekten zur Verbesserung der Ernährung aus den 80er Jahren vor, die als Lektionen für die 90er Jahre dienen können (Gillespie und Mason, 1991a).

Nationale Regierungen, Nicht-Regierungsorganisationen und internationale Organisationen (multilateral und bilateral) sind aufgefordert, den Gemeinden und Familien zu helfen, ihre Ernährungsprobleme zu lösen.

(Erläuterung 32)

Erläuterung 29: Kindersterblichkeit als Ernährungs- und Entwicklungsindikator

Bei Säuglingen und Kleinkindern können schlechter Ernährungszustand und Infektionen ebenso wie andere Umweltfaktoren und sozioökonomische Einflüsse zum Tode führen.

Die Säuglingssterblichkeitsrate ist die „jährliche Anzahl der Todesfälle bei Kindern unter einem Jahr, bezogen auf 1.000 Lebendgeburten".

Die Kindersterblichkeitsrate (englisch: under-5 mortality rate) ist die „jährliche Anzahl der Todesfälle bei Kindern unter fünf Jahren, bezogen auf 1.000 Lebendgeburten".

Säuglingssterblichkeitsraten werden durch Ernährungsfaktoren, wie Unterernährung im Mutterleib, die durch Unterernährung oder Infektionskrankheiten der Mutter bedingt ist, Schwangerschaftsvergiftung und Anämie der Mutter, stark beeinflußt. Es gibt zunehmende Anzeichen, daß der Ernährungszustand der Mutter einen durchdringenden Effekt hat auf die Ernährung und das Überleben von Säuglingen.

Auch die Kleinkindersterblichkeitsraten werden durch Ernährungsfaktoren beeinflußt. In Entwicklungsländern findet der Abstillprozeß normalerweise im Alter zwischen sechs Monaten und zwei Jahren statt. Die Periode der höchsten Anfälligkeit der Kleinkinder ist das zweite Lebensjahr (zwischen zwölf und 23 Monaten). Während dieser Zeit ist das Kind vielen neuen Infektionserregern ausgesetzt, erhält weniger Muttermilch und unterliegt dem höchsten Unterernährungs- und Todesrisiko. Spezifische Mortalitätsraten für diese Altersgruppe (zwölf bis 23 Monate) sind jedoch kaum verfügbar, so daß die Kleinkindersterblichkeitsrate als indirekter Ernährungs- und Gesundheitsindikator gelten kann. Das Sterblichkeitsrisiko ist für leicht unterernährte Kinder doppelt so hoch wie für gut ernährte. Für mäßig unterernährte verdreifacht es sich. Schwer unterernährte Kinder unterliegen einem Sterblichkeitsrisiko, das siebenmal so hoch ist wie das von besser ernährten Kindern (Abb. 35).

Quellen: FAO und WHO (1992b), S. 12 f; Grant (1994), S. 24 und 96 f; Schroeder und Brown (1994), S. 569

Erläuterung 30: Maßnahmen zur Verbesserung der Nahrungssicherheit

Folgende Maßnahmen tragen potentiell zu einer Verbesserung der Nahrungssicherheit bei:

- Verbesserung der Nahrungsmittelproduktion, z.B. durch eine unterstützende Agrarpolitik, Produktionsanreize, neue Technologien, nachhaltige Produktionsmethoden, Verbesserung des Zugangs zu Betriebsmitteln, Krediten und landwirtschaftlichen Dienstleistungen (Beratung), Verbesserung des Zugangs zu Land und anderen natürlichen Ressourcen, Diversifizierung der Produktion;
- Förderung einer angemessenen und sicheren Lebensmittelverarbeitung und -konservierung;
- Vermeidung von Nachernteverlusten;
- Lagerhaltung (auf nationaler, regionaler und kommunaler Ebene);
- Ausdehnung des internationalen Nahrungsmittelhandels;
- Verbesserung der Vermarktung und des Marktzugangs;
- Einkommenschaffende Maßnahmen;
- Nahrungsmittelhilfe;
- Nahrungsmittelsubventionen, besonders gezielte Unterstützung für Risikogruppen;
- Verbesserung von Katastrophenvorbeugung und der Nothilfe.

Quellen: Gillespie und Mason (1991a); FAO und WHO (1992a); FAO und WHO (1992c); Pinstrup-Andersen u.a. (1993); Gillespie und Mason (1993)

Erläuterung 31: Maßnahmen zur Verbesserung der Ernährungssicherheit

Maßnahmen zur quantitativen und qualitativen Verbesserung der Nahrungsaufnahme sind:

- Angebot und Förderung angemessener Beikost für Kinder im Abstillalter;
- Ernährungsberatung;
- Förderung des Stillens, besonders des ausschließlichen Stillens in den ersten vier bis sechs Lebensmonaten;
- Verbesserung der Fürsorgekapazitäten, z.B. durch zeitsparende Technologien, Kinderbetreuungsmöglichkeiten, Ausbildung (besonders von Frauen), Familienplanung;
- Mikronährstoffgaben (medikamentös, Anreicherung);
- Therapeutische Ernährung für schwer Unterernährte.

Schlüsselinterventionen zur Vermeidung und Behandlung von Infektionen und Unterernährung sind:

- Förderung des ausschließlichen Stillens in den ersten vier bis sechs Lebensmonaten;
- Impfungen, besonders gegen Masern und Keuchhusten;
- Vermeiden von Ansteckungen mit Atemwegserkrankungen (auch Tuberkulose);
- Prävention von Malaria durch Bekämpfung von Moskitos;
- Förderung der Aufnahme von Vitamin A, Eisen und Zink sowie Verringerung von Protein-Energie-Unterernährung;
- Förderung von Gesundheit und angemessener Ernährung während der Schwangerschaft, Reduzierung von geringem Geburtsgewicht;
- Familienplanung;
- Verbesserung der Wasserversorgung, Sanitäreinrichtungen und Hygiene;
- Nahrungsmittelhygiene;
- Prävention von Aids;
- Bereitstellung und Gebrauch von Antibiotika und anti-parasitären Medikamenten;
- Förderung lokal angepaßter Ernährungstherapie bei Infektionen, besonders Durchfallerkrankungen;
- Förderung einer angemessenen Ernährung während Krankheit und Rekonvaleszenz;
- Bereitstellung von Vitamin-A-Supplementen für Kinder mit Masern;
- Förderung von Arbeitsbedingungen, die es Eltern erlauben, für ihre Kinder zu sorgen, besonders für kranke Kinder;
- Demonstration von Maßnahmen zur Reduzierung der Körpertemperatur;
- Bereitstellung von qualitativ angemessenen Gesundheitsdiensten.

(FAO und WHO 1992e, S. 16 f).

Integrierte Maßnahmen zur Verbesserung der Ernährungssicherung, die sowohl Produktions- als auch Konsum- und Gesundheitsaspekte berücksichtigen, sind z.B.

- Integrierte Ernährungssicherungsprogramme;
- Ländliche Regionalentwicklung.

Quellen: Deutsche Welthungerhilfe (1986); BMZ (1989); Gillespie und Mason (1991a); FAO und WHO (1992a); FAO und WHO (1992e, S.16 f); Deutsche Welthungerhilfe (1993); Pinstrup-Andersen u.a. (1993); Levin (1993); GTZ (1993); Gillespie und Mason (1993)

Erläuterung 32: Armutsminderung

Armut bedeutet nicht nur ein niedriges Einkommen sondern allgemein Unterentwicklung.

„Armut heißt: Nicht genug zum Essen zu haben, hohe Kindersterblichkeit, geringe Bildungschancen, schlechtes Trinkwasser, fehlende Gesundheitsversorgung, unzumutbare Unterkünfte, fehlende aktive Beteiligung an Entscheidungsprozessen. Die Betroffenen können kein menschenwürdiges Leben führen."

(BMZ 1994c, S. 14)

Es wird - unter Berücksichtigung aller bisherigen Ausführungen - deutlich, daß Unterernährung eine Ausprägung, eine Folge der Armut ist. Andererseits ist Unterernährung eben auch eine Ursache von Armut, so daß die Ernährungssituation und der Ernährungszustand von Bevölkerungen als Armutsindikator gelten können. Armutsminderung, d.h. im weitesten Sinne Schaffung menschenwürdiger Lebensbedingungen durch Steigerung der volkswirtschaftlichen Produktivität und Förderung der produktiven Fähigkeiten der Armen, ist vorrangiges Ziel deutscher Entwicklungszusammenarbeit

(BMZ 1994c, S. 34)

Eine Minderung der Armut in den oben beschriebenen Facetten dürfte dann auch zu einer Minderung von Unterernährung führen. Länderbeispiele bestätigen diese Annahme. Andererseits hängen Verbesserungen der Ernährungssituation nicht nur von ökonomischem Wachstum ab. Andere Einflüsse, wie z.B. Verteilung des Wachstums, direkte soziale Unterstützung oder direkte ernährungsrelevante Interventionen, können sich positiv auf die Ernährungssituation auswirken.

(Gillespie und Mason 1991a; UN ACC/SCN 1992 und 1993)

Erläuterung 33: Themen der Ernährungsberichte

Inhalt des Ernährungsberichtes 1980:
- Entwicklung der Ernährungssituation in der Bundesrepublik Deutschland;
- Ernährungsverhalten in der Bundesrepublik Deutschland;
- Problemanalyse der Außer-Haus-Verpflegung unter spezieller Berücksichtigung der Hauptmahlzeit;
- Ernährungsforschung und Gesundheitspolitik.

Inhalt des Ernährungsberichtes 1984:
- Entwicklung der Ernährungssituation in der Bundesrepublik Deutschland;
- Chemisch-toxikologische und hygienisch-mikrobiologische Aspekte der Ernährung;
- Psychosoziale Bewertung der Ernährung in Familien mit Kindern - eine Repräsentativerhebung in der Bundesrepublik Deutschland;
- Die Entwicklung der Nachfrage nach Lebensmitteln in der Bundesrepublik Deutschland;
- Kritische Wertung als Diät propagierter Ernährungsformen.

Inhalt des Ernährungsberichtes 1988:
- Entwicklung der Ernährungssituation in der Bundesrepublik Deutschland;
- Toxikologische und mikrobiologische Aspekte der Ernährung;
- Dokumentation Tschernobyl;
- Lebensmittelallergien und -intoleranzreaktionen;
- Beeinflussung des Ernährungsverhaltens durch staatliche Maßnahmen;
- Einflüsse auf die Nahrungsaufnahme des Menschen,
- Außer-Haus-Verpflegung;
- Empfehlungen zur Deckung des Nährstoff- und Energiebedarfs;
- Ernährungsforschung in der Bundesrepublik Deutschland.

Inhalt des Ernährungsberichtes 1992:
- Entwicklung der Ernährungssituation in der Bundesrepublik Deutschland;
- Toxikologische und mikrobiologische Aspekte der Ernährung;
- Ausgewählte sozio-kulturelle Einflüsse auf das Ernährungsverhalten;
- Lebensmittelallergien und -intoleranzreaktionen;
- Tumorentstehung - hemmende und fördernde Effekte von Ernährungsfaktoren;
- Jodversorgung und Jodmangelprophylaxe in der Bundesrepublik Deutschland.

Quellen: DGE (1980); DGE (1984); DGE (1988); DGE (1992)

D. Das andere Gesicht der Fehlernährung: Nahrungsüberfluß bei Ernährungsunsicherheit in Industrieländern

In Industrieländern herrscht Nahrungssicherheit, während eine angemessene Ernährung, d.h. Ernährungssicherheit, weiterhin ein unerreichtes Ziel ist. Trotz ausreichender und oft überschüssiger Produktion von Nahrungsmitteln und Verfügbarkeit von Nährstoffen sind ernährungsabhängige Gesundheitsprobleme weit verbreitet. Neben allgemeiner Überversorgung mit Nahrungsenergie herrscht bei einzelnen betroffenen Bevölkerungsgruppen Mangel an verschiedenen Nährstoffen.

In den letzten zwei Dekaden haben die Bevölkerungen in den Ländern, die reich an Nahrungsmitteln sind, einen paradoxen Zugewinn in ihrer Gesundheit erreicht. Zwar leben die Menschen länger, diese längere Lebenserwartung ist aber begleitet von zunehmender Lebenszeit mit Erwerbsunfähigkeit. Ein Großteil dieser Erwerbsunfähigkeit resultiert aus chronischen Krankheiten, von denen bis zu 70 Prozent ernährungsabhängig sind (Milio, 1991).

Am Beispiel der Bundesrepublik Deutschland soll die Ernährungssituation in nahrungssicheren Ländern verdeutlicht werden.

1. Ernährungssituation in Industrieländern am Beispiel der Bundesrepublik Deutschland

Im Auftrag der Bundesregierung werden durch die Deutsche Gesellschaft für Ernährung (DGE) alle vier Jahre Ernährungsberichte zusammengestellt. Sie reflektieren die Ernährungssituation, aber auch die Einstellungen und Sorgen der Bevölkerung bezüglich ihrer Ernährung.

(Erläuterung 33)

Die Ernährung der Deutschen zeigt positive und negative Entwicklungen (DGE, 1992; AgV, 1993; Oltersdorf, 1994).

Positive Aspekte sind:

(Erläuterung 17)

(Erläuterung 34)

- Was die Lebensmittelverfügbarkeit, die als erster Hinweis für den tatsächlichen Verbrauch angesehen werden kann, betrifft, sind wir in Deutschland auf dem Weg zu einer besseren Ernährung. Die Anstrengungen der

Ernährungsberatung, einen höheren Verbrauch von Brot, Getreideprodukten, Obst, Gemüse, Milch und Milchprodukten sowie einen geringeren Verbrauch von Fett, Fleisch und Süßem zu fördern, scheinen langsam zu fruchten. *(Tab. 50)*
• Rechnet man die verfügbaren Grundnahrungsmittel in Nahrungsenergie, Nährstoffe und Cholesterin um und vergleicht sie mit den Zufuhrempfehlungen zeigt sich, daß in *(Tab. 51)* den alten Bundesländern die Empfehlungen bei allen Nährstoffen im Durchschnitt erreicht werden, in den neuen Bundesländern gibt es nur bei Calcium und Vitamin C Versorgungsengpässe.
• Die Versorgung mit Mikronährstoffen (Vitaminen, Mineralstoffen und Spurenelementen) kann allgemein als gut bezeichnet werden. Trotzdem sind bei einzelnen Gruppen niedrige Versorgungsgrade feststellbar. *(Erläuterung 35)*
•ʹ Vollwert-Ernährung ist im Vergleich mit der herrschenden „Normalkost" die gesündere Alternative. Die Anhänger der Vollwert-Ernährung zeigten in einer Studie eine bessere gesundheitliche Gesamtsituation. Die Vollwert-Ernährung führt weitgehend zu der gesunden Ernährung, die der Ernährungsbericht zu vermitteln sucht.
• Die Belastungssituation durch Lebensmittelschadstoffe und Rückstände hat sich stabilisiert oder verbessert. Es wird keine Gefährdung der Gesundheit durch Häufigkeit und Konzentration der gefundenen Rückstände gesehen. Diese wissenschaftliche Einschätzung beeinflußt aber offenbar nicht die Einschätzung der Bevölkerung über Risiken der Ernährung. Bei einer Studie mit vorgegebenen Antworten gaben 42 Prozent der Befragten an, daß sie in der letzten Zeit Angst gehabt hätten, daß sie immer mehr chemisch verseuchte Lebensmittel zu sich nähmen.

Neben diesen positiven Entwicklungen sind folgende negative Aspekte festzustellen:

• Wir essen immer noch zu viel. Ein Drittel der Bevölkerung ist weiterhin übergewichtig.
• Gleichzeitig wird eine wachsende Zahl von Untergewichtigen registriert. Problematisches Eßverhalten bis hin zu gestörtem Eßverhalten erscheinen bedenklich und stellen eine Aufgabe für die Ernährungsberatung dar.

D *Das andere Gesicht der Fehlernährung*

- Kritisch ist die Jodversorgung der Deutschen einzuschätzen. Deutschland gilt nach wie vor als Jodmangelgebiet.
- Die Zahl der Erkrankungen durch Mikroorganismen (u.a. Salmonellen) nimmt seit Jahren zu, ebenso wie die Lebensmittelallergien und -intoleranzen, von denen rund fünf bis sieben Prozent der Bevölkerung betroffen sind.
- „Essen" wird als Genuß verstanden, „Ernährung„ eher als Pflicht.
- Informationen über Ernährung werden kritisch beurteilt. Sie erscheinen widersprüchlich, mit zu wenig Aufklärung, schwer verständlich und einseitig. Diese kritische Einschätzung hat sich im Zeitraum von 1978/79 bis 1989 noch verstärkt.
- Das Risiko, das durch falsches Ernährungsverhalten und das Vorhandensein von Krankheitskeimen in Lebensmitteln entsteht, wird von den Deutschen unterschätzt. Andere, von Experten als unbegründet beurteilte Risiken, z.B. „bestrahlte Lebensmittel" und „gentechnisch veränderte Lebensmittel", werden zunehmend als riskant bewertet.

(Erläuterung 36)

Die Deutschen verwendeten zu Beginn der 90er Jahre weniger als ein Viertel ihrer privaten Ausgaben für Nahrungsmittel. Der Anteil lag 1992 im früheren Bundesgebiet bzw. in den neuen Ländern bei Verbrauchergruppen mit geringem Einkommen bei 19,9 Prozent bzw. 20,3 Prozent, bei Verbrauchergruppen mit mittlerem Einkommen bei 16,3 Prozent bzw. 17,9 Prozent und bei Verbrauchergruppen mit höherem Einkommen bei 13,3 Prozent bzw. 16,0 Prozent.

(Tab. 52)

Der Preisindex für Nahrungsmittel ist 1993 gegenüber dem Vorjahr im früheren Bundesgebiet nur um 0,6 Prozent gestiegen, in den neuen Bundesländern sogar um 0,4 Prozent gesunken, während insgesamt die Lebenshaltungskosten um 4,2 bzw. 8,8 Prozent zunahmen.

(Tab. 53)

2. Folgen der Ernährungsweise in der Bundesrepublik Deutschland

Die Ernährung hat entscheidenden Einfluß auf Gesundheit und Wohlbefinden der Menschen. Entsprechen die qualitativen und quantitativen Verzehrsgewohnheiten (Kohlmeier, 1993) nicht dem Bedarf oder sind Regelmechanismen im Körper gestört, können eine Reihe ernährungsabhängiger, nichtübertragbarer Krankheiten auftreten, die

(Erläuterung 37 und Abb. 36)

die Gesundheit und das Wohlbefinden der Individuen und - in Abhängigkeit von der Häufigkeit - der Bevölkerungen beeinträchtigen können und mit erheblichen Kosten verbunden sind.

(Tab. 54)

Epidemiologische, klinische und experimentelle Studien haben als Hauptrisiken der Ernährung chronische Überernährung sowie den hohen Fett- und Alkoholkonsum ermittelt. Übergewicht gilt als unabhängiger Risikofaktor und begünstigt weitere Risikofaktoren für Herz-Kreislauf-Erkrankungen, wie Bluthochdruck, erhöhte Blutcholesterinwerte, erhöhte Blutfettwerte und Zuckerkrankheit.

Neben den Herz-Kreislauferkrankungen sind einige Krebskrankheiten, Leberzirrhose und Zuckerkrankheit für den bei weitem größten Teil vorzeitiger Todesfälle verantwortlich (DGE, 1992).

Bei näherer Betrachtung der ernährungsabhängigen Krankheiten wird deutlich, daß neben der Ernährung andere Einflüsse der Lebensweise als Risikofaktoren für die Entstehung der Krankheiten verantwortlich sind, z.B. Rauchen, mangelnde sportliche Aktivität, Medikamentenkonsum, genetische und psychosoziale Faktoren.

Über die Häufigkeit ernährungsabhängiger Risikofaktoren und Erkrankungen kann festgestellt werden:

Nach der klassischen Einteilung steigt die Verbreitung von Übergewicht mit zunehmendem Alter und geht erst bei den über 65jährigen wieder leicht zurück. Unter Berücksichtigung der für verschiedene Altersklassen unterschiedlichen Grenzwerte ergibt sich ein ganz anderes Bild. Danach stellt zum Beispiel Untergewicht auch in höherem Alter ein Problem dar.

(Erläuterung 38)

(Abb. 37 und 38)

(Abb. 39 und 40)

Die Häufigkeit stark erhöhter Cholesterinspiegel ($\geq$ 250 mg/dl) nimmt mit dem Alter deutlich zu. Auch die Blutfettwerte zeigen eine starke Altersabhängigkeit (Triglyceridwerte > 200 mg/dl gelten als erhöht).

Der Anteil erhöhter Harnsäurespiegel im Blut, was zu Gicht führen kann, steigt bei Männern mit zunehmendem Alter. Bei Frauen wurden nur selten erhöhte Werte beobachtet (DGE, 1992).

Die Kosten ernährungsabhängiger Krankheiten wurden in der Bundesrepublik Deutschland für das Jahr 1990 mit

Erläuterung 34: Trends in der Ernährung der deutschen Bevölkerung in den alten Bundesländern zwischen 1988 und 1992

Getreideprodukte, besonders Weizen, zeigten eine leichte Zunahme in der Verfügbarkeit.
- Die Verfügbarkeit von Gemüse und Obst nahm zu, letztere allerdings mit starken Schwankungen.
- Die Verfügbarkeit von Frischmilcherzeugnissen zeigte ebenfalls leichte Aufwärtstendenzen.
- Starke Zunahmen gab es bei der Verfügbarkeit von Käse und Geflügelfleisch.
- Die Tendenz zu einer höheren Verfügbarkeit von Fisch verstärkte sich.
- Die Verfügbarkeit von Zucker und Fetten ist konstant geblieben, möglicherweise gab es einen leichten Abwärtstrend.
- Die Abnahme der Verfügbarkeit von Eiern hat sich verstärkt.
- Neu war eine klare Abnahme der Verfügbarkeit von Fleisch (auch Schweinefleisch).

Es ist bemerkenswert, daß sich bereits vor der „Wende" trotz der verschiedenen Lebensformen die Daten zur Verfügbarkeit von Nahrungsmitteln in Ost und West einander angenähert haben. Unterschiede, z.B. der höhere Anteil von Roggen und Kartoffeln in der ehemaligen DDR, sind vermutlich eher auf regional bedingte Besonderheiten und Preisunterschiede als auf unterschiedliche Lebensformen zurückzuführen. Seit 1990 läßt sich in den neuen Bundesländern eine beschleunigte Anpassung an die für die alten Bundesländer beschriebenen Entwicklungen erkennen.

Quelle: DGE (1992), S. 20

Erläuterung 35: Mangel im Überfluß

In Deutschland wurde im Rahmen der Verbundstudie Ernährungserhebung und Risikofaktoren-Analytik (VERA) die Versorgung mit Vitaminen und Mineralstoffen untersucht.

Dabei gelten als niedrige Meßwerte solche, die 5 Prozent und mehr unter dem entsprechenden Meßwertebereich eines gesunden, ausreichend versorgten Kollektivs liegen.

Daß es trotz Überernährung auch Mangel gibt, zeigen die Ergebnisse der Studie. Danach

- haben jüngere Erwachsene häufiger als der Durchschnitt niedrigere Vitamin-A-Meßwerte, hatten allerdings nur 0,1 Prozent aller untersuchten Personen Meßwerte, die auf einen akuten Vitamin-A-Mangel hinweisen;
- wurden im Winter und im Frühjahr häufiger niedrige Vitamin-D-Meßwerte beobachtet als im Sommer und Herbst, war die Vitamin-D-Versorgung im Norden schlechter als im Süden, zeigten Raucher im Vergleich zu Nichtrauchern eine deutlich ungünstigere Vitamin-D-Versorgung;
- haben Männer und Personen mit hohem Alkohol- und/oder Zigarettenkonsum niedrige Meßwerte der Vorstufe des Vitamin A, dem β–Carotin (es wird vermutet, daß β–Carotin aufgrund der Inaktivierung freier Radikale eine Schutzfunktion vor Krebs hat);
- haben Männer häufiger niedrige Vitamin-C-Meßwerte als Frauen, sind Raucher/-innen besonders gefährdet;
- wurden bei Personen mit hohem Alkohol- und Zigarettenkonsum überdurchschnittlich häufig niedrige Versorgungsmeßwerte der Vitamine Thiamin (Vitamin B1), Riboflavin (Vitamin B2) und Pyridoxin (Vitamin B6) gefunden;
- lag der Anteil niedriger Vitamin B12-Meßwerte bei jungen Frauen und über 65jährigen Männern überdurchschnittlich hoch;
- ist die Eisenversorgung bei Frauen vor der Menopause gefährdet;
- ist die Versorgung der Bevölkerung mit Jod bei weitem nicht ausreichend;
- wurden bei Personen mit betont einseitigen Ernährungsformen für einige Nährstoffe extrem ungünstige Versorgungszustände beobachtet.

Insgesamt läßt sich bei einem Vergleich mit früheren Ernährungsberichten feststellen, daß die Vitaminversorgung deutlich besser geworden ist.

Quelle: DGE (1992), S. 39 ff

Erläuterung 36: Gentechnik in der Lebensmittelproduktion

Unter Gentechnik/neuer Biotechnik im Lebensmittelbereich wird die Anwendung genetischer Verfahren zur Erschließung neuer biotechnologischer Potentiale bei der Sicherung und Verbesserung des Lebensmittelangebotes verstanden.

Mit den Methoden der Gentechnik ist es erstmals möglich, gezielt einzelne Gene zu übertragen und dabei auch Artgrenzen zu überschreiten, während bei der klassischen und modernen Züchtung nur die Neukombination von ganzen Chromosomen oder Gruppen von Genen möglich ist.

Gentechnische Verfahren werden in der Pflanzenzucht, der Tierproduktion und der Lebensmittelverarbeitung (z.B. bei der Produktion von Bier, Brot, Milchprodukten, Zusatz- und Aromastoffen) erprobt. Allerdings sind Forschung und Technik in den drei Bereichen unterschiedlich weit fortgeschritten.

Risiken und Nutzen der Gentechnik werden in Deutschland äußerst kontrovers diskutiert. Der Nutzen ist den Verbraucherinnen und Verbrauchern nicht erkennbar. Vielmehr erlaubt die Gentechnik eine schnellere und erhöhte Produktionsleistung in einer Überflußgesellschaft und eine kostengünstigere Produktion für die Herstellerin und den Hersteller. Die Lebensmittel werden als risikobehaftet angesehen. Es wird befürchtet, daß gentechnisch hergestellte Lebensmittel heimlich untergeschoben werden ohne ausreichende Kennzeichnung.

Vorteile können im Bereich der Lebensmittelqualität, der Lebensmittelhygiene, der ernährungsphysiologischen Wertigkeit der Nährstoffe und im Bereich der Umwelt und Welternährung gesehen werden.

Generell ist festzustellen, daß gentechnisch hergestellte Lebensmittel in der Bevölkerung derzeit nur eine geringe Akzeptanz haben.

Allerdings stellt sich inzwischen nicht mehr die Frage, ob die Gentechnik in Deutschland im Lebensmittelbereich eingesetzt wird, sondern in welchem Umfang, unter welchen Bedingungen und wie die Lebensmittel gekennzeichnet werden sollen. Dies ist zum Teil im Gentechnik-Gesetz geregelt. Weitere Regelungen sind durch die EU-Verordnung über neuartige Lebensmittel (Novel-Food-Verordnung) zu erwarten.

Da auch sie nicht alle Problembereiche erfaßt, wird sie in der Bundesrepublik besonders von Verbraucherschutzorganisationen kritisch beurteilt und in ihrer bisherigen Form abgelehnt.

Quellen: Spelsberg (1993); Koschatzky und Meßfeller (1994); Verbraucher-Zentrale Baden-Württemberg (1994); AID (1994)

Erläuterung 37: Ernährungsabhängige Krankheiten

Wenn einer oder mehrere der folgenden Faktoren Krankheiten beeinflussen, werden sie zur Zeit in Deutschland als ernährungsabhängig verstanden:

- (Mit-)Verursachung einer Erkrankung durch Ernährungsgewohnheiten, einschließlich der Prävention der Erkrankung durch Vermeidung von Fehlernährung, z.B. Übergewicht, Herz-Kreislauf-Erkrankungen, bösartige Tumoren;
- Behandlung einer Erkrankung durch Ernährungsmaßnahmen, z.B. Phenylketonurie (Störung im Aminosäurestoffwechsel);
- Deckung des physiologischen Bedarfs durch vollwertige Ernährung, Vermeidung von Mangelerkrankungen, z.B. Struma (Kropf);
- Verursachung von Erkrankungen durch Nahrungszusatzstoffe oder -kontaminanten, z.B. Lebensmittelinfektionen.

Zu den ernährungsabhängigen Krankheiten werden folgende Krankheitsgruppen gezählt:

- Hypertonie und Hochdruckkrankheiten;
- Ischämische und sonstige Herzkrankheiten;
- Erkrankungen der Hirngefäße und anderer Gefäße;
- Bösartige Neubildungen verschiedener Organe;
- Diabetes mellitus (Zuckerkrankheit);
- Gicht;
- Fettstoffwechselstörungen;
- Aminosäure- und Kohlenhydratstoffwechselstörungen;
- Übergewicht;
- Struma (Jodmangel);
- Anämien (vor allem Eisenmangel);
- Alkoholismus;
- Karies;
- Gallenerkrankungen;
- Darmdivertikel (Ausstülpungen im Darm);
- chronische Lebererkrankungen;
- Bauchspeicheldrüsenerkrankungen;
- Osteoporose;
- Lebensmittelinfektionen;
- Lebensmittelallergien.

Quelle: Kohlmeier (1993), S. 6 f

**Erläuterung 38:
Bewertung des
Körpergewichts**

Grundlage für die Beurteilung eines angemessenen Ernährungszustandes bei Erwachsenen ist heute der Body Mass Index BMI (Kap. C 1 und Erläuterung 24). Er errechnet sich nach der Formel Gewicht (in kg) / Größe² (in m²).

Heute finden zur Bewertung des Körpergewichts zwei Beurteilungsschemata Verwendung:
- das klassische Bewertungsschema;
- das altersabhängige Bewertungsschema.

Nach dem klassischen Bewertungsschema gelten folgende Grenzwerte:

Klassifikation	BMI Männer	BMI Frauen
Untergewicht	< 20	< 19
Normalgewicht	20 - 25	19 - 24
Übergewicht	25 - 30	24 - 30
Adipositas	30 - 40	30 - 40
massive Adipositas	> 40	> 40

Ein BMI > 30 gilt als therapiebedürftig.

Eine neue Auswertung der Daten amerikanischer Lebensversicherungsgesellschaften hat gezeigt, daß der BMI, der mit der niedrigsten Mortalität verbunden ist, mit dem Alter ansteigt. Danach sieht das altersabhängige Bewertungsschema wie folgt aus:

Altersgruppe	wünschenswerter BMI
19 - 24 Jahre	19 - 24
25 - 34 Jahre	20 - 25
35 - 44 Jahre	21 - 26
45 - 54 Jahre	22 - 27
55 - 64 Jahre	23 - 28
> = 65 Jahre	24 - 29

Quelle: DGE (1992), S. 32

83,5 Millionen DM berechnet. Damit lag der Anteil der Kosten der ernährungsabhängigen Krankheiten bei 30 Prozent aller Krankheiten (275,8 Millionen DM). In diesen Berechnungen sind die direkten Kosten für Prävention, Behandlung, Rehabilitation und Pflege sowie die indirekten Kosten durch Sterblichkeit, Arbeitsunfähigkeit und Invalidität berücksichtigt. Nicht berücksichtigt wurden direkte zusätzliche Kosten, z.B. für Diätkost, Fahrten zum Arzt und psychosoziale Kosten (Kohlmeier, 1993).

Auch wenn die Menschen insgesamt länger leben, so bleibt doch weiterhin als grundlegendes Motiv, sich für eine gesunde und angemessene Ernährung einzusetzen - neben der Kostensenkung im Gesundheitswesen - eine Verbesserung der Lebensqualität während der längeren Lebensdauer.

3. Maßnahmen zur Verbesserung der Ernährungssituation in der Bundesrepublik Deutschland

Grundsätzlich sind zwei Politikansätze denkbar, um Gesundheit durch Aktionen im Nahrungs- und Ernährungssektor zu fördern. Der „Nachfrageansatz", wie er z.B. in den USA verfolgt wird, legt den Schwerpunkt auf Verbraucherinformation mit wenig Eingriffen in den Markt. Dieser Anspruch wird jedoch durch hohe Subventionen an Bauern und die Ernährungsindustrie unterlaufen. Der „Versorgungs- und Nachfrageansatz", wie er in mehreren europäischen Ländern durchgeführt wird, geht über die Informationen hinaus und schließt Politikmaßnahmen ein, die die Landwirtschaft, die Lebensmittelverarbeitung und die Verteilung beeinflussen (Milio, 1991).

Für die Bundesregierung ist die Versorgung der Bevölkerung mit qualitativ hochwertigen Lebensmitteln zu angemessenen Preisen ein wichtiges Ziel der Ernährungspolitik. Es gilt im Grundsatz als verwirklicht. Allerding bleiben weiterhin genügend Aufgaben, um ein hohes Qualitätsniveau, die Vielfalt des Lebensmittelangebots und die Transparenz der Lebensmittelmärkte zu sichern und zu verbessern. Für eine richtige Ernährung ist aber vor allem das individuelle Ernährungsverhalten ausschlaggebend (BML, 1994a).

Auch der Staat interessiert sich für Ernährungsprobleme, wahrscheinlich, weil es sehr viel billiger ist, Krankheiten zu verhüten als sie zu behandeln (James, 1990).

Wichtige Politikbereiche im Rahmen einer Verbesserung der Ernährung sind die Ernährungsforschung und die Ernährungsinformation.

Für die Ernährungsforschung wurde 1988 festgestellt, daß sich in der Bundesrepublik zwar zahlreiche Institute und Laboratorien mit experimenteller Ernährungsforschung beschäftigten, die Forschung aber in vielen Bereichen gegenüber vergleichbaren Ländern (USA, Großbritannien, den Niederlanden und teilweise auch der DDR) nicht Schritt gehalten hat. Große Einrichtungen, in denen dem fachübergreifenden Charakter der Ernährungswissenschaften Rechnung getragen wird, fehlen in der Bundesrepublik. Trotz Fortschritten in der Förderung der Ernährungsforschung hatte sie noch nicht den Stellenwert in der Gesundheitspolitik, den sie haben sollte (DGE, 1988).

In der Bundesrepublik werden die Ernährungsaufklärung und Anleitung zum richtigen Ernährungsverhalten als zentrale Aufgaben der Verbraucherpolitik im Ernährungsbereich angesehen (BML, 1994a). Die Bundesregierung unterstützt im Rahmen der Aufgaben der Bundesministerien für Ernährung, Landwirtschaft und Forsten sowie Gesundheit und Wirtschaft die Aufklärung über gesunderhaltende Ernährung.

Wichtige Institutionen der Verbraucherpolitik im Ernährungsbereich sind der Auswertungs- und Informationsdienst für Ernährung, Landwirtschaft und Forsten (AID), die Bundeszentrale für Gesundheitliche Aufklärung (BzgA), die Deutsche Gesellschaft für Ernährung (DGE), die Verbraucherzentralen (VZ) mit ihren Beratungsstellen, die Verbraucherinitiative (VI) sowie die Krankenversicherungen, die durch die Gesundheitsreform zunehmend auch präventive Aufgaben zugewiesen bekommen haben.

Diese Institutionen versuchen, die wissenschaftlichen Erkenntnisse, z.B. die Empfehlungen für die Nährstoffzufuhr (DGE, 1991), in verbrauchernahe und praktisch umsetzbare Empfehlungen zur gesunden Ernährung zu fassen, da wir ja nicht isolierte Nährstoffe sondern Nahrungsmittel - und diese noch kombiniert zu Mahlzeiten - zu uns nehmen.

D Das andere Gesicht der Fehlernährung

(Abb. 41)
(Tab. 55)

Der Ernährungskreis und die entsprechenden Zufuhrempfehlungen geben einen Überblick, wie - nach dem derzeitigen Kenntnisstand - die Nahrung von gesunden Erwachsenen grundsätzlich und über einen längeren Zeitraum zusammengesetzt sein sollte. Für Kinder und Jugendliche gelten ähnliche Empfehlungen für die Zusammensetzung der Nahrung, die Mengen variieren jedoch mit dem Alter (Forschungsinstitut für Kinderernährung, 1992a und 1992b; DGE, 1994b). Die Empfehlungen für eine gesunde, vollwertige Ernährung können in zehn Regeln zusammengefaßt werden.

(Erläuterung 39)

Es wird anerkannt, daß auch Umweltaspekte und soziale Gesichtspunkte in der Produktion und im Konsum von Nahrungsmitteln berücksichtigt werden müssen, wenn die Ernährung nachhaltig gesichert werden soll (Koerber, 1993; BML, 1994a). Solche Prinzipien finden in der Vollwert-Ernährung Berücksichtigung.

(Erläuterung 40)

Zu Beginn der 90er Jahre gab die Bundesregierung für Verbraucherinformation und Vertretung von Verbraucherinteressen insgesamt (einschließlich Lebensmittel- und Ernährungsbereich) ca. 60 Millionen Mark pro Jahr aus. Die Ausgaben allein für die Ernährungsaufklärung wurden für 1992 auf ca. 18 Millionen DM beziffert (Seehofer, 1994).

(Tab. 56)

(Tab. 57)

Stellt man diese Ausgaben den Summen gegenüber, die sechs bis 14jährige Kinder für Süßigkeiten aufwenden (ca. 1 Milliarde DM pro Jahr, davon ca. 300 Millionen für Schokolade und Schokoriegel, über 200 Millionen DM für Eis und Knabbergebäck und über 100 Millionen DM unter anderem für Bonbons und Kaugummi) (AgV, 1992), sowie dem Werbebudget großer Unternehmen im Ernährungsbereich, ist nicht verwunderlich, daß der Wirkungsgrad der staatlich geförderten bzw. nicht-kommerziell ausgerichteten Ernährungsberatung trotz teilweise beachtlicher Leistungen und Erfolge einzelner Maßnahmen gering eingeschätzt wird (Becker, 1993). Es erscheint erforderlich, daß die Strategien der Ernährungsaufklärung und die Konzepte der Ernährungsberatung für die 90er Jahre neu überdacht, stärker konkretisiert und genauer zielgruppenspezifisch orientiert werden (DGE, 1992). Mehr Professionalität im Medienangebot, mehr Zusammenarbeit unter den zuständigen Organisationen und Sicherung des Beratungsstandards durch Richtlinien für den Beratungsberuf sind Hauptforderungen zur Verbesserung der Ernährungsinformation (N.N., 1993).

Erläuterung 39: 10 Regeln für eine vollwertige Ernährung

1. Vielseitig - aber nicht zuviel.
   Abwechslungsreiches Essen schmeckt und ist vollwertig. Die richtigen Lebensmittel, in der richtigen Menge gegessen und getrunken, halten schlank und fit.
2. Weniger Fett und fettreiche Lebensmittel.
   Denn zuviel Fett macht fett. Sichtbare Fette reduzieren und Lebensmittel mit unsichtbaren Fetten, z.B. Fleisch, Wurst, Käse, Eier, Sahne, Nüsse, Mayonnaise, Pommes Frites, Kuchen und Schokolade, einschränken.
3. Würzig, aber nicht salzig.
   Kräuter und Gewürze unterstreichen den Eigengeschmack der Speisen. Wenn Salz, dann Jodsalz.
4. Wenig Süßes.
   Zucker und Süßigkeiten schaden den Zähnen und der Figur. Süßigkeiten selten und in kleinen Mengen fördern Genuß ohne Reue.
5. Mehr Vollkornprodukte.
   Sie liefern wichtige Nährstoffe und Ballaststoffe. Vollkornbrot, -reis und -nudeln liefern Kraft und Gesundheit durch zusätzliche Vitamine, Mineralstoffe und Spurenelemente.
6. Reichlich Gemüse, Kartoffeln und Obst.
   Frischkost in Form von rohem Obst, Rohkost und Salaten, aber auch Gemüse, Kartoffeln und öfter einmal Hülsenfrüchte gehören in den Mittelpunkt der Ernährung.
7. Weniger tierisches Eiweiß, besonders in Form von Fleisch und Wurst.
   Pflanzliches Eiweiß in Kartoffeln, Hülsenfrüchten und Getreide - ergänzt mit Milch und Ei - ist ein guter Baustoff für den Körper und die Muskeln.
8. Trinken mit Verstand.
   Der Körper braucht Flüssigkeit, aber keine zuckerhaltigen Limonaden oder Alkohol. Wasser, Mineralwasser, Gemüsesäfte, ungesüßter Früchtetee und verdünnte Obstsäfte helfen, den Flüssigkeitsbedarf von mindestens eineinhalb bis zwei Litern pro Tag sinnvoll zu decken.
9. Öfter kleinere Mahlzeiten.
   Das hält fit und belastet die Verdauungsorgane weniger als die üblichen drei Hauptmahlzeiten. Ruhig und bewußt gegessen, fördert den Genuß.
10. Schmackhaft und nährstoffschonend zubereiten.
    Lange Lagerung, zu hohe Temperaturen, lange Gar- und Warmhaltezeiten und die Verwendung von viel Wasser bei der Vorbereitung und beim Kochen zerstören lebenswichtige Vitamine und Mineralstoffe und laugen aus. Kurzes Garen in wenig Wasser oder Fett erhält Nährstoffe und Eigengeschmack der Speisen.

Quellen: DGE (1990); DGE (1994b), S. 26; DGE und BzgA (1994)

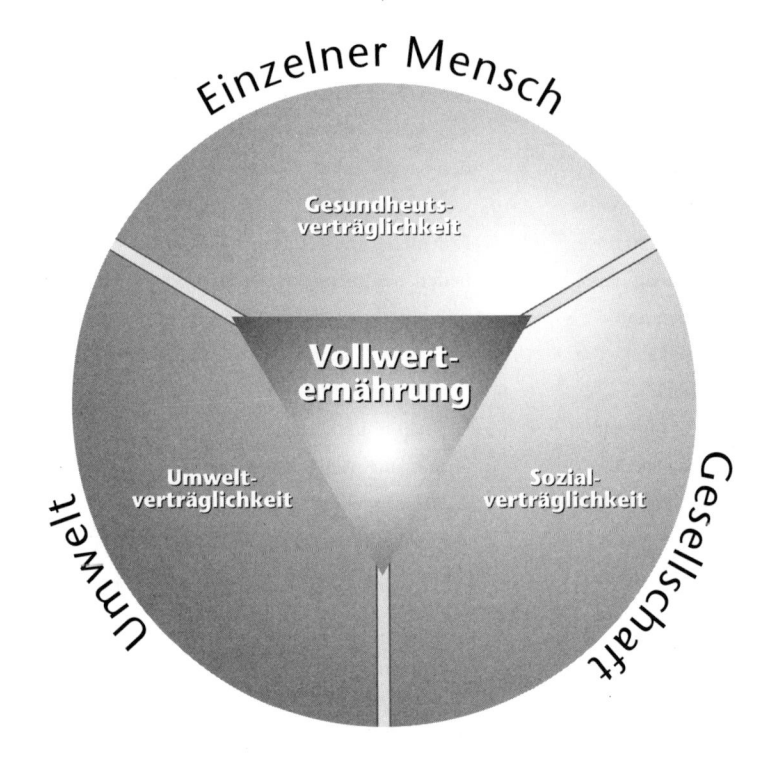

Erläuterung 40:
Vollwert-Ernährung

Einzelner Mensch

Gesundheits-
verträglichkeit

**Vollwert-
ernährung**

Umwelt-
verträglichkeit

Sozial-
verträglichkeit

Umwelt

Gesellschaft

Die Vollwert-Ernährung folgt zwölf Grundsätzen:
- Bevorzugung pflanzlicher Lebensmittel (überwiegend laktovegetabile Ernährungsweise, d.h. pflanzliche Lebensmittel und Milch/Milchprodukte);
- Bevorzugung gering verarbeiteter Lebensmittel (Lebensmittel so natürlich wie möglich);
- Reichlicher Verzehr unerhitzter Frischkost (etwa die Hälfte der Nahrungsmenge);
- Zubereitung genußvoller Speisen aus frischen Lebensmitteln, schonend und mit wenig Fett;
- Vermeidung von Nahrungsmitteln mit Zusatzstoffen;
- Vermeidung von Nahrungsmitteln aus bestimmten Technologien (wie Gentechnik, Food Design, Lebensmittelbestrahlung);
- Möglichst ausschließliche Verwendung von Erzeugnissen aus anerkannt ökologischer Landwirtschaft (nach den Rahmenrichtlinien der AGÖL bzw. IFOAM);
- Bevorzugung von Erzeugnissen aus regionaler Herkunft und entsprechend der Jahreszeit;
- Bevorzugung unverpackter oder umweltschonend verpackter Lebensmittel;
- Vermeidung bzw. Verminderung der allgemeinen Schadstoffemission und dadurch der Schadstoffaufnahme durch Verwendung umweltverträglicher Produkte und Technologien;
- Verminderung von Veredlungsverlusten durch geringeren Verzehr tierischer Lebensmittel;
- Bevorzugung landwirtschaftlicher Erzeugnisse, die unter sozialverträglichen Bedingungen erzeugt, verarbeitet und vermarktet werden (u.a. Fairer Handel mit Entwicklungsländern).

Die Orientierungstabelle für die Vollwert-Ernährung hilft bei der Lebensmittelauswahl. Danach sind die Lebensmittel nach ernährungsphysiologischen (Verarbeitungsgrad), ökologischen und sozialen Kriterien in Wertstufen eingeteilt. Die Nahrung sollte etwa je zur Hälfte aus nicht/gering verarbeiteten und mäßig verarbeiteten Lebensmitteln bestehen. Stark und übertrieben verarbeitete Lebensmittel sollten nur selten bzw. gar nicht verzehrt werden.

Die Vollwert-Ernährung ist die praktische Umsetzung der Ernährungsökologie, wobei unter Ernährungsökologie eine interdisziplinäre Wissenschaft verstanden wird, die die Wechselwirkungen der Ernährung mit dem einzelnen Menschen, der Umwelt und der Gesellschaft beinhaltet. Anliegen der Ernährungsökologie ist es, realisierbare, zukunftsweisende Ernährungskonzepte zu entwickeln, die sich durch hohe Gesundheitsverträglichkeit, Umweltverträglichkeit und Sozialverträglichkeit auszeichnen.

Quellen: Koerber (1993), S. 20 ff, 98 und 136 f; Verbraucher-Zentrale Baden-Württemberg (1993)

E. Perspektiven

1. Prognosen zur Bevölkerungsentwicklung, zum Nahrungsbedarf und zur Ernährungssicherung

Für die nächsten Jahrzehnte wird ein Mehrbedarf an landwirtschaftlich nutzbarer Fläche für den Anbau von landwirtschaftlichen Gütern und Nahrungsmitteln vorhergesehen. Gründe hierfür sind:

- die absolute Steigerung der Bevölkerungszahlen, besonders in Entwicklungsländern;
- Flächenverluste durch Desertifikation, Verstädterung und andere Einflüsse;
- sinkende Flächenproduktivität an bereits genutzten Standorten;
- Ausdehnung der Flächen für die Produktion von Exportfrüchten (Kaffee, Tee, Kakao)

(Bick u.a., 1992).

(Abb. 42) Ein wichtiger Einflußfaktor auf die zukünftige Entwicklung der Welternährung ist die Bevölkerungsentwicklung. Die Vereinten Nationen geben drei Varianten zur Entwicklung der Bevölkerung an. Nach der mittleren Variante wird die Bevölkerung bis zum Jahr 2025 auf 8,5 Milliarden Menschen ansteigen. Die jährliche Zuwachsrate der Weltbevölkerung wird danach erst zwischen den Jahren *(Tab. 58)* 2020 und 2025 entscheidend absinken.

Neben dem Bevölkerungswachstum sorgen andere Faktoren, wie z.B. die Wirtschaftsentwicklung mit steigenden *(Tab. 59)* Pro-Kopf-Einkommen oder die zunehmende Verstädterung, für eine steigende und sich verändernde Nachfrage *(Kapitel B 4.2)* nach Nahrungsmitteln.

Während das geschätzte Wachstum des Konsums von Getreide für die direkte Ernährung etwa dem Bevölkerungswachstum entspricht, liegt das geschätzte Wachstum der Nachfrage nach Futtergetreide mehr als doppelt so *(Abb. 43)* hoch wie das geschätzte Bevölkerungswachstum.

Die zunehmende Verstädterung wird an das Vermarktungssystem für Nahrungsmittel, einschließlich Transport, Lagerhaltung, Verarbeitung, Einteilung in Güteklassen und

Marktinformation, hohe Anforderungen stellen, um die zunehmende Bevölkerung in den Städten ausreichend versorgen zu können.

Es wird vermutet, daß in Afrika südlich der Sahara das Bevölkerungswachstum die Zunahme der Nahrungsmittelproduktion für lange Zeit übertreffen wird, wenn nicht mehr getan wird, um landwirtschaftliches Wachstum zu fördern. Bis zum Jahr 2000 wird die Bevölkerung dort um mehr als 3 Prozent pro Jahr wachsen, während die Nahrungsmittelproduktion voraussichtlich um 2 Prozent oder weniger zunehmen wird, so daß das Produktionsdefizit von derzeit ca. 14 Millionen Tonnen auf geschätzte 50 Millionen anwachsen wird. Es erscheint extrem unwahrscheinlich, daß die Region über die nötigen Devisen zum Import solcher Nahrungsmittelmengen verfügen wird. Es erscheint ebenso unwahrscheinlich, daß die afrikanischen Regierungen auf genügend Nahrungsmittelhilfe zum Ausgleich des Defizits rechnen können. Die Weltbank schätzt - auf der Grundlage derzeitiger Trends -, daß die afrikanische Bevölkerung im Jahr 2020 mit einem Nahrungsmitteldefizit von 250 Millionen Tonnen konfrontiert sein wird.

Für Asien wird bis zum Jahr 2000 mit einer jährlichen Wachstumsrate des Nahrungsbedarfs von 2 Prozent und Steigerungen der Nahrungsmittelproduktion von 1,3 Prozent gerechnet. Ein Großteil des Defizits wird vermutlich gedeckt werden können über Importerweiterungen und eventuell über eine wachsende regionale Produktion aufgrund von Preisanstiegen.

Im Gegensatz dazu sagen Schätzungen aus, daß in Lateinamerika die Steigerungen der Nahrungsmittelproduktion (geschätzte 3 Prozent) das Wachstum der Nahrungsmittel-nachfrage (geschätzte 2,5 Prozent) übertreffen werden (Pinstrup-Andersen, 1993).

Nach Berechnungen der FAO besitzen 45 Entwicklungsländer (27 in Afrika, elf in Mittel- und Südamerika und der Karibik, sieben in Asien) ein hohes Ertragspotential. Bei einer Mobilisierung der hohen bzw. potentiell hohen Bodenfruchtbarkeit und ausreichender Wasserversorgung unter intensiver Nutzung und Beachtung notwendiger regenerativer Phasen wird damit gerechnet, daß diese Länder ihren Bedarf mehr als doppelt decken könnten,

(Tab. 60)

E *Perspektiven*

(Erläuterung 20)

ohne die Nachhaltigkeit der Erträge bzw. der Produktion zu beeinträchtigen. Ein Großteil der Länder mit hohem Pro-duktionspotential gehörte Ende der 80er Jahre (1988-90) zu den Ländern mit niedrigem Index der Nahrungssicherheit auf Haushaltsebene.

Allerdings beurteilt die FAO die Chance zur Mobilisierung der noch ungenützten Produktionsmöglichkeiten skeptisch, da mit Begrenzungen bei den technologischen Gegebenheiten, dem Arbeitskräfteangebot sowie institutionellen und infrastrukturellen Faktoren zu rechnen ist. Gleichzeitig rechnet die FAO damit, daß 16 Länder im Jahr 2010 ihren Bedarf nicht decken können. Einige dieser Länder haben derzeit noch ein hohes und gesichertes Versorgungsniveau. Dazu gehören Kuba, Algerien, Ägypten, Saudi-Arabien, Libanon, Jordanien und Malaysia (BML, 1994d).

Die FAO geht davon aus, daß die Pro-Kopf-Produktion von Getreide in Entwicklungsländern von 216 kg pro Jahr in der Periode 1988-90 auf 228 kg im Jahr 2010 ansteigen wird. Aber der Pro-Kopf-Verbrauch könnte schneller steigen, von 235 kg auf 253 kg. Der Großteil dieses Konsumzuwachses wird für Futtermittel für die schnell wachsende Viehzucht verwendet werden. Dieser projizierte Zuwachs setzt Zunahmen im Getreideimport aus entwickelten Ländern voraus, so daß Länder mit Zahlungsbilanzschwierigkeiten, die auf Nahrungsmittelimporte angewiesen sind, besonderen Belastungen unterliegen werden. Es scheint, daß auch Nahrungsmittelhilfe in Zukunft weiterhin eine wichtige Rolle in der Versorgungsbilanz einiger Länder spielen wird. Unter Berücksichtigung der Bevölkerungsentwicklung und der allgemeinen Wirtschaftsaussichten sowie der Aussichten für Produktion, Konsum und Handel von Nahrungsmitteln wird die Pro-Kopf-Verfügbarkeit von Nahrungsenergie in Entwicklungsländern von 2.500 kcal auf 2.700 kcal im Jahr 2010 weiterhin steigen. Es ist wahrscheinlich, daß dann in den Regionen Naher Osten/ Nordafrika, Ostasien (einschließlich China), und Lateinamerika/ Karibik im Durchschnitt 3.000 kcal oder mehr pro Kopf und Tag zur Verfügung stehen werden. Dies bedeutet vor allem für Ostasien einen bedeutenden Fortschritt. Es wird geschätzt, daß Südasien die Versorgungslage ebenfalls verbessern kann. Die Verfügbarkeit von Nahrungsenergie wird in dieser Region allerdings unter 2.500 kcal bleiben. Die Aussichten für Afrika südlich der Sahara sind weniger gut. Es wird damit gerechnet, daß dort im Durchschnitt das niedrige Versorgungsniveau von 2.200 kcal oder weniger bestehen bleiben wird.

Auf der Grundlage dieser Projektionen könnte der Anteil chronisch Unterversorgter in den Regionen mit einer durchschnittlichen Kalorienversorgung von über 3.000 kcal auf 4 bis 6 Prozent zurückgehen. Allerdings wird dies nicht für alle Länder der Regionen vermutet. Aufgrund der schlechten Ausgangssituation könnten in Südasien im Jahr 2010 weiterhin 200 Millionen Menschen (12 Prozent der Bevölkerung) chronisch unterversorgt sein. Chronische Unterversorgung wird besonders in Afrika südlich der Sahara mit 300 Millionen Betroffenen (32 Prozent der Bevölkerung) um sich greifen. Aktuelle Schätzungen ergeben, daß chronische Unterversorgung in Entwicklungsländern auch im Jahr 2010 ein wichtiges Problem sein wird. Insgesamt wird davon ausgegangen, daß die Zahl der Betroffenen von derzeit knapp 800 Millionen auf ca. 650 Millionen zurückgehen wird (FAO, 1994a).

Allerdings wird die Zukunft der Nahrungssicherung weltweit unterschiedlich eingeschätzt. Drei Zitate sollen die Standpunkte verdeutlichen:

„Die meisten Experten sind sich darin einig, daß es keine allgemeine und weltweite Lebensmittelknappheit gibt und daß es bei einer gerechten Verteilung möglich sein müßte, auf absehbare Zeit die gesamte Nachfrage zu decken." (Sadik, 1994)

So lautet die Einschätzung im letzten Weltbevölkerungsbericht. Danach ist weltweite Nahrungssicherung auch in Zukunft möglich. Die Nahrungssicherung der Haushalte hängt von der Verteilung der weltweit verfügbaren Nahrungsmittel ab. Dagegen schätzt der ehemalige Leiter des Internationalen Reisforschungszentrums auf den Philippinen:

„Trotz gewaltiger Anstrengungen und weiteren Verlusten von Waldreserven wird die heute verfügbare Ackerfläche nicht ... ausreichen, um die erwartete Bevölkerung zu ernähren, jedenfalls nicht mit den bekannten Technologien." (Lampe, 1994)

Vertreter des Worldwatch Institutes in Washington meinen:

„Inzwischen kann als gesichert gelten, daß sich für Teile der Menschheit die Ernährungslage verschlechtern wird."
(Brown und Young, 1991).

Die FAO nennt mehrere technologische Aufgaben, um landwirtschaftliches Wachstum zu erreichen:

- Begrenzung der Degradierung von Landflächen,
- Förderung von integrierten Pflanzenernährungssystemen,
- Ausdehnung der Möglichkeiten für integrierten Pflanzenschutz,
- Wasserentwicklung und Wassereinsparung,
- Steigerung der Produktivität in der Viehzucht,
- Entwicklung des Potentials der Biotechnologie.

(Erläuterung 41)

Aber nur dann, wenn diese technologischen Fortschritte auch durch Änderungen in den zuständigen Institutionen und Anreizen für landwirtschaftliche und ländliche Entwicklung begleitet werden, können die wissenschaftlichen Erkenntnisse die Labore und das experimentelle Stadium verlassen und in die Praxis umgesetzt werden (FAO, 1993b).

(Erläuterung 42)

Dabei kommt es darauf an, daß die Landbewirtschaftung nachhaltig ist. Inwieweit der ökologische Landbau einen Beitrag zur Lösung leisten kann, wird in Deutschland untersucht (Zukunfts-Institut, 1993; Schulze Pals, 1993).

Wenn schon die Aussichten für die Nahrungssicherung weltweit und auf Haushaltsebene unsicher sind, dürfte die Ernährungssicherung der Weltbevölkerung noch schwieriger zu erreichen sein.

Es zeigt sich, daß die Feststellung, die Welt sei jetzt auf dem Weg, die Geißel von Hunger und Unterernährung bis zum Ende des Jahrhunderts zu beseitigen, zu optimistisch war (FAO, 1993b). Projektionen besagen, daß auch nach der Jahrtausendwende Millionen von Kindern unter Untergewicht und den damit verbundenen körperlichen und geistigen Beeinträchtigungen leiden werden.

(Tab. 61)

Unter Berücksichtigung vergangener Trends sind zwei Szenarien möglich. Szenario A legt die schlechteste Fünf-Jahres-Entwicklung, die in der Zeit zwischen 1970 und 1990 beobachtet wurde, zugrunde, Szenario B die beste.

(Abb. 44)

Nach diesen Schätzungen werden im Jahr 2.000 die Anteile unterernährter Kinder in nahezu allen Regionen zurückgehen. Wenn sich allerdings die ungünstigen Trends fortsetzen (Szenario A) wird in Afrika südlich der Sahara, in China sowie in Mittelamerika und der Karibik der Anteil untergewichtiger Kinder ansteigen.

Diese Schätzungen, die auf zurückliegenden Trends beruhen, berücksichtigen nicht, daß in Zukunft positive Durchbrüche, z.B. durch Produktionserfolge durch den Einsatz der Biotechnologie, oder negative Einbrüche, z.B. durch unkontrollierte Ausbreitung von Aids (BML, 1995; FAO, 1994e), auftreten können.

Sie zeigen jedoch, welche Anstrengungen in den meisten Regionen nötig sind, um das Ziel, das auf dem Weltkindergipfel formuliert wurde, d.h. die Halbierung von Unterernährung bis zum Jahr 2000, zu erreichen (UN ACC/SCN, 1992).

Selbst nach der optimistischen Einschätzung werden im Jahr 2000 in Entwicklungsländern 108 Millionen Kinder unter Untergewicht sowie den Folgen und Ursachen leiden.

(Tab. 62)

Prognosen darüber, wie sich die Verbreitung ernährungsabhängiger Krankheiten entwickeln wird, liegen nicht vor.

Experten warnen davor, heute und zukünftig Anstrengungen zur Verbesserung der Nahrungsmittelproduktion und Ernährungssicherung zu vernachlässigen, da eine Verschlechterung der Böden, zunehmende Entwaldung, hohes Bevölkerungswachstum, begrenzter Zugang zu landwirtschaftlicher Technologie und die derzeit herrschende Unterernährung sowie die regionale Konzentration der Probleme besonders in Afrika keinen Anlaß geben, sich auf dem Erreichten auszuruhen (Pinstrup-Andersen, 1994).

Erläuterung 41: Hoffen auf die Biotechnologie

Nach Einschätzung des ehemaligen Generaldirektors des Internationalen Reisforschungszentrums, Klaus Lampe, wird die Biotechnologie bei der Suche nach umweltfreundlicher und nachhaltiger Ertragssteigerung eine entscheidende Rolle spielen.

„Neue Pflanzentypen werden Nährstoffe, Sonnenlicht und Wasser besser nutzen. Nach dem Stand des heutigen Wissens dürften bis zum Beginn des nächsten Jahrhunderts Ertragssteigerungen von mehr als 50 Prozent über die bisherige Höchstmarke hinaus realisierbar sein."

Dabei ist unter Biotechnologie zu verstehen

„ein Spektrum von Techniken und Methoden, die die technische Steuerung und Nutzung biologischer Materialien zur Herstellung von Stoffen und Leistungen zum Ziel haben."
(BMZ 1994b, S. 3).

Dazu zählen

„alle Prozesse der Transformation von erneuerbaren Rohmaterialien sowie Produktionsprozesse, bei denen Zellkulturen aus Mikroorganismen, Pflanzen oder Tieren verwendet werden".
(Katz und Schmitt 1994, S. 8).

Biotechnologie ist also nicht mit Gentechnologie gleichzusetzen, sondern sie umfaßt verschiedene Verfahren von klassischen Methoden bis hin zu neuen gentechnologischen Verfahren.

Die möglichen Nutzen, aber auch Gefahren durch diese Technologie sollten differenziert beurteilt werden für Verfahren unterhalb der Schwelle zur Gentechnologie und die Gentechnologie selbst sowie für Industrie- und Entwicklungsländer.

„Die Gentechnologie weckt große Hoffnungen und Erwartungen. Phantastische Visionen stellen Pflanzen nach Maß in Aussicht: Wunderpflanzen, die sich selbst düngen, die auf ausgelaugtem Boden Blüten treiben, Pflanzen, die endlich den Welthunger besiegen werden.

Die Biotechnologien verändern die Nahrungsmittelproduktion und besonders das Leben der Bäuerinnen und Bauern. Sowohl in den Industrie- als auch in den Entwicklungsländern wissen sie bei dem Tempo der strukturellen Umwälzungen kaum mehr, was sich noch anzubauen lohnt und welche Haltung sie einnehmen sollen. Ein großer Teil der Nahrungsmittelproduktion wandert vom Feld ins Fabriklabor. Während die großen industriellen LebensmittelproduzentInnen rosigen Zeiten entgegensehen, steht den Bäuerinnen und Bauern eine schwere Zukunft bevor."
(Erklärung von Bern 1989, S. 5 und 27).

„Die Biotechnologie wird, wie alle technologischen Durchbrüche zuvor, zu einer bemerkenswerten strukturellen Änderung in der Produktion, dem internationalen Handel und der Zusammenarbeit führen. Darüber hinaus wird sie aber die größte Herausforderung für die afrikanische Wirtschaft sein; diese Wirtschaft zeichnet sich aus durch ein monokulturelles Produktionssystem und eine enorme Abhängigkeit der Exporteinnahmen von einem oder zwei Gütern. Alle interessanten tropischen Nutzpflanzen Afrikas stehen auf dem Spiel. Wenn wir den jetzigen Kollaps im Gütermarkt und die Preise betrachten, wird die Biotechnologie einfach der Tropfen sein, der das Faß zum Überlaufen bringt. Sie wird die Totenglocke für Afrika läuten."
Dr. Adebayo Adedeji,
Untergeneralsekretär der
UN-Wirtschaftskommission
für Afrika, 1987

Quellen: Erklärung von Bern (1989); Leisinger (1991); Spangenberg (1992); Lampe (1994); BMZ (1994b); Katz und Schmitt (1994)

Erläuterung 42: Definition einer nachhaltigen Landbewirtschaftung

„Eine dauerhaft umweltverträgliche Landbewirtschaftung arbeitet weitgehend in Kreisläufen bei Schonung und dauerhaftem Erhalt der natürlichen Lebensgrundlagen (Boden, Wasser, Luft, Artenvielfalt) und der knappen Ressourcen (fossile Energieträger, mineralische Rohstoffe). Voraussetzung hierfür ist die Wiederherstellung der natürlichen ökosystemaren Regelsysteme und Stoffkreisläufe und die Einbindung und Anpassung der Landbewirtschaftungsmethoden in den Naturhaushalt. Der Energiebedarf in der Landwirtschaft und im ländlichen Raum ist weitgehend mit Hilfe regenerativer Energiequellen zu decken.

Ziele der Landbewirtschaftung sind sowohl eine auf die Region ausgerichtete Versorgung der Bevölkerung mit gesunden Nahrungsmitteln und Rohstoffen als auch gleichermaßen die Schaffung bzw. Wiederherstellung und der Erhalt einer abwechslungsreichen, vielfältig strukturierten, arten- und biotopreichen Kulturlandschaft und Sicherung und Entwicklung des ländlichen Raumes. Im Sinne einer Kreislaufwirtschaft ist außerdem die möglichst vollständige Rückführung unbedenklicher biogener Abfälle und Reststoffe und deren Verwertung innerhalb der Landwirtschaft anzustreben."

„Mit einer nachhaltigen und umweltverträglichen Landbewirtschaftung könnten auf längere Sicht mehrere drängende Probleme gleichzeitig gelöst werden:

- die unter ökonomischen und ökologischen Gesichtspunkten unerwünschten Agrarüberschüsse werden abgebaut;
- die Überschußexporte und damit der Preisdruck auf dem Weltmarkt werden verringert, woraus sich neuer Handlungsspielraum für künftige GATT-/WTO-Verhandlungen ergäbe;
- landwirtschaftliche Arbeitsplätze und eine ländliche Sozialstruktur bleiben erhalten oder werden neu belebt;
- die Verschwendung knapper Ressourcen wird durch weitgehend geschlossene Kreisläufe verringert;
- weniger belastete Nahrungsmittel werden umweltverträglich und nachhaltig produziert;
- regionale Umweltbelastungen aus dem Landwirtschaftssektor werden deutlich reduziert;
- die durch Umweltschäden entstehenden Kosten werden gesenkt;
- die klimawirksamen Spurengasemissionen werden vermindert."

Quelle: Enquete-Kommission „Schutz der Erdatmosphäre" (1994), S. 255 f

2. Ernährungspolitik, Ernährungsziele, Aktionspläne

Nach Einschätzung der Internationalen Welternährungskonferenz vom Dezember 1992 ist die Beseitigung von Hunger und Unterernährung durch die Menschheit erreichbar. Politischer Wille und gut gestaltete Politik sowie konzertierte Aktionen auf nationaler und internationaler Ebene könnten danach entscheidende Auswirkungen bei der Lösung der Welternährungsprobleme haben. Viele Länder, einschließlich einige der ärmsten, haben Programme angenommen und durchgeführt, um Verbesserungen ihrer Nahrung, Ernährung, Landwirtschaft, Bildung, Gesundheit und Familienwohlfahrt zu erreichen, die Hunger und Unterernährung dramatisch reduziert haben. Die derzeitige Aufgabe besteht darin, auf diesem Fortschritt aufzubauen und ihn zu beschleunigen. Die Welterklärung zur Ernährung und der globale Aktionsplan liefern Richtlinien für Regierungen, die in Partnerschaft mit Nichtregierungsorganisationen, dem privaten Sektor, lokalen Gemeinschaften, Familien und Haushalten sowie der internationalen Gemeinschaft (internationale Organisationen, multi- und bilaterale Finanzierungsinstitutionen) handeln, um die auf der Welternährungskonferenz formulierten Ziele zu erreichen. Die Regierungen sind aufgerufen, so früh wie möglich, spätestens aber bis Ende 1994, nationale Aktionspläne und Politikansätze vorzubereiten oder zu verbessern, die auf den Prinzipien der internationalen Dokumente beruhen (FAO und WHO, 1992a, 2. Teil).

(Erläuterung 43)

„Im Grunde können nur nationale Regierungen die Verantwortung für die Versorgung ihrer Bürger übernehmen, nur sie können die Landwirtschafts- und Bevölkerungspolitik festlegen, die eine ausreichende Ernährung des gesamten Volks gewährleistet. Die internationale Gemeinschaft kann nationale Vorstöße unterstützen, aber sie kann sie nicht ersetzen."
(Brown, 1994, S. 277).

Auch die deutsche Bundesregierung wird einen nationalen Aktionsplan zur weiteren Verbesserung der Ernährungssituation erstellen. Er sollte Ende 1994 vorliegen. Viele der im internationalen Aktionsplan enthaltenen

2. Ernährungspolitik, Ernährungsziele, Aktionspläne

Maßnahmen gelten in Deutschland bereits als verwirklicht. Da ernährungsabhängige Krankheiten weiterhin verbreitet sind, werden Informationsmaßnahmen im Rahmen der Ernährungsaufklärung und -beratung im Mittelpunkt des deutschen Aktionsplanes stehen (BML, 1994a).

(Kapitel D)

Das Wissen um die Probleme, die Ursachen und auch um die Lösungen ist vorhanden. Es geht darum, das Wissen in angemessene Handlungen umzusetzen. Denn zu dem „Wie" gibt es noch viele offene Fragen (Berg, 1993).

Die Zeit drängt.

„Noch ist die Vision von einer Welt ohne Hunger utopisch. Noch sind Kriege und Gewalt viel zu oft Ursache dafür, daß Menschen hungern. ... Wenn sich Nord und Süd indessen ihrer gemeinsamen Verantwortung stellen, ist es möglich, das Recht auf Nahrung für alle zu verwirklichen."

Edouard Saouma, ehemaliger Generaldirektor der FAO

(Launer, 1993, S. 12)

„Wir geben zu bedenken, daß auch die Zeit einen ethischen Wert hat. Jede verlorene Minute, jede aufgeschobene Entscheidung bedeutet, daß mehr Menschen an Hunger und Unterernährung sterben, daß die Zerstörung der Umwelt so weit voranschreitet, daß sie nicht mehr rückgängig gemacht werden kann. Niemand wird jemals genau den menschlichen und finanziellen Preis der verlorenen Zeit kennen."

(Club of Rome, 1993, S. 257 f)

Erläuterung 43: Welterklärung und Aktionsplan für Ernährung

Generelle Ziele sind:
- Sicherung eines kontinuierlichen Zugangs für alle Menschen zu einer ausreichenden Versorgung mit sicheren Nahrungsmitteln für eine ernährungsphysiologisch angemessene Ernährung;
- Erreichung und Erhaltung von Gesundheit und Ernährung für alle Menschen;
- Erreichung einer ökologisch verträglichen und sozial nachhaltigen Entwicklung, um zu verbesserter Ernährung und Gesundheit beizutragen und
- Beseitigung von Hungersnöten und Todesfällen durch Hunger.

Als wichtige politische Richtlinien und Sektoren, um diese Ziele zu erreichen, werden angesehen:
- soziale, ökonomische und politische Verpflichtung der Länder, eine angemessene Ernährung zu fördern;
- Stärkung der Agrarpolitik;
- ökologisch verträgliche und nachhaltige Entwicklung;
- Wachstum mit Gleichheit, d.h. sowohl wirtschaftliches Wachstum als auch gleichberechtigte Teilung der Erfolge unter allen Bevölkerungsgruppen ohne Diskriminierung;
- Priorität für die am meisten betroffenen Risikogruppen;
- Schwerpunkt auf Afrika;
- Beteiligung der Bevölkerung;
- Starke Beachtung von Frauen und Gleichberechtigung;
- Entwicklung menschlicher Ressourcen;
- Bevölkerungspolitik;
- Gesundheitspolitik;
- Förderung einer angemessenen Ernährung durch Stärkung der ökonomischen und technischen Kooperation zwischen Ländern;
- Bereitstellung ausreichender Ressourcen.

Als mögliche Maßnahmen der Regierungen zur Förderung und zum Schutz einer angemessenen Ernährung werden genannt:
- Integration von Ernährungszielen, -gesichtspunkten und -komponenten in Entwicklungspolitik und -programme;
- Verbesserung der Nahrungssicherheit auf Haushaltsebene;
- Schutz der Verbraucher durch verbesserte Nahrungsqualität und -hygiene;
- Prävention und Behandlung von Infektionskrankheiten;
- Förderung des Stillens;
- Fürsorge für sozio-ökonomisch Benachteiligte und Ernährungsrisikogruppen;
- Prävention und Behandlung von Mikronährstoffdefiziten;
- Förderung einer angemessenen Ernährung und einer gesunden Lebensweise;
- Abschätzung, Analyse und Überwachung der Ernährungssituation.

Die Notwendigkeit zu intersektoralen Ansätzen mit enger Kooperation und Koordination zwischen allen Beteiligen wird betont.

Die Verantwortung für die Verbesserung der Ernährungssituation liegt sowohl bei nationalen als auch bei internationalen Institutionen.

Quelle: FAO und WHO (1992a)

Tabellen

F Tabellen

Tabelle 1: Indizes der Agrarproduktion zu Beginn der 80er und 90er Jahre (1979-81 = 100)

	Welt	Afrika	Nord- und Zentralamerika	Südamerika	Asien[1]	Europa[1]	Ozeanien
Landwirtschaft							
1982	106	103	105	105	109	105	96
1983	105	101	91	105	114	103	108
1984	111	102	103	108	120	110	106
1992	130	131	115	133	155	106	120
1993	128	135	105	132	158	104	118
Nahrungsmittel							
1982	106	103	105	107	108	105	94
1983	106	101	92	105	114	103	110
1984	111	102	103	108	119	110	106
1992	131	132	116	137	155	106	120
1993	129	137	106	136	158	105	120
Feldfrüchte							
1982	107	103	107	108	108	107	85
1983	105	99	83	105	115	102	127
1984	113	101	102	113	120	114	128
1992	128	132	115	134	143	105	142
1993	126	137	100	131	144	105	151
Viehwirtschaft							
1982	103	106	102	104	110	101	100
1983	106	108	105	102	115	103	102
1984	109	108	105	100	124	105	99
1992	129	131	119	132	197	103	114
1993	129	132	117	134	206	101	111

1) Zahlen enthalten nicht die Daten der unabhängigen Republiken der UdSSR
Quelle: FAO (1994c), S. 39 ff

Tabelle 2: Weltnahrungsmittelproduktion 1992 (in Mio. Tonnen)

Produktgruppe	Welt	Entwicklungsländer (gesamt)	Afrika	Lateinamerika	Naher und Ferner Osten	Entwickelte Länder (gesamt)	Nordamerika	Europa	Ehemalige UdSSR
Getreide	1.952	1.063	58	114	890	889	403	256	186
Stärkehaltige Knollen	586	399	113	46	238	187	23	83	73
Hülsenfrüchte	57	38	6	5	27	19	2	7	8
Gemüse	436	309	19	23	266	148	32	67	30
Früchte	370	242	36	84	120	128	28	75	12
Pflanzenöl	78	52	5	10	36	26	15	8	3
Zucker	116	73	4	29	40	42	7	22	7
Fleisch	182	80	6	20	54	102	34	42	16
Milch	519	168	11	44	112	351	76	159	89
Eier	36	18	1	4	12	19	4	7	4
Bevölkerung (Mio.)	5.480	4.210	555	458	3.190	1.270	282	504	293
Bevölkerung (%)	100	77	10	8	58	23	5	9	5

Quelle: FAO (1993a), S. 21 ff und 65 ff sowie eigene Berechnungen

Tabelle 3: Entwicklung der Weltbevölkerung
(Bevölkerung in Mio. und Anteil in % in Klammern)

Region	1950	1970	1990
Welt, insgesamt	2.516	3.698	5.292
	(100)	(100)	(100)
Industrieländer	832	1.049	1.207
	(33,1)	(28,4)	(22,8)
Entwicklungsländer	1.684	2.649	4.086
	(66,9)	(71,6)	(77,2)
Afrika	222	362	642
	(8,8)	(9,8)	(12,1)
Nordamerika	166	226	276
	(6,6)	(6,1)	(5,2)
Lateinamerika	166	286	448
	(6,6)	(7,7)	(8,5)
Asien	1.377	2.102	3.113
	(54,7)	(56,8)	(58,8)
Europa	393	460	498
	(15,6)	(12,4)	(9,4)
Ozeanien	13	19	26
	(0,5)	(0,5)	(0,5)
UdSSR	180	243	289
	(7,2)	(6,6)	(5,5)

Quelle: Sadik (1993), S. 1

Tabelle 4: Die 20 bevölkerungsreichsten Städte der Welt (1990)

Rangfolge	Stadt	Land	Bevölkerung (in Mio.)
1	Mexiko City	Mexiko	20,2
2	Tokio	Japan	18,1
3	Sao Paulo	Brasilien	17,4
4	New York	USA	16,2
5	Shanghai	China	13,4
6	Los Angeles	USA	11,9
7	Kalkutta	Indien	11,8
8	Buenos Aires	Argentinien	11,5
9	Bombay	Indien	11,2
10	Seoul	Südkorea	11,0
11	Beijing	China	10,8
12	Rio de Janeiro	Brasilien	10,7
13	Tianjin	China	9,4
14	Jakarta	Indonesien	9,3
15	Kairo	Ägypten	9,0
16	Moskau	GUS	8,8
17	Delhi	Indien	8,8
18	Osaka	Japan	8,5
19	Paris	Frankreich	8,5
20	Metro Manila	Philippinen	8,5

Quelle: Sadik (1993), S. 4

F Tabellen

Tabelle 5: Indizes der Agrarproduktion pro Kopf zu Beginn der 80er und 90er Jahre (1979-81 = 100)

	Welt	Afrika	Nord- und Zentralamerika	Südamerika	Asien[1]	Europa[1]	Ozeanien
Landwirtschaft							
1982	102	97	102	101	105	104	93
1983	100	93	87	98	108	102	103
1984	104	91	97	99	112	109	100
1992	106	92	98	105	124	104	99
1993	103	92	88	102	124	102	96
Nahrungsmittel							
1982	102	98	103	103	104	104	91
1983	100	93	88	99	108	102	105
1984	104	91	98	100	111	109	100
1992	106	93	99	108	124	104	99
1993	103	93	89	106	124	102	98
Feldfrüchte							
1982	103	97	102	103	104	107	83
1983	100	91	79	99	108	101	121
1984	105	90	96	104	111	112	120
1992	104	93	98	106	115	103	118
1993	101	94	84	102	113	103	123
Viehwirtschaft							
1982	100	100	99	99	106	100	97
1983	101	99	101	96	109	102	97
1984	101	96	100	91	115	104	93
1992	105	92	101	104	158	101	95
1993	103	90	98	104	162	99	91

[1] Zahlen enthalten nicht die Daten der unabhängigen Republiken der UdSSR
Quelle: FAO (1994c), S.49 ff

Tabelle 6: Verzehrskalorien in ausgewählten Ländern (kcal/Kopf/Tag), 1988-90

Länder	Gesamt	Pflanzlich	Tierisch	Futterkalorien[1]	Primärkalorien, gesamt
USA	3.642	2.535	1.107	7.749	10.284
Bundesrepublik Deutschland	3.472	2.221	1.251	8.757	10.978
Indien	2.229	2.075	154	1.078	3.153
Niger	2.239	2.127	113	791	2.918
Brasilien	2.730	2.301	429	3.003	5.304

[1] Um eine Kalorie tierischer Nahrung zu erzeugen, sind im Durchschnitt sieben Kalorien aus Weizen nötig (vgl. Abb. 5). Den Berechnungen liegt die vereinfachte Annahme zugrunde, daß nur Weizen verfüttert wird.
Quelle: FAO (1993a), S. 253 f und eigene Berechnungen

Tabelle 7: Landnutzung (in 100.000 ha)

	Welt	Afrika	Nord- und Zentralamerika	Südamerika	Asien[1]	Europa[1]	Ozeanien	UdSSR
Landfläche	13.082	2.964	2.178	1.753	2.679	473	845	2.190
Ackerland								
1977	1.311	153	263	80	419	127	42	228
1982	1.329	155	267	87	421	126	47	227
1987	1.342	159	265	93	424	126	48	228
1992	1.346	164	264	97	425	123	52	
Dauerkulturen[2]								
1977	89	17	6	15	29	15	1	5
1982	92	18	7	16	31	14	1	5
1987	94	18	7	16	33	14	1	5
1992	98	19	7	16	34	.14	1	
Weidefläche								
1977	3.253	892	359	467	675	87	452	321
1982	3.295	889	364	477	708	86	446	324
1987	3.359	895	362	489	767	84	438	324
1992	3.424	899	362	497	800	81	429	
Waldfläche								
1977	4.240	720	708	887	573	155	158	1.040
1982	4.104	707	706	865	553	156	157	959
1987	4.082	693	709	843	536	157	157	987
1992	3.880	678	708	820	535	158	157	
Andere Flächen[3]								
1977	4.189	1182	841	304	983	90	193	597
1982	4.262	1195	834	307	966	90	194	675
1987	4.205	1198	835	313	919	92	201	647
1992	4.368	1203	837	323	885	97	206	

[1] Zahlen enthalten nicht die Daten der unabhängigen Republiken der UdSSR

[2] Kulturen, die Landflächen über lange Zeit belegen und nicht nach jeder Ernte erneut ausgebracht werden müssen, z.B. Kakao, Kaffee und Kautschuk. Diese Kategorie schließt Landflächen ein, die mit Gebüsch, Obstbäumen, Nußbäumen und Weinreben belegt sind, jedoch nicht Holzbäume und Nutzholz.

[3] Diese Kategorie umfaßt Bebauungsflächen, Straßen, unproduktives Land etc., für die keine spezifischen Daten verfügbar sind.

Quelle: FAO (1994c), S. 3 ff

Tabelle 8: Bevölkerung in der Landwirtschaft (in Mio.)

	Welt	Afrika	Nord- und Zentralamerika	Südamerika	Asien[1]	Europa[1]	Ozeanien	UdSSR
Bevölkerung, gesamt								
1980	4.447	479	370	240	2.584	484	23	266
1990	5.295	643	424	294	3.118	501	27	289
1993	5.572	702	442	310	3.292	505	28	
Bevölkerung in der Landwirtschaft								
1980	2.196	313	55	70	1.638	61	4	53
1990	2.389	388	55	69	1.793	43	4	38
1993	2.446	413	55	68	1.834	38	4	
Ökonomisch aktive Bevölkerung								
1980	1.956	190	161	83	1.157	218	10	137
1990	2.364	243	188	104	1.440	232	12	144
1993	2.482	262	196	111	1.520	235	13	
Anteil der ökonomisch aktiven Bevölkerung in der Landwirtschaft								
1980	50,8	68,6	12,1	28,7	65,7	13,7	19,6	20,0
1990	46,6	63,0	10,5	23,1	59,8	9,3	16,4	13,0
1993	45,2	61,3	10,1	21,6	57,9	8,2	15,6	

[1] Zahlen enthalten nicht die Daten der unabhängigen Republiken der UdSSR

Quelle: FAO (1994c), S. 19 ff

Tabelle 9: Anteil der Landwirtschaft am Bruttoinlandsprodukt für ausgewählte Länder (in %)

Ländergruppe bzw. Land	1970	1992
Länder mit niedrigem Einkommen	...	29
Äthiopien	56	48
Tansania	41	61
Nepal	67	52
Burundi	71	54
Bangladesh	55	34
Niger	65	37
Indien	45	32
China	...	27
Honduras	32	22
Indonesien	45	19
Länder mit mittlerem Einkommen	...	...
Elfenbeinküste	40	37
Philippinen	30	22
Senegal	24	19
Ecuador	24	13
Jamaika	7	5
Tunesien	20	18
Algerien	11	15
Syrien	20	30
Südafrika	8	4
Brasilien	12	11
Botswana	33	5
Venezuela	6	5
Mexiko	12	8
Afrika südlich der Sahara	27	20
Ostasien & Pazifik	...	21
Südasien	44	32
Europa & Zentralasien	...	...
Mittlerer Osten & Nordafrika	...	...
Lateinamerika und Karibik	12	...
Länder mit hohem Einkommen	4	...
Irland	17	10
Hongkong	2	0
Australien	6	3
Deutschland	3	2
USA	3	...
Japan	6	2
Welt	8	...

... in der genannten Quelle keine Daten verfügbar
Quelle: World Bank (1994), S. 166 f

F Tabellen

Tabelle 10: Hauptexportprodukte ausgewählter Entwicklungsländer und Anteil am Gesamtexport (in %)

Land	Jahr	Produkte und Anteile	Anteile, gesamt
Ägypten	1985	Erdöl 65; Baumwolle 10,2; Garne 7,0	82,2
Äthiopien	1986	Kaffee 80,4; Häute und Felle 8,4	88,8
Algerien	1987	Energieprodukte 77,3	77,3
Bangladesh	1986	Jutewaren 33,7; Fertigbekleidung 19,7; Rohjute 12,5	65,9
Birma	1985	Reis 33,0; Teak 32,0	65,0
Bolivien	1986	Zinn 40,0; Erze 23,4	63,4
Burundi	1987	Kaffee 98,4	98,4
Chile	1985	Kupfer 46,4; Obst 9,7; Fischmehl 7,3	63,4
Dominik. Rep.	1984	Zucker 31,6; Goldlegierungen 14,0; Nickel 12,5	58,1
Ecuador	1986	Rohöl 62,5; Meeresprodukte 9,0; Kakao 7,6	79,1
Gambia	1985	Erdnußprodukte 47,9	47,9
Ghana	1985	Kakaobohnen und -erzeugnisse 63,0; Gold 16,1	79,1
Haiti	1986	Landwirtschaftliche Produkte 33,1; Kaffee 25,9	59,0
Honduras	1986	Kaffee 33,9; Bananen 29,4	63,3
Indonesien	1985	Mineral. Erzeugnisse 69,7; Nahrungsmittel und lebende Tiere 10,6	80,3
Irak	1985	Mineralöl und -erzeugnisse 98,0	98,0
Iran	1985	Erd- und Rohöl 80,8; Wollgewebe 11,6	92,4
Jamaika	1985	Tonerde 37,3; Aluminium 13,6; Zucker 8,8	59,7
Kolumbien	1987	Kaffee 29,0; Erdöl 26,8	55,8
Libyen	1985	Erdöl 97,5	97,5
Marokko	1985	Rohphosphate 26,2; Nahrungsmittel 25,3; Halbwaren 24,3	75,8
Nigeria	1985	Erdöl 97,1	97,1
Pakistan	1984	Reis 15,4; Baumwollgewebe und -garn 21,0; Teppiche 6,3	42,7
Peru	1986	Kupfer 17,7; Kaffee 10,4; Zink 8,9	37,0
Ruanda	1986	Kaffee 69,1; Tee 8,0	77,1
Sambia	1987	Kupfer 84,3; Kobalt 5,9	90,2
Sierra Leone	1986	Rutil 21,2; Diamanten 20,1; Kakao 20,0; Bauxit 17,4	78,7
Somalia	1987	Lebendvieh 66,0; Bananen 23,3	89,3
Sri Lanka	1987	Textilien und Bekleidung 34,4; Tee, Kaffee, Gewürze 29,3	63,7
Sudan	1987	Baumwolle 36,6; Gummiarabikum 20,7; lebende Tiere 15,2	72,5
Syrien	1985	Erdöl und -produkte 74,1; Rohbaumwolle 8,5	82,6
Togo	1987	Phosphate 30,6; Baumwolle 10,8; Kakao 10,3	51,7
Tunesien	1986	Textilien und Lederwaren 31,3; Phosphate und Derivate 55,1	86,4
Uganda	1986	Kaffee 91,8	91,8
Venezuela	1984	Erdöl 59,0; Erdölderivate 34,3	93,3
Zaire	1984	Kupfer 37,1; Erdöl 16,7; Kobalt 13,1; Diamanten 11,1	78,0

Quelle: BMZ (1990), S. 38

Tabelle 11: Entwicklung der Produktivität bei Grundnahrungsmitteln (in kg/ha)

Nahrungsmittel	Welt	Afrika	Nord- und Zentralamerika	Südamerika	Asien[1]	Europa[1]	Ozeanien
Weizen							
1979-81	1.863	1.098	2.175	1.315	1.697	3.597	1.281
1993	2.546	1.557	2.492	1.915	2.568	4.509	1.923
Reis							
1979-81	2.745	1.715	4.408	1.835	2.795	5.133	5.844
1993	3.575	2.072	5.270	2.776	3.665	5.622	7.565
Mais							
1979-81	3.345	1.623	5.393	1.927	2.278	4.562	4.358
1993	3.694	1.700	5.200	2.708	3.546	4.695	5.615
Hirse							
1979-81	677	668	1.199	1.201	685	1.632	966
1993	743	661	1.208	984	806	1.251	653
Sorghum							
1979-81	1.458	912	3.404	2.705	948	3.719	2.002
1993	1.379	798	3.433	3.348	1.215	4.833	1.284
Kartoffeln							
1979-81	14.167	8.591	26.354	9.807	11.988	19.199	23.301
1993	15.892	9.604	31.318	12.102	13.514	23.410	28.129
Süßkartoffeln							
1979-81	12.361	5.333	6.700	8.475	13.399	11.118	4.788
1993	13.582	4.620	5.929	10.887	15.622	12.269	4.879
Maniok							
1979-81	9.118	6.960	4.833	11.586	11.645	---	10.255
1993	9.601	7.793	4.951	11.865	12.962	---	12.056
Hülsenfrüchte							
1979-81	669	582	965	519	624	1.009	1.095
1993	893	691	1.134	689	702	2.703	1.315

... kein Anbau

[1] Zahlen enthalten nicht die Daten der unabhängigen Republiken der UdSSR

Quelle: FAO (1994c), S. 68 ff

Tabelle 12: Entwicklung der bebauten Fläche für Grundnahrungsmittel (in 1000 ha)

Nahrungsmittel	Welt	Afrika	Nord- und Zentralamerika	Südamerika	Asien[1]	Europa[1]	Ozeanien
Weizen							
1979-81	234.891	8.168	41.044	9.318	79.906	25.492	11.525
1993	221.710	8.519	38.862	7.129	87.154	25.521	9.560
Reis							
1979-81	144.124	4.970	2.069	7.263	128.697	366	124
1993	147.517	7.145	1.701	5.912	131.665	366	116
Mais							
1979-81	125.636	17.583	39.399	16.771	37.095	11.654	76
1993	127.380	21.046	36.436	17.015	38.500	11.370	67
Hirse							
1979-81	37.644	11.559	89	203	22.979	12	26
1993	35.586	14.912	150	61	18.235	13	22
Sorghum							
1979-81	44.891	13.597	7.236	2.476	20.759	184	550
1993	41.813	18.909	5.136	1.276	15.841	163	428
Kartoffeln							
1979-81	19.019	601	717	998	4.047	5.701	45
1993	18.133	780	767	927	5.213	4.088	49
Süßkartoffeln							
1979-81	10.870	1.009	196	165	9.382	12	106
1993	9.111	1.368	175	110	7.332	6	120
Maniok							
1979-81	13.595	7.053	170	2.569	3.788	---	15
1993	16.002	9.596	203	2.314	3.871	---	17
Hülsenfrüchte							
1979-81	60.804	8.775	3.513	5.835	34.790	2.533	235
1993	64.531	9.956	3.730	4.899	36.710	2.800	1.777

... kein Anbau
[1] Zahlen enthalten nicht die Daten der unabhängigen Republiken der UdSSR
Quelle: FAO (1994c), S. 68 ff

Tabelle 13: Anteil der Agrarausgaben am EU-Haushalt, 1991 - 1994

	AUSGABEN	Agrar-bereich	Soziales	Regional/ Verkehr	Forschung/ Industrie[1]	Entwicklungs-länder[2]	Rückzahlungen an MS[3]	Sonstige Ausgaben	Insgesamt[4]
1991	Mio. DM	71.267	8.970	14.741	4.009	4.545	1.075	5.139	109.746
	% des Gesamthaushaltes	64,9	8,2	13,4	3,7	4,1	1,0	4,7	100
1992	Mio. DM	72.059	10.520	19.692	5.424	4.198	1.789	5.918	119.597
	% des Gesamthaushaltes	60,3	8,8	16,5	4,5	3,5	1,5	4,9	100
1993	Mio. DM	76.543	11.478	22.216	5.641	5.444	2.387	6.663	130.373
	% des Gesamthaushaltes	58,7	8,8	17,0	4,3	4,2	1,8	5,1	100
1994	Mio. DM	78.887	13.956	21.544	5.988	6.115	2.984	7.055	136.527
	% des Gesamthaushaltes	57,8	10,2	15,8	4,4	4,8	2,2	5,2	100

[1] Forschung, Energie und Industrie
[2] Zusammenarbeit mit Entwicklungs- und Drittländern
[3] Rückzahlungen an Mitgliedsstaaten
[4] Abweichungen in den Summen durch Rundungen
Quelle: Eigene Berechnung nach Daten aus BML (1994b), S. 5

Tabelle 14: Ausgaben des Europäischen Agrarfonds (EAGFL), Abteilung Garantie, für die landwirtschaftliche Marktordnung, 1991 - 1994

	1991	1992	1993	1994[1]
	Mio. DM	Mio. DM	Mio. DM	Mio. DM
Ackerkulturen[2]	---	---	---	26.179
Getreide	10.357	11.132	12.792	---
Reis	228	177	137	203
Milcherzeugnisse	11.499	8.174	10.161	8.276
Olivenöl	3.823	3.578	4.803	3.898
Ölsaaten	7.242	6.389	5.973	---
Eiweißpflanzen	1.124	979	1.090	---
Zucker	3.703	3.951	4.269	4.093
Rindfleisch	8.762	9.005	7.773	9.333
Schweinefleisch	514	290	392	378
Eier + Geflügel	345	394	567	345
Obst + Gemüse	2.258	2.574	3.260	3.358
Wein	2.138	2.217	2.945	3.056
Tabak	2.713	2.515	2.272	2.408
Schaf- + Ziegenfleisch	3.652	3.568	3.666	3.095
Sonstiges[3]	6.053	6.538	6.302	5.208
Fischerei	53	65	62	64
EAGFL, Abt. Garantie[4]	65.005	65.178	67.441	71.107

[1] Haushaltsansatz
[2] Neues Haushaltskapitel aufgrund der EU-Agrarreform; umfaßt Getreide, Ölsaaten, Eiweißpflanzen und Flächenstillegung
[3] Landwirtschaftliche Verarbeitungsprodukte, sonstige Erzeugnisse, Nahrungsmittelhilfe, Beitrittsausgleich und Währungsausgleich
[4] Abweichungen in den Summen durch Rechnungsabschlußposten bzw. Rundungen

Quelle: Eigene Berechnungen nach Daten aus BML (1994b), S. 5

Tabelle 15: Welthandel mit Getreide

Land	1988/1989	1989/1990	1990/1991	1991/1992	1992/1993	1993/1994
Übriges Getreide ohne Reis (Mio. t)						
Import						
EU-12[1)	4,1	3,7	2,9	3,4	2,5	2,4
Japan	21,7	21,9	21,3	21,6	21,5	21,6
GUS[3)	22,3	23,0	12,0	17,5	8,0	7,0
China[3)	4,7	6,5	6,8	6,3	6,3	6,3
Entwicklungsländer[4)	33,6	39,6	35,0	40,0	45,5	39,3
Übrige Länder	9,1	7,8	6,1	5,4	7,6	5,4
Insgesamt	95,5	102,5	84,1	94,2	91,4	82,0
Export						
EU-12[1)	11,7	9,7	7,4	8,5	9,4	7,8
USA	61,6	68,7	51,6	50,6	53,1	44,0
Kanada	3,4	5,2	4,9	5,1	3,4	5,2
Argentinien	5,1	4,0	4,7	6,9	7,3	7,6
Australien	2,0	3,0	2,8	2,7	2,9	2,6
China[3)	4,7	3,5	5,7	9,8	10,7	10,4
Übrige Länder	7,5	10,0	7,0	11,3	3,2	4,4
Insgesamt	96,0	104,1	84,1	94,9	90,0	82,0
Weizen und -mehl (Mio. t Weizenäquivalente)						
Import						
EU-12[1)	2,3	1,9	1,7	1,2	1,4	1,5
Japan	5,4	5,3	5,5	5,8	5,9	5,9
GUS[2)	14,8	14,8	14,7	21,1	16,7	10,5
China[3)	16,8	13,7	10,2	16,8	7,7	6,9
Entwicklungsländer[4)	52,9	54,6	54,7	57,2	62,0	61,1
Übrige Länder	4,3	3,3	4,2	4,2	7,9	6
Insgesamt	96,5	93,6	91,0	106,3	101,6	91,9
Export						
EU-12[1)	19,4	18,9	18,3	19,5	19,9	18,0
USA	39,2	33,5	28,9	35,1	37,0	31,0
Kanada	13,8	17,0	20,7	24,4	21,4	18,5
Argentinien	3,4	5,6	4,9	5,7	7,3	5,8
Australien	10,8	10,9	11,9	8,3	9,2	11,5
Übrige Länder	9,9	7,7	6,3	13,3	6,8	7,1
Insgesamt	96,5	93,6	91,0	106,3	101,6	91,9

Zahlen für 1992/1993: vorläufig, Zahlen für 1993/1994: Schätzung
1) ohne Binnenhandel
2) bis 1990/1991 UdSSR
3) einschl. Taiwan
4) ohne China
Quelle: Binnenhandel BML (1994a), Materialienband S. 118

Tabellen

Tabelle 16: Getreide- und Weizenimporte verschiedener Ländergruppen (in Mio. t)

Region	1982 Weizen und Weizenmehl[1]	1982 Getreide gesamt	1992 Weizen und Weizenmehl[1]	1992 Getreide gesamt
Afrika	9,4	15,4	12,0	21,8
Lateinamerika	11,5	18,4	13,3	27,1
Naher Osten	13,5	23,9	16,3	32,1
Ferner Osten	25,6	39,2	29,5	48,6
Ehemalige UdSSR	22,2	40,1	21,0	36,4
Entwicklungsländer	60,1	97,3	71,3	130,0
Industrieländer	47,5	124,0	50,1	116,0

[1] in Weizenäquivalenten
Quellen: FAO (1993c), S. 91 ff; FAO (1983b), S. 111 ff

Tabelle 17: Einheimische Produktion und Importe (kg/Kopf/Jahr) von Getreide (Anteil der Importe an der Produktion in Klammern)

Region	1982 Produktion	1982 Import	1992 Produktion	1992 Import
Afrika	124	38 (30,6)	105	39 (37,1)
Lateinamerika	281	48 (17,1)	249	59 (23,7)
Naher Osten	252	107 (42,5)	267	106 (39,7)
Ferner Osten	254	16 (6,3)	280	17 (6,1)
Ehemalige UdSSR	639	149 (23,3)	635	124 (19,5)
Entwicklungsländer	241	29 (12,0)	252	31 (12,3)
Industrieländer	737	105 (14,2)	700	91 (13)

Quellen: FAO (1993c), S. 91; FAO (1983b), S. 111; FAO (1993a), S. 38 ff; FAO (1983a), S. 71 ff und eigene Berechnungen

F Tabellen

Tabelle 18: Nahrungsmittel- und Getreideimporte

Land bzw. Ländergruppe	Rate der Abhängigkeit von Nahrungsmittelimporten (in %)		Getreideimporte (in 1.000 t)	Nahrungsmittelhilfe, Getreide (in % der Getreideimporte)
	1969-71	1986-88	1989	1988-89
Hoher Entwicklungsstand	19,8	30,4	22.400	...
Südkorea	28,4	49,5	10.267	...
Singapur	221,6	309,4	925	...
Argentinien	1,2	0,5	4	...
Mexiko	3,2	16,7	7.050	4
Mittlerer Entwicklungsstand[1]	10,9	8,7	59.700	6
Kolumbien	9,3	12,1	716	2
Brasilien	4,6	5,1	2.015	1
Jamaika	61,0	66,3	296	123
Dominikanische Republik	17,4	36,4	601	38
Peru	18,9	30,2	1.065	14
Sri Lanka	40,3	26,7	1.177	23
China	1,7	3,8	14.000	2
Philippinen	9,4	8,1	1.626	8
Tunesien	40,7	59,3	1.655	17
Botswana	49,4	83,7	77	43
Niedriger Entwicklungsstand	7,3	8,1	27.400	27
El Salvador	...	...	186	106
Guatemala	11,2	15,5	214	129
Bolivien	20,4	17,8	172	55
Indonesien	4,6	5,4	2.356	3
Indien	2,8	3,4	1.014	30
Bangladesh	8,4	12,5	2.204	53
Jemen	28,7	62,1	1.378	6
Senegal	31,7	30,2	515	10
Äthiopien	...		690	83
Malawi	4,6	2,7	86	252
Mauretanien	33,9	57,2	207	34
Niger	2,0	7,4	105	79
Sierra Leone	16,1	20,1	145	26
Alle Entwicklungsländer	11,9	9,6	109.700	14
LDC	15,1	10,8	8.600	45
Afrika südlich der Sahara	13,1	10,0	6.600	38

... in der genannten Quelle keine Daten verfügbar
[1] ohne China
Quelle: UNDP (1992), S. 152 f

Tabelle 19: Importe von Getreidesubstituten (Futtermitteln) in die EU (in 1.000 t)

Produkt	EU 12 (Extra Handel)[1]						
	1986	1987	1988	1989	1990	1991	1992
Tapioka (Maniok)[2]	5.823	6.986	6.987	4.428	7.210	6.028	5.911
Kleie	682	230	174	106	90	102	33
Maiskleberfutter (cornglutenfeed)	4.097	4.707	4.739	4.671	5.602	5.316	6.261
Maiskeimschrot	1.440	2.392	2.462	1.868	1.726	1.067	1.175
Zitruspulpepellets	1.237	1.652	1.554	1.597	1.856	1.589	1.644
Treber, Schlempen, Brauereiabfälle	633	853	833	756	960	1.024	1.234
Zuckerrübenschnitzel	322	483	835	538	783	1.097	901
Abfälle von Früchten (Traubentrester)	207	347	508	306	365	502	699
Süßkartoffeln, Topinambur	602	607	546	308	204	814	599
Insgesamt	15.042	18.257	18.638	14.578	18.796	17.540	18.457

[1] Bis September 1990 einschließlich Importe aus dem Staatsgebiet der ehemaligen DDR
[2] Die niederländischen Tapioka-Einfuhren 1989 sind untererfaßt
Quelle: BML (1994a), Materialienband, S. 119

Tabelle 20: Entwicklung der Getreidebestände in der Welt und in wichtigen Exportländern[1] (in Mio. t)

Länder und Ländergruppen	1987/88	1988/89	1989/90	1990/91	1991/92	1992/93[2]	1993/94[3]
EU-12	29,6	28,1	29,0	34,5	45,7	46,4	44,1
USA	168,4	85,3	60,2	71,4	46,8	77,7	44,0
Kanada	13,4	9,8	10,7	15,8	15,0	17,7	20,6
Argentinien	1,0	0,7	0,6	0,8	0,5	0,6	1,0
Australien	2,9	3,0	3,5	2,7	3,3	3,1	2,3
Welt insgesamt	362	263	247	281	259	292	254
davon: Weizen	150	116	118	139	126	131	131
Übriges Getreide	212	147	129	142	133	161	123

[1] Ende des jeweiligen Getreidewirtschaftsjahres, z.B. EU: Juni
[2] Vorläufig
[3] Schätzung
Quelle: BML (1994a), Materialienband S. 118

Tabelle 21: Weltgetreidebestände[1] (in Mio. t bzw. %)

	1989	1990	1991	1992	1993	1994 Schätzung	1995 Vorhersage
Getreide, gesamt	311,1	307,7	350,1	333,2	374,5	327,9	324,3
davon:							
Hauptexporteure[2]	141,4	121,4	144,8	128,8	165,0	125,7	131,8
Übrige Länder	169,6	186,4	205,3	204,4	209,5	202,2	192,6
Getreideart:							
Weizen	115,5	119,2	142,4	137,1	148,6	142,0	128,9
Grobgetreide	148,2	129,2	143,3	133,6	163,2	129,2	141,5
Reis	47,4	58,0	64,4	62,5	62,8	56,6	53,9
Region:							
Entwickelte Länder	186,1	165,5	194,6	172,5	211,4	167,8	175,3
Entwicklungsländer	124,9	141,0	155,5	160,7	163,2	160,1	149,0
Vorräte als % des Verbrauchs[3]	18	18	20	19	21	18	18

[1] Daten zu Vorräten basieren auf dem aggregierten Übertrag am Ende der nationalen Wirtschaftsjahre und können nicht als Weltvorräte zu einem bestimmten Zeitpunkt angesehen werden.
[2] Hauptexporteure für Weizen und Grobgetreide sind die USA, Kanada, Argentinien, Australien und die EU. Hauptexporteure für Reis sind die USA, Thailand, China, Pakistan und Vietnam.
[3] Die FAO hält 17 % - 18 % für notwendig, um weltweite Nahrungsversorgung zu gewährleisten (FAO, 1994a, S.1).
Quelle: FAO (1994b), S. 40

Tabelle 22: Interventionsbestände[1] in der Europäischen Union (EU 12) und in Deutschland

	Bestände am Jahresende (1.000 t Produktgewicht)							
Erzeugnis	1990	1991	1992	1993[2]	1990	1991	1992	1993[2]
	EU 12				Deutschland			
Getreide insgesamt[3]	15.830	18.322	25.260	22.443	6.475	9.062	10.021	9.877
darunter Weichweizen	7.929	6.334	9.887	8.399	2.983	3.656	3.979	3.650
Hartweizen	1.607	3.446	4.336	1.689	---	---	---	---
Roggen	2.035	3.770	2.514	2.338	1.696	3.170	2.422	2.141
Gerste	4.230	4.772	6.409	7.032	1.796	2.236	3.524	3.823
Mais	29	---	2.026	2.836	---	---	96	263
Sorghum	---	---	98	149	---	---	---	---
Olivenöl[3]	67	18	.	185	---	---	---	---
Raps	0	14	---	---	---	---	---	---
Tabak	86	36	8	10	1	1	0	0
Butter	335	302	241	190	41	43	49	32
Käse[4]	153	161	147	103	0	0	0	0
Magermilchpulver	333	421	47	32	174	177	13	9
Rindfleisch[5]	512	713	871	327	164	103	174	17
Schweinefleisch[4]	---	---	---	---	---	---	---	1

[1] Interventionsbestände in öffentlicher und privater Lagerhaltung entsprechend den Bestimmungen der EU
[2] Vorläufig
[3] EU-Bestände jeweils zu dem Meldezeitpunkt, der dem Jahresende am nächsten liegt
[4] Nur private Lagerhaltung vorhanden
[5] EU ohne private Lagerhaltung
Quelle: BML (1994a), Materialienband S. 116

Tabellen

Tabelle 23: Selbstversorgungsgrad bei landwirtschaftlichen Erzeugnissen in der EU (in %)

Erzeugnis	Wirtschaftsjahr	Belgien/Luxem.	Dänemark	Deutschland	Griechenland	Spanien	Frankreich	Irland	Italien	Niederlande	Portugal	England	EU (12)
Getreide													
	Ø 1981/82 bis 1983/84	47	108	91	105	62	177	87	81	29	25	108	100
	1990/91	55	157	114	91	92	228	108	81	30	43	116	120
	1991/92	55	144	127	127	95	238	120	85	29	56	122	126
	1992/93	54	117	117	113	74	245	110	87	30	37	121	123
Zucker													
	Ø 1981/82 bis 1983/84	262	209	140	110	109	232	145	99	175	3	55	135
	1990/91	243	257	154	94	89	236	179	87	208	1	55	135
	1991/92	196	211	137	82	79	207	172	94	180	0	54	123
	1992/93	...	...	141	...	...	...	...	...	...	...	...	135
Gemüse													
	Ø 1981/82 bis 1983/84	115	70	37	149	125	93	84	125	204	138	64	106
	1989/90	130	...	38	159	105	...	85	120	217	...	...	...
	1990/91	126	...	41	138	109	...	80	122	245	...	...	...
	1991/92	124	...	37	...	117	...	...	119	254	...	...	...
Obst													
	Ø 1981/82 bis 1983/84	56	40	53	122	112	91	15	128	63	96	25	88
	1989/90	69	...	22	133	110	...	15	113	76	84	...	...
	1990/91	54	...	20	136	112	...	15	115	78	80	...	...
	1991/92	40	...	12	...	94	...	...	114	63	84	...	...
Rapsöl													
	Ø 1981/82 bis 1983/84	7	131	86	0	...	244	12	0	16	...	76	...
	1989/90	19	362	155	---	225	...	...	21	4	...	82	...
	1990/91	16	...	171	---	233	...	...	19	...	...	80	...
	1991/92	11	...	194	---	63	...	...	14	...	...	...	...
Sonnenblumenöl													
	Ø 1981/82 bis 1983/84	0	0	0	63	...	35	0	57	0	...	0	...
	1989/90	---	---	8	...	114	...	---	90	...	...	...	...
	1990/91	---	---	12	24	116	...	---	85	...	...	...	...
	1991/92	...	...	18	32	96	...	...	51	...	...	...	...
Fleisch													
	Ø 1981/82	119	351	89	77	...	99	227	76	219	...	78	...
	1990	135	299	97	68	97	101	300	73	231	90	83	104
	1991	150	315	95	71	96	105	299	73	229	90	87	105
	1992	152	329	86	66	90	107	307	75	237	88	85	103
Milch													
	Ø 1981/82	104	222	125	85	...	121	214	68	267	...	85	...
	1990	102	209	105	79	107	115	350	80	240	97	87	112
	1991	105	191	106	...	...	115	335	76	217	...	84	109
	1992	99	207	102	...	...	114	...	...	...	...	83	108
Eier													
	Ø 1981/82	125	105	71	98	...	104	74	95	297	...	98	
	1990	122	104	79	98	96	108	92	95	338	101	92	102
	1991	126	103	76	98	98	99	89	95	318	104	94	102
	1992	124	104	76	99	98	99	88	95	...	102	95	102

Quelle: BML (1994a), Materialienband S. 112 f

F Tabellen

Tabelle 24: Selbstversorgungsgrad bei landwirtschaftlichen Erzeugnissen in ausgewählten afrikanischen Ländern (in %)

Erzeugnis	Zeitraum	Burkina Faso	Mauretanien	Niger[1]	Mali	Swasiland	Äthiopien[2]	Simbabwe[1]	Angola[1]	Mosambik[1]
Nahrungsmittel	1961-63	99	75	124	107	145	103	116	126	115
insgesamt	1971-73	99	54	102	88	202	103	128	116	121
	1981-83	93	42	97	93	238	97	116	71	87
	1988-90	92	46	78	95	219	94	76	72	76
Getreide	1961-63	98	64	115	106	63	100	116	121	91
(einschl. Bier)	1971-73	96	26	89	82	92	100	125	98	96
	1981-83	91	20	97	88	42	95	112	45	62
	1988-90	90	37	74	95	62	90	56	51	43
Wurzeln/	1961-63	99	94	100	100	100	100	101	113	100
Knollenfrüchte	1971-73	99	68	99	100	106	100	100	102	101
	1981-83	99	56	99	100	100	100	101	101	100
	1988-90	99	58	100	99	100	100	101	101	100
Hülsenfrüchte	1961-63	100	100	111	101	100	114	89	122	101
	1971-73	101	94	101	100	104	114	106	131	115
	1981-83	102	88	108	100	100	104	98	58	87
	1988-90	101	100	105	100	100	104	103	82	65
Fleisch/Innereien	1961-63	129	133	101	117	128	101	120	105	97
	1971-73	121	123	100	122	114	102	140	101	99
	1981-83	109	119	100	147	84	101	107	73	97
	1988-90	104	111	99	120	87	100	110	67	97
Fisch	1961-63	43	100	226	175	---	...	2	690	14
	1971-73	69	222	186	114	---	...	9	616	44
	1981-83	69	212	92	104	100	...	63	114	83
	1988-90	43	579	105	100	100	...	71	35	84
Milchprodukte	1961-63	96	98	100	99	100	96	98	83	78
(einschl. Butter)	1971-73	95	94	94	96	90	94	99	82	70
	1981-83	53	78	93	96	86	93	91	41	66
	1988-90	65	79	85	88	85	90	100	45	38
Eier	1961-63	100	100	100	100	100	...	100	100	101
	1971-73	100	100	100	100	66	...	100	101	100
	1981-83	100	99	100	100	29	...	100	96	100
	1988-90	100	99	100	100	30	...	100	91	100

[1] letzte Zahl jeweils für 1987 statt für 1988-90
[2] letzte Zahl jeweils für 1984 statt für 1988-90

Quelle: FAO/ESN

Tabelle 25: Entwicklung der täglichen Energie- und Nährstoffverfügbarkeit pro Person

Region	Energie (in kcal)		Protein (in g)		Fett (in g)	
	1979-81	1988-90	1979-81	1988-90	1979-81	1988-90
Welt	2.579	2.697	67,5	70,9	60,7	67,7
Entwickelte Länder	3.287	3.404	98,6	103,5	118,8	128,4
Entwicklungsländer	2.324	2.473	56,3	60,6	39,8	48,5
Nordamerika	3.149	3.333	90,9	96,1	120,6	127,3
Europa	3.371	3.452	99,1	102,1	133,5	143,1
Afrika	2.315	2.348	57,8	57,7	48,5	48,6
Südamerika	2.657	2.624	65,4	64,3	68,8	73,8
Asien	2.302	2.494	56,2	62,0	35,8	46,2
China	2.324	2.641	54,5	64,2	30,5	46,4
Ehemalige UdSSR	3.368	3.380	103,0	107,3	94,4	106,1

Quelle: FAO (1993a), S. 253 ff

Tabelle 26: Durchschnittliche Kalorienverfügbarkeit und Bedarfsdeckung, 1988 - 1990

Ländergruppe	kcal/Kopf/Tag	Kalorienverfügbarkeit in % des Bedarfs[1]
Afrika südlich der Sahara	2.098	93
Naher Osten und Nordafrika	3.010	124
Südasien	2.224	99
Ostasien und Pazifikregion	2.600	112
Lateinamerika und Karibik	2.689	114
Ehemalige Sowjetunion	3.380	...
Industrienationen	3.404	134
Entwicklungsländer	2.474	107
LDC	...	90

... in der genannten Quelle keine Daten verfügbar

[1] Eine durchschnittliche Verfügbarkeit über 110 % kann als gut angesehen werden. Unterernährungserscheinungen sind allerdings trotzdem nicht ausgeschlossen. Durchschnittswerte von unter 110 % gelten als problematisch.

Quelle: Deutsches Komitee für UNICEF (1995), S. 186 f; FAO (1993b), S. A14 ff

F Tabellen

Tabelle 27: Bedarfsdeckungsgrade in verschiedenen Ländern, 1988 - 1990

Durchschnittliche Kalorien-	Länder verfügbarkeit in % des Bedarfs[1]
> 110 %	Ägypten, Algerien, Argentinien, Barbados, Belize, Brasilien, China, Costa Rica, Elfenbeinküste, Hong Kong, Indonesien, Irak, Iran, Jamaika, Jordanien, Kap Verde, Kuba, Kuwait, Laos, Libanon, Libyen, Malaysia, Marokko, Mauritius, Mexiko, Myanmar, Nordkorea, Papua Neuguinea, Paraguay, Saudi Arabien, Singapur, Südafrika, Südkorea, Syrien, Trinidad/Tobago, Türkei, Tunesien, Vereinigte Emirate
> 100 % und <= 110 %	Benin, Chile, El Salvador, Ecuador, Fidji, Gabun, Gambia, Guatemala, Guayana, Indien, Kolumbien, Kongo, Mali, Mauretanien, Nepal, Philippinen, Santa Lucia, Pakistan, Sao Tomé/Principe, Swasiland, Vietnam
> 90 % und <= 100 %	Bangladesh, Botswana, Burkina Faso, Dominika, Dominikanische Republik, Ghana, Guinea, Guinea-Bissau, Haiti, Kambodscha, Kamerun, Komoren, Lesotho, Liberia, Madagaskar, Mongolai, Nicaragua, Niger, Nigeria, Panama, Sankt Vinzent, Seschellen, Senegal, Simbabwe, Sri Lanka, Tansania, Thailand, Togo, Uruguay, Venezuela, Jemen, Zaire
> 80 % und <= 90 %	Bolivien, Burundi, Kenia, Malawi, Peru, Salomon Inseln, Sambia, Sierra Leone, Somalia, Sudan, Uganda
> 70 % und <= 80 %	Äthiopien, Afghanistan, Angola, Malediven, Mosambik, Ruanda, Zentralafrikanische Republik,
<= 70 %	Tschad

Ø aller Entwicklungsländer: 107

Ø aller am wenigsten entwickelten Länder (LDC): 91

Ø aller Länder in Afrika südlich der Sahara: 92

1) Eine durchschnittliche Verfügbarkeit über 110 % kann als gut angesehen werden. Durchschnittswerte von unter 110 % gelten als problematisch. Aber auch bei einer durchschnittlich guten Verfügbarkeit sind Unterernährungserscheinungen bei den bekannten Risikogruppen (vgl. Kap. B 2.1.1) nicht ausgeschlossen.

Quelle: UNDP (1994), S. 160 f

Tabelle 28: Länder mit niedriger Nahrungsenergieversorgung (kcal/Kopf/Tag < 2.200)

Region	1979-81	1988-90
Afrika	Benin, Botswana, Burkina Faso, Burundi, Gambia, Ghana, Kenia, Komoren, Mali, Mauretanien, Mosambik, Nigeria, Ruanda, Sambia, Sao Tomé/Principe, Sierra Leone, Simbabwe, Somalia, Uganda, Zaire, Zentralafrikanische Republik	Burundi, Ghana, Kenia, Komoren, Lesotho, Madagaskar, Malawi, Mosambik, Ruanda, Sambia, Sao Tomé/Principe, Sierra Leone, Somalia, Sudan, Tansania, Uganda, Zaire, Zentralafrikanische Republik
Nord- und Zentralamerika	Antigua/Barbados, Guatemala, Haiti, Honduras, St. Kitts-Nevis, St. Lucia	Haiti
Südamerika	Bolivien, Peru	Bolivien, Peru
Asien	Bangladesh, Indien, Nepal, Pakistan	Bangladesh
Europa	---	---
Ozeanien	---	---
TOTAL	33 Länder	22 Länder

Quelle: FAO (1993a), S. 253 f

**Tabelle 29: Nahrungsdefizitäre Länder mit niedrigem Einkommen,
(LIFDC = low-income food-deficit countries), Januar 1993**

Region	Land
Afrika südlich der Sahara	Äquatorialguinea, Äthiopien, Angola, Benin, Botswana, Burkina Faso, Burundi, Djibuti, Elfenbeinküste, Gambia, Ghana, Guinea, Guinea Bissau, Kamerun, Kap Verde, Kenia, Komoren, Kongo, Lesotho, Liberia, Madagaskar, Malawi, Mali, Mauretanien, Mosambik, Namibia, Niger, Nigeria, Ruanda, Sambia, Sao Tomé/Principe, Senegal, Sierra Leone, Somalia, Sudan, Swasiland, Tansania, Togo, Tschad, Uganda, Zaire, Zentralafrikanische Republik
Asien und Pazifik	Bangladesh, Bhutan, China, Indien, Indonesien, Kambodscha, Kiribati, Laos, Malediven, Mongolai, Nepal, Pakistan, Papua Neuguinea, Philippinen, Samoa, Sri Lanka, Salomon Inseln, Tonga, Tuvalu, Vanuatu
Lateinamerika und Karibik	Bolivien, Dominikanische Republik, Ecuador, El Salvador, Guatemala, Haiti, Honduras, Nicaragua, Peru
Nordafrika und Mittlerer Osten	Ägypten, Afghanistan, Jordanien, Libanon, Marokko, Syrien, Jemen

Quelle: WFP (1993), S. 125 ff

Tabelle 30: Index der Nahrungssicherheit auf Haushaltsebene für ausgewählte Länder

	1988-90	1991	1992	1993	1991-93
Länder mit hoher Nahrungssicherheit, d.h. AHFSI 1988-90 >= 85					
Ägypten	90,8	91,3	91,3	91,2	91,3
Argentinien	94,0	97,2	94,4	93,7	95,1
Brasilien	90,8	95,6	93,4	90,9	93,3
Irak	95,7	60,5	67,8	83,9	70,7
Jordanien	91,7	93,0	81,5	55,7	76,7
Kuba	93,0	92,3	90,6	86,6	89,8
Marokko	90,3	95,3	78,5	64,0	79,3
Nordkorea	88,9	90,1	83,1	73,6	82,2
Südkorea	96,0	98,0	95,9	89,0	94,3
Tunesien	92,1	95,5	92,6	93,7	93,9
Türkei	93,5	88,2	83,0	91,8	87,7
Länder mit mittlerer Nahrungssicherheit, d.h. AHFSI 1988-90 < 85 und >= 75					
China	82,6	80,4	80,5	79,9	80,3
Ecuador	79,2	79,1	80,6	77,1	78,9
Elfenbeinküste	82,6	79,6	79,6	71,8	77,0
El Salvador	76,3	78,6	80,0	75,6	78,1
Guatemala	76,0	72,8	68,0	72,0	70,9
Guyana	80,7	92,3	90,4	90,4	91,0
Indien	75,1	73,9	75,1	74,6	74,5
Jamaika	76,5	96,6	88,3	82,5	89,1
Kolumbien	80,0	77,6	78,7	76,4	77,6
Laos	84,0	72,3	79,2	77,6	76,4
Madagaskar	76,2	73,5	73,9	73,3	73,6
Sri Lanka	75,2	74,6	74,0	71,8	73,5
Swaziland	83,9	93,3	68,5	71,8	77,9
Thailand	76,6	81,3	80,1	73,3	78,2
Länder mit niedriger Nahrungssicherheit, d.h. AHFSI 1988-90 < 75 und >= 65					
Botswana	73,5	70,4	62,3	61,0	64,6
Burkina Faso	68,0	85,2	78,1	73,9	79,1
Dominikanische Republik	73,0	72,3	72,2	74,2	72,9
Ghana	69,4	77,9	72,8	72,5	74,4
Haiti	67,3	24,8	26,2	28,6	26,5
Kambodscha	72,6	69,6	67,3	71,1	69,3
Liberia	71,9	63,7	63,7	55,9	61,1
Mali	70,4	82,1	72,2	73,2	75,8
Nepal	72,8	71,2	65,6	67,2	68,0
Nicaragua	72,1	61,2	62,5	68,4	64,0
Niger	71,3	91,1	83,3	75,7	83,4
Peru	69,5	65,1	63,9	62,5	63,8
Sambia	71,4	69,1	40,4	76,7	62,1
Senegal	74,4	68,9	65,5	69,7	68,0
Simbabwe	73,6	64,7	69,0	68,5	67,4
Sudan	69,7	85,8	74,6	73,2	77,9
Tansania	72,0	70,0	66,6	67,0	67,9
Vietnam	74,5	74,5	78,5	76,3	76,4
Zaire	71,4	70,4	69,6	69,3	69,8
Länder mit kritischer Nahrungssicherheit, d.h. AHFSI 1988-90 < 65					
Äthiopien (ehemals)	37,7	30,7	50,8	24,1	35,2
Afghanistan	37,6	30,2	32,1	31,4	31,2
Burundi	59,7	59,0	58,0	56,4	57,8
Mosambik	41,3	34,4	34,7	34,5	34,5
Somalia	43,4	35,2	34,5	37,5	35,8
Tschad	44,9	66,8	65,9	49,6	60,8
Zentralafrikanische Republik	50,8	32,7	21,2	20,6	24,8

Zahlen für 1991, 1992 und 1993 haben vorläufigen Charakter

Quelle: FAO (1994a), S. 32 f

Tabelle 31: Indizes der Nahrungsmittelproduktion pro Kopf zu Beginn der 80er und 90er Jahre für ausgewählte Länder (1979-81 = 100)

Land	1982	1983	1984	1992	1993
Afrika					
Ägypten	102	104	102	119	114
Botswana	99	87	82	77	69
Gambia	131	99	102	74	76
Kamerun	103	100	94	79	79
Marokko	111	98	98	110	106
Mosambik	95	92	90	71	77
Nigeria	97	92	95	128	129
Senegal	112	78	81	99	111
Simbabwe	99	74	78	41	78
Nord-/Zentralamerika					
Costa Rica	90	93	93	102	104
Haiti	96	100	100	71	67
Jamaika	89	96	108	110	111
Kanada	115	107	105	109	108
Mexiko	100	102	100	91	94
USA	103	87	98	102	89
Asien					
Afghanistan	101	101	99	63	59
Bangladesh	99	99	96	97	97
Bhutan	100	101	107	83	82
China	108	114	120	142	145
Indien	100	111	111	125	123
Indonesien	102	109	115	144	145
Saudi-Arabien	96	163	212	346	340
Europa					
Albanien	102	108	99	82	82
Bulgarien	110	100	106	85	71
Deutschland	106	104	113	105	103
Irland	97	99	108	129	130
Ungarn	114	107	114	91	86
Ozeanien					
Australien	85	109	102	101	102
Fidji	104	75	109	97	97

Quelle: FAO (1994c), S. 49 f

Tabelle 32: Entwicklung der Energie- und Nährstoffverfügbarkeit für ausgewählte Länder

	Energie (in kcal)		Protein (in g)		Fett (in g)	
	1961-63	1988-90	1961-63	1988-90	1961-63	1988-90
AFRIKA						
Algerien	1.723	2.944	46,8	75,7	29,5	69,5
Madagaskar	2.365	2.156	60,4	52,3	31,6	32,3
Mauretanien	1.967	2.447	77,7	73,5	49,5	56,4
Mosambik	1.953	1.805	35,5	31,0	21,8	37,4
Ruanda	1.819	1.913	47,3	47,9	10,3	15,4
Südafrika	2.682	3.133	70,0	79,3	63,2	74,7
Tansania	1.800	2.195	42,9	54,8	24,1	30,6
NORD-/ZENTRALAMERIKA						
Costa Rica	2.197	2.711	52,5	63,9	53,7	72,0
Haiti	2.028	2.005	46,0	48,1	27,4	38,1
Honduras	1.927	2.210	50,7	54,0	34,4	56,3
Kanada	2.922	3.242	90,6	101,8	114,6	137,1
Kuba	2.297	3.129	54,4	73,0	53,7	82,6
Panama	2.169	2.269	53,3	58,0	44,2	63,3
USA	3.067	3.642	97,7	109,9	125,7	154,4
SÜDAMERIKA						
Argentinien	3.073	3.068	104,6	99,2	98,9	107,1
Bolivien	1.798	2.013	47,4	51,9	34,7	46,0
Brasilien	2.320	2.730	57,2	61,4	43,0	77,7
Kolumbien	2.165	2.453	50,1	55,8	40,4	57,8
Peru	2.223	2.037	60,8	53,7	41,8	37,0
ASIEN						
Bangladesh	1.976	2.037	43,2	42,9	15,7	20,3
China	1.658	2.641	42,9	64,2	15,8	46,4
Indien	1.991	2.229	51,4	55,4	30,5	37,8
Indonesien	1.816	2.605	37,1	56,3	25,5	47,4
Nepal	1.914	2.205	49,2	56,2	26,4	28,8
Pakistan	1.802	2.280	54,9	61,9	31,4	57,1
Saudi-Arabien	1.795	2.929	47,9	85,8	27,3	78,9
EUROPA						
BRD	2.944	3.472	80,5	100,9	123,0	147,2
DDR	3.088	3.710	82,0	108,2	119,7	134,6
Frankreich	3.288	3.593	101,0	112,9	114,2	167,1
Italien	2.986	3.498	83,2	107,4	83,2	145,8
OZEANIEN						
Australien	3.140	3.302	96,9	99,9	126,3	134,7
Fidji	2.396	2.769	50,5	64,2	56,0	85,7
Neuseeland	3.315	3.461	101,5	104,7	132,3	145,7
Samoa	2.040	2.695	47,9	66,3	78,7	100,5

Quelle: FAO (1993a), S. 253 ff

Tabellen

Tabelle 33: FAO/WHO - Empfehlungen für die tägliche Energie- und Nährstoffzufuhr

Alter	Energie (kcal)	Protein[3]	Vitamin A (in µg)	Eisen (in mg)[2]	Jod (in µg)	Folat (in µg)	Cobalamin (in µg)	Thiamin (in mg)	Riboflavin (in mg)	Vitamin C (in mg)	Kcalcium (in mg)
0 - 1 Jahr	700-950	1,50-1,85	350	11	40-50	16-32	0,1				
1 - 10 Jahre			400		70-120						
1 - 3 Jahre	1.150-1.350	1,15-1,25		6-7		50		0,5	0,8	20	400-500
4 - 6 Jahre	1.550-1.850	1,00-1,10		6-7		50		0,7	1,1	20	400-500
13 - 15 Jahre											
Junge	2.400-2.650	0,95-1,00	600	18	120-150	170	1,0	1,2	1,7	30	600-700
Mädchen	2.100-2.150	0,9-0,95	600	20	120-150	170	1,0	1,0	1,5	30	600-700
15 - 18 Jahre											
Junge	2.650-2.850	0,9-0,95	600	11-18	120-150	170-200	1,0				
Mädchen	2.150	0,8-0,90	500	20-24	120-150	170	1,0				
Mann[1]	2.050-2.650	0,75	600	11	120-150	200	1,0	1,2	1,8	30	400-500
Frau[1]	1.650-2.100	0,75	500	9-24	120-150	170	1,0	0,9	1,3	30	400-500
Schwangere[4]	+200-285	+6g	600	--	175	370-470	1,4	+0,1	+0,2	30	1.000-1.200

[1] leichte Aktivität (1,4facher Grundumsatz), 30-60 Jahre
[2] mittlere Bio-Verfügbarkeit
[3] Bedarf in g/kg Körper-gewicht – Stand 1985
[4] in der zweiten Hälfte der Schwangerschaft

Quellen: Oltersdorf (1986), S. 38; WHO (1985), S. 133 ff; FAO (1988), S. 25 ff; MDIS/WHO (1993), S. 6

Tabelle 34: Veränderungen der Empfehlungen zur täglichen Proteinaufnahme

Alter	1957	1965	1974	1985
0 - 1 Jahr				1,50-1,85
1 - 3 Jahre	1,71	1,06	1,19	1,15-1,25
4 - 6 Jahre	1,17	0,97	1,10	1,00-1,10
7 - 10 Jahre				1,00
13 - 15 Jahre				
Junge	1,14	0,84	0,72	0,95-1,00
Mädchen	0,90	0,84	0,72	0,90-0,95
15 - 18 Jahre				
Junge				0,90-0,95
Mädchen				0,80-0,92
Erwachsener Mann	0,53	0,71	0,57	0,75
Erwachsene Frau	0,53	0,71	0,52	0,75
Schwangere[1]	+10g	+6g	+8,5g	+6g
Stillende				+13-17,5g

[1] in der zweiten Hälfte der Schwangerschaft

Quellen: Oltersdorf (1986), S. 38; WHO (1985)

F *Tabellen*

Tabelle 35: Zusammensetzung der durchschnittlichen Ernährung in der Welt, 1988-90

Nr.	Lebensmittel	Anteil an der verfügbaren Nahrungsenergie
1	Reis	21,10%
2	Weizen	20,00%
3	Mais	5,90%
4	Hirse und Sorghum	2,90%
5	Andere Getreide	1,10%
6	Wurzeln/Knollenfrüchte	5,30%
7	Fleisch/Innereien	7,30%
8	Fisch	1,00%
9	Milch/Milchprodukte	4,30%
10	Eier	0,90%
11	Obst	2,40%
12	Gemüse	1,70%
13	Hülsenfrüchte	2,20%
14	Nüsse (Baumnüsse und Ölfrüchte)	1,90%
15	Öle und Fette	10,20%
16	Zucker, Sirup, Honig	8,90%
17	Andere	2,80%

Quelle: FAO 1992a

Tabelle 36: Verbrauch von Getreide als Nahrungsmittel (kg/Person/Jahr)

	1990/91	1991/92	1992/93	1993/94[1]	1994/95[2]
Entwicklungsländer	170	168	169	169	169
Industrieländer	131	132	130	131	132

[1] Schätzung
[2] Vorhersage

Quelle: FAO (1994d), S. 2

Tabelle 37: Anteil der Haushaltsausgaben für Nahrungsmittel insgesamt und für Getreide in ausgewählten Ländern, 1980-85

Land	Anteil der Ausgaben für Nahrungsmittel	Anteil der Ausgaben für Getreide
Sierra Leone	56	22
Malawi	30	9
Ruanda	29	10
Mali	57	22
Äthiopien	49	24
Sambia	36	8
Nigeria	48	18
Botswana	25	12
Thailand	30	7
Argentinien	35	4
Uruguay	31	7
Frankreich	16	2
Hong Kong	12	1
Deutschland	12	2

Quelle: Grant (1994), S. 76 f

Tabellen

Tabelle 38: Fortschritte in der Lebensqualität

Länder	Lebenserwartung in Jahren		Säuglings- sterblichkeit[1]		Kleinkinder- sterblichkeit[2]		Zugangsrate zu ORT[3] in %
	1960	1992	1960	1992	1960	1992	1992
Hoher Entwicklungsstand							
Kanada	71,0	77,2	33	8	28	7	...
Schweiz	71,2	77,8	27	9	22	7	...
Japan	67,9	78,6	40	6	31	4	...
USA	69,9	75,6	30	10	26	9	...
Deutschland	69,7	75,6	40	8	34	7	...
Argentinien	64,9	71,1	68	24	57	22	60
Mexiko	57,1	69,9	141	33	98	28	90
Mittlerer Entwicklungsstand							
Thailand	52,3	68,7	146	33	101	27	90
Vietnam	44,2	63,4	219	49	147	37	88
Tunesien	48,4	67,1	244	38	163	32	100
Südafrika	49,0	62,2	126	70	89	53	...
Brasilien	54,7	65,8	181	65	118	54	68
Nicaragua	47,0	65,4	209	76	140	54	75
Niedriger Entwicklungsstand							
Laos	40,4	50,3	233	145	155	98	65
Nepal	38,4	52,7	279	128	186	90	80
Simbabwe	45,3	56,1	181	86	109	60	70
Kenia	44,7	58,6	202	74	120	51	65
Äthiopien	36,0	46,4	294	208	175	123	50
Burkina Faso	36,2	47,9	318	150	183	101	65
Haiti	42,2	56,0	270	133	182	87	52
Alle Entwicklungsländer	46,2	63,0	149	69	...	...	63
LDC	39,0	50,1	170	112	...	...	57
Afrika südlich der Sahara	40,0	51,1	165	101	...	...	56
Industrieländer	69,0	74,5	35	13	...	...	...
Welt	53,4	65,6	128	60	...	...	...

... in den genannten Quellen keine Daten verfügbar
[1] Gestorbene im ersten Lebensjahr pro 1.000 Lebendgeburten
[2] Gestorbene in den ersten fünf Lebensjahren pro 1.000 Lebendgeburten
[3] Orale Rehydratationstherapie gegen Durchfallerkrankungen
Quellen: UNDP (1994), S. 164 f, 178 f und 215; Grant (1994), S. 74 f

Tabelle 39: Infrastruktur und Zugang im Gesundheitswesen

Länder	Bevölkerung mit Zugang zu Gesundheitsdiensten (in %)	Personen pro Arzt	Verhältnis Krankenschwestern zu Ärzten	Krankenhausbetten je 1.000 Einwohner	Bevölkerung mit Zugang zu sicherem Trinkwasser (in %)	Bevölkerung mit Zugang zu hygienischen Sanitäreinrichtungen (in %)
	1985-91	1990	1988-92 bzw. 1990	1985-90	1988-91	1988-91
Hoher Entwicklungsstand						
Kanada	...	450	4,7	16,1	...	...
Schweiz	...	630	2,6	11,0	...	...
Japan	...	610	1,8	15,9	97	...
USA	...	420	2,8	5,3	...	...
Deutschland	...	370	1,7	8,7	...	...
Argentinien	71	330	0,2	4,8	...	89
Mexiko	90	1850	0,8	1,3	77	55
Mittlerer Entwicklungsstand						
Thailand	70	5000	5,5	1,6	76	74
Vietnam	90	2860	4,9	3,3	27	18
Tunesien	91	1870	0,2	2,0	99	96
Südafrika	...	1640	4,5	4,1	...	...
Brasilien	...	670	0,1	3,5	86	78
Nicaragua	...	1670	0,5	1,8	54	52
Niedriger Entwicklungsstand						
Laos	67	4350	5,9	2,5	37	24
Nepal	...	16670	2,7	0,3	42	8
Simbabwe	83	62500	6,1	2,1	36	42
Kenia	77	71430	3,2	1,7	50	43
Äthiopien	46	33330	2,4	0,3	28	16
Burkina Faso	60	33330	8,2	0,3	71	12
Haiti	50	7140	0,8	0,8	39	27
Alle Entwicklungsländer	81	6670	2,0	...	70	56
LDC	54	19110	2,6	...	45	32
Afrika südlich der Sahara	59	35680	4,4	1,4	45	31
Industrieländer	...	390	...	...	...	...
Welt	...	5260	1,4	3,6	...	...

... in den genannten Quellen keine Daten verfügbar
Quellen: UNDP (1994), S. 160 f, 180 f, 212; Grant (1994), S. 78 f; Weltbank (1993), S. 256 f

Tabelle 40: Unzulänglichkeiten im Gesundheitssystem

Länder	Aufgrund von vorzeitigem Tod verlorene Lebensjahre (pro 1.000 Personen)	Tuberkulosefälle (pro 100.000 Personen)	Malariafälle (pro 100.000 Personen in Malariaregionen)	Aidsfälle (pro 100.000 Personen)	Müttersterblichkeitsrate[1] (pro 100.000 Lebendgeburten)
	1990	1990	1991	1992	1980-91
Hoher Entwicklungsstand					
Kanada	9	8	...	3,4	5
Schweiz	10	18	...	6,8	5
Japan	8	42	...	0,2	11
USA	11	10	...	19,6	8
Deutschland	12	18	...	2,1	5
Argentinien	12	50	20	1,8	140
Mexiko	17	110	70	3,4	110
Mittlerer Entwicklungsstand					
Thailand	22	173	410	1,2	50
Vietnam	...	166	390	...	120
Tunesien	21	55	...	0,2	70
Südafrika	40	250	...	1,7	84
Brasilien	26	56	930	4,8	200
Nicaragua	45	110	690	0,1	...
Niedriger Entwicklungsstand					
Laos	93	235	1010	...	300
Nepal	67	167	240	...	830
Simbabwe	37	207	...	33,5	...
Kenia	45	140	...	24,7	170
Äthiopien	107	155	...	5,5	560
Burkina Faso	114	289	...	...	810
Haiti	69	333	430	...	340
Alle Entwicklungsländer	49	176	240	5,7	351
LDC	92	220	...	10,2	607
Afrika südlich der Sahara	89	220	...	9,3	616
Industrieländer	13	...	...	7,8	10
Welt	35	...	...	6,7	...

... in den genannten Quellen keine Daten verfügbar

[1] Schwangerschafts- und geburtsbedingte Todesfälle pro 100.000 Lebendgeburten

Quellen: UNDP (1994), S. 180 f und 219; Grant (1994), S. 86 f; Weltbank (1993), S. 255; Deutsches Komitee für UNICEF (1995), S. 192 f

F Tabellen

Tabelle 41: Situation der Frauen in der Welt (Frauen in Prozent von Männern)

Länder bzw. Ländergruppe	Lebens-erwartung 1992	Bevölke-rung 1992	Alpha-betisierung 1992	Arbeits-kraft 1990-92	Parlaments-sitze[1] 1992	Arbeits-losigkeit 1991-92	Löhne 1990-92
Hoher Entwicklungsstand	**109**	**100**	**97**	**58**	**6**	...	...
Kanada	109	102	...	81	...	88	63
Schweiz	109	105	...	62	...	136	68
Japan	108	103	...	69	...	108	51
USA	109	105	...	82	...	91	59
Deutschland	109	108	...	70	...	120	78
Argentinien	110	102	99	39	5	...	...
Mexiko	110	100	94	45	7	...	...
Mittlerer Entwicklungsstand	**105**	**96**	**78**	**67**	**15**	...	...
Thailand	108	99	96	89	4	...	...
Vietnam	107	104	90	89	19	...	...
Tunesien	103	98	76	27	4	...	...
Südafrika	110	101	...	64	3	...	...
Brasilien	109	101	96	56	5	...	...
Nicaragua	107	100	...	49	16	...	...
Niedriger Entwicklungsstand	**102**	**96**	**55**	**47**	**6**	...	...
Laos	106	99	...	82	9	...	...
Indien	101	93	55	41	7	...	...
Bangladesh	99	94	47	69	10	...	...
Nepal	98	95	34	52	3	...	...
Simbabwe	106	102	81	...	12	...	...
Kenia	107	100	...	67	3	...	...
Äthiopien	107	102	...	69	...	...	...
Burkina Faso	107	102	32	96	6	...	...
Haiti	106	104	80	67	3	...	...
Alle Entwicklungsländer	104	96	71	58	11	...	...
LDC	104	100	54	...	8	...	...
Afrika südlich der Sahara	107	102	60	62	6	...	...
Industrieländer	108	104	...	73	10	118	...
Welt	105	98	...	62	11	...	...

... in der genannten Quelle keine Daten verfügbar
[1] % der Sitze, die durch Frauen besetzt sind
Quelle: UNDP (1994), S. 172 ff, 218

Tabelle 42: Gesamtaufkommen und Verwendung von Holz in 75 Ländern im Jahr 1991 im Vergleich zur Weltproduktion

	Gesamtaufkommen Mio m³	Brennholz Mio m³	Brennholz in %	Nutzholz[1) Mio m³	Nutzholz in %
Trop. Afrika	495,2	450,7	91	44,4 (41,9)	9
Trop. Amerika	375,3	279,6	75	95,7 (56,2)	25
Trop. Asien	731,4	613,2	84	118,2 (114,2)	16
Gesamt	1.601,9	1.343,5	84	258,3 (212,3)	16
Welt	3.429,4	1.830,2	53	1.599,3 (524,4)	47
Anteil Tropen (%)	46,7	73,4		16,2 (40,5)	

[1)] Laubholzvolumen in Klammern

Quelle: Enquete-Kommission „Schutz der Erdatmosphäre" (1994), S. 494

Tabelle 43: Brennholzkrise: ein Problem für die Stadt- und Landbevölkerung

Städtische Bevölkerung	Landbevölkerung
Ein hoher Anteil des Familieneinkommens wird für den Kauf von Brennholz aufgewandt - z.T. 20 - 30 %.	Größere Wegstrecken und damit höhere Arbeitsbelastung zum Brennholzsammeln - dies betrifft vor allem die Frauen.
Hohe Ausgaben für Brennholz schränken die Mittel zum Kauf von Nahrungsmitteln ein.	Viehmist und Ernteabfälle werden als Energiequelle genutzt und fehlen in der Landwirtschaft als Dünger.
Der Zustrom von Landflüchtlingen verschärft die Mangelsituation.	Bodenverarmung und Brennholzmangel verschlechtern die Lebenssituation auf dem Land und zwingen zur Migration in die Stadt.
Die Umgebung wird entwaldet mit der Folge von Bodenerosion und völligem Ressourcenverlust.	
Mangel an Nahrungsmittel und Brennstoffmangel bei der Nahrungszubereitung führen zu Unter- und Fehlernährung.	

Quelle: Bick u.a. (1992), S. 85

Tabelle 44: Brennholzmangel in Afrika, 1987

Länder mit akutem Brennholzmangel, der trotz Ressourcenübernutzung nicht gedeckt werden kann	Botswana, Tschad, Djibouti, Äthiopien, Kenia, Mauretanien, Namibia, Niger, Nigeria, Somalia, Sudan, Burkina Faso, Burundi, Komoren, Lesotho, Mauritius, Reunion, Ruanda, Swasiland
Länder, in denen wegen der gegenwärtigen Übernutzung ein akuter Brennholzmangel absehbar ist	Angola, Benin, Kamerun, Gambia, Guinea, Madagaskar, Malawi, Mosambik, Sambia, Tansania, Togo, Uganda, Zaire
Länder, in denen bis zum Jahr 2000 eine Übernutzung der Brennholzressourcen wegen des Bevölkerungswachstums zu erwarten ist	Ghana, Elfenbeinküste, Mali

Quelle: Bick u.a. (1992), S. 86

F Tabellen

Tabelle 45: Die wichtigsten Ernährungsstörungen auf der Erde

Art der Ernährungsstörung	Ursachen	Konsequenzen	Risikogruppen
UNTERERNÄHRUNG			
1. Protein-Energie-Unterernährung (PEM)			
a) milde PEM	allgemeiner Nahrungsmangel, Infektionen	geistige und körperliche Entwicklung gehemmt, häufiger krank	alle Entwicklungsländer, Vorschulkinder, ca. 500 Mio.
b) schwere PEM Marasmus	ernster Nahrungsmangel, Urbanisierung	hohe Sterblichkeit	Säuglinge, Slums, 15 Mio.
Kwashiorkor	ernster Eiweißmangel u.a. Faktoren	hohe Sterblichkeit	Kleinkinder, ländl. Afrika, 1-5 Mio.
2. Vitamin-A-Mangel Xerophthalmie		Blindheit	SO-Asien, Naher Osten, Anden-Staaten, 6 Mio., ca. 100.000 Blinde/Jahr
3. Eisenmangel Anämie		schnelleres Ermüden, geringe körperliche Leistungsfähigkeit	weltweit, vor allem Frauen; 10-20% der Bevölkerung auch in Industriestaaten
4. Jodmangel	niedr. Gehalt im Boden, kropferzeugende Substanzen in Nahrung	Kropf, Kretinismus, physische und mentale Veränderungen	150-200 Mio. in Bergen Lateinamerikas, Asien, Mittl. Osten, Afrika, auch bei uns
5. Fluormangel	niedriger Gehalt im Boden	Zahnkaries	weltweit, regional, viele Mio.
6. Folsäuremangel		verändertes Blutbild	Schwangerschaft, verbreitet
7. Vitamin-D-Mangel Rachitis	Mangel an Sonnenlicht	Knochenveränderungen	Kinder, asiatische Städte, mehrere Tausend
8. Vitamin-B1-Mangel Beri-Beri	geschälter Reis, Alkoholismus	Veränderungen von Nerven- und Herzfunktionen	Säuglinge, Erwachsene; Asien, Städte von Industrieländern
9. Niacin-Mangel Pellagra	Mais, Alkoholismus	Veränderungen an Haut und Nerven	mehrere Tausend Erwachsene, Afrika, Naher Osten, Indien; relativ selten
10. Andere Nährstoffmängel, z.B. Vitamin C-Mangel (Skorbut), sind nur sehr selten anzutreffen			
ÜBERERNÄHRUNG			
1. Fettleibigkeit	zu viel Nahrung, zu wenig körperliche Aktivität	erhöhte Sterblichkeit	Industriestaaten, bis zu 50 % der Bevölkerung
2. Atheriosklerose	zu viel Fett, Zucker (?), zu wenig Rohfaser (?), Alkohol, Rauchen	Herzinfarkt	Industriestaaten, meist Männer über 30 Jahre, viele Millionen

Quelle: Oltersdorf (1986), S. 63 (leicht verändert)

Tabelle 46: Verbreitung chronischer Unterversorgung in Entwicklungsländern, Schätzungen der FAO

Region	Zeitraum	Gesamtbevölkerung (in Mio.)	Anteil chronisch Unterversorgter (in %)	Zahl chronisch Unterversorgter (in Mio.)
Alle Entwicklungsländer	1969-71	2.609	36	941
	1979-81	3.262	26	844
	1988-90	3.938	20	786
Afrika	1969-71	288	35	101
	1979-81	384	33	128
	1988-90	505	33	168
Asien und Pazifischer Raum	1969-71	1.880	40	751
	1979-81	2.311	28	645
	1988-90	2.731	19	528
Lateinamerika und Karibik	1969-71	281	19	54
	1979-81	357	13	47
	1988-90	433	13	59
Naher Osten	1969-71	160	22	35
	1979-81	210	12	24
	1988-90	269	12	31

Quelle: FAO und WHO (1992b), S. 7

Tabelle 47: Verbreitung von Untergewicht bei Kindern im Alter unter fünf Jahren

Region	% Untergewicht		Anzahl Untergewichtiger (in Mio.)	
	1975	1990	1975	1990
Kontinentalafrika	26	24	19,7	27,4
Nordafrika	20	13	3,1	3,0
Ostafrika	25	24	5,7	8,7
Mittelafrika	24	22	1,8	2,7
Südliches Afrika	16	13	0,7	0,7
Westafrika	35	32	8,3	12,2
Afrika südlich der Sahara	28	26	17,4	25,4
Amerika	12	9	7,8	6,8
Nordamerika	4	2	0,7	0,3
Karibik	18	15	0,6	0,5
Zentralamerika	14	12	2,0	1,6
Südamerika	15	11	4,4	4,3
Asien	49	44	163,1	154,7
Ostasien	33	21	47,4	25,4
Südostasien	48	38	24,6	21,6
Südliches Asien	68	62	91,0	107,6
Naher Osten	22	15	2,9	2,9
Durchschnittlicher Prozentsatz/Gesamtzahl	48	41	193,6	191,9

Quelle: FAO und WHO (1992b), S. 9

F Tabellen

Tabelle 48: Verbreitung von Untergewicht, akuter und chronischer Unterernährung[1] in Entwicklungsländern

Region	% Untergewicht (Mio. Kinder <5 Jahre)		% Akute Unterernährung (Mio. Kinder <5 Jahre)		% Chronische Unterernährung (Mio. Kinder <5 Jahre)	
Afrika	27,4	(31,6)	38,6	(44,6)	7,2	(8,3)
Asien	42,0	(154,1)	47,1	(172,8)	10,8	(39,6)
Lateinamerika	11,9	(6,5)	22,2	(12,1)	2,7	(1,5)
Ozeanien	29,1	(0,3)	41,9	(0,4)	5,6	(0,1)
Alle Entwicklungsländer	35,8	(192,5)	42,7	(229,9)	9,2	(49,5)

[1] unter -2 Standardabweichungen des WHO/NCHS Standards (vgl. Erläuterung 24)
Quelle: Onis (1993), S. 709

Tabelle 49: Mikronährstoffdefizite: Betroffene und Risikobevölkerung (in Mio.)

Region	Jodmangelerscheinungen		Vitamin- A-Mangel[1]		Anämie oder Eisendefizit
	Risikobevölkerung	Betroffene (Kropf)	Risikobevölkerung	Betroffene (Erblindung)	
Afrika	150	39	18	1,3	206
Amerika	55	30	2	0,1	94
Südostasien	280	100	138	10,0	616
Europa	82	14	--	--	27
Östliches Mittelmeer	33	12	13	1,0	149
Westpazifik[2]	405	30	19	1,4	1.058
Insgesamt	1.005	225	190	13,8	2.150

[1] nur Vorschulkinder
[2] einschließlich China
Quelle: FAO und WHO (1992b), S. 16

Tabelle 50: Verbrauch von Nahrungsmitteln pro Kopf[1]

Pflanzliche Erzeugnisse	Früheres Bundesgebiet				Deutschland		
	Ø 81/82 bis 83/84	1987/88	1988/89	1989/90	1990/91	1991/92	1992/93 v
kg/Kopf							
Getreideerzeugnisse insgesamt in Mehlwert[2]	71,8	75,1	74,5	74,7	72,9	71,3	71
darunter							
Weizenmehl	50,8	53,3	53,4	53,9	53,8	53,0	.
Roggenmehl	13,4	12,7	12,3	12,0	12,5	11,2	.
Reis	2,0	2,8	2,8	2,7	2,4	2,3	.
Hülsenfrüchte	1,0	0,8	0,6	0,6	0,8	0,6	0,6
Kartoffeln[3]	72,7	71,5	72,6	71,5	75,0	74,0	73,3
Weißzucker	35,3	36,0	33,3	34,3	35,2	37,1	34,4
Gemüse[3]	68,5	76,9	82,6	82,3	81,0	83,0	82,1
Obst[3]							
Marktobstbau	77,6	58,0	59,4	60,6	60,8	65,8	74,2
Übriger Anbau[4]	.	23,4	43,2	28,7	27,9	14,4	43,2
Zitrusfrüchte[3]	27,9	33,3	34,2	35,0	35,6	36,0	34,3
Trockenfrüchte	1,1	1,4	1,5	1,5	1,2	1,4	1,3
Schalenfrüchte	3,0	3,5	3,7	3,7	3,8	3,5	3,7
Tierische Erzeugnisse							
	Ø 81/82 bis 83/84	1987/88	1988/89	1989/90	1990/91	1991/92	1992/93 v
kg/Kopf							
Fleisch insgesamt (Schlachtgewicht einschl. Abschnittsfette)	98,4	104,1	104,6	100,6	102,0	97,4	95,5[7]
darunter							
Rind- u. Kalbfleisch	22,7	23,7	23,5	22,8	22,1	21,2	19,7
Schweinefleisch	58,1	62,0	62,2	58,8	60,1	56,2	55,7
Geflügelfleisch	9,6	10,5	11,2	11,4	11,7	12,2	12,5
Fisch (Fanggewicht)	11,1	11,8	12,6	13,6	13,9	14,3	14,8
Frischmilcherzeugnisse[5]	86,2	89,3	92,3	91,7	91,5	90,7	93,4
Kondensmilch (Produktgewicht)	6,2	5,4	5,4	5,4	5,3	5,2	5,3
Käse (einschl. Schmelzkäse)	14,4	16,8	17,4	18,1	17,3	17,5	18,2
darunter							
Frischkäse (einschl. Speisequark)	6,3	7,3	7,7	8,0	7,7	7,8	8,0
Öle und Fette	25,4	26,6	26,9	25,8	26,0	27,6	27,0
darunter in Produktgew.							
Butter	6,8	8,1	8,2	7,4	7,3	6,9	6,8
Margarine	8,4	7,4	7,4	7,4	8,3	8,2	8,0
Speisefette	1,8	1,8	1,8	1,3	1,2	1,1	0,9
Speiseöle[6]	5,7	6,4	6,7	7,0	6,6	8,9	8,8
Eier und Eierprodukte	17,1	16,2	16,0	15,3	15,2	14,8	13,9

v = vorläufig
[1] Verbrauch ist hier die gesamt nachgefragte Menge, nicht die tatsächlich verzehrte Menge
[2] Ab 1982/83 einschließlich Glukose und Isoglukose
[3] Einschließlich inländischer Verarbeitung und Einfuhr von Erzeugnissen in Frischgewicht/Frischobst auch einschließlich tropischer Früchte
[4] Schätzung
[5] Einschließlich Eigenverbrauch in den landwirtschaftlichen Betrieben, Direktverkauf sowie Sauermilch- und Milchmischgetränke, ohne Sahne
[6] Ab 1991 neue Datengrundlage, daher mit den Vorjahren nur bedingt vergleichbar
[7] Davon geschätzter menschlicher Verzehr: 62,9 kg/Jahr
Quelle: BML (1994a), Materialienband S. 135

F *Tabellen*

Tabelle 51: Verfügbarkeit pro Kopf und Tag und Zufuhrempfehlungen von Nahrungsenergie, Nährstoffen und Cholesterin[1)]

	Einheit	Bundesrepublik Deutschland 1989		DDR 1989	
		Insgesamt	Empfehlungen	Insgesamt	Empfehlungen
Energie	Megajoule	13,9	8,7	12,9	9,8
Protein	g	99	49	86	74
Fett	g	130	71	125	82
Kohlenhydrate	g	364	-	327	314
Alkohol	g	21	-	28	-
Ballaststoffe	g	25,3	30[2)]	30,3	30[2)]
Calcium	mg	991	875	787	875
Magnesium	mg	437	304	413	304
Phosphor	mg	1684	1316	1787	1316
Eisen	mg	13,32	11,4	13,22	11,4
Vitamin A	mg-Äq[3)]	1,48	1,12	1,08	0,90
Thiamin	mg	1,85	1,73	1,65	1,21
Riboflavin	mg	2,14	1,92	1,81	1,53
Vitamin B_6	mg	2,20	2,08	2,56	1,66
Vitamin C	mg	136,9	104,6	66,6	73,2
Cholesterin	mg	456	-	478	-

- keine Daten vorhanden
[1)] Unterschiede in den Empfehlungen für die neuen und alten Bundesländer durch unterschiedliche Arbeitsschwere und methodische Unterschiede
[2)] Richtwert
[3)] 1 mg Retinol-Äquivalente = 6 mg all-trans-Carotin = 12 mg andere Provitamin A-Carotinoide

Quelle: eigene Zusammenstellung nach Daten aus DGE (1992), S. 28 f

Tabelle 52: Monatliche Ausgaben ausgewählter privater Haushalte nach Verwendungszweck[1]

Jahr		zusammen[2]	Fleisch und Fleischwaren	Milch, Käse, Butter	Brot und Backwaren	Gemüse und Obst[3]	Verzehr in Kantinen und Gaststätten	Genuß-mittel[4]	Übrige Ausgaben	Ausgaben für den privaten Gebrauch
		Nahrungsmittel								

a) Verbrauchergruppe mit geringem Einkommen (Haushaltstyp 1)[5]

Jahr		zusammen	Fleisch	Milch	Brot	Gemüse/Obst	Kantinen	Genuß	Übrige	Gesamt
Früheres Bundesgebiet	DM									
1990		375,89	104,69	53,00	50,51	57,53	54,42	60,72	1294,67	1785,70
1991		398,22	108,90	55,55	52,91	63,97	55,63	61,23	1377,42	1892,50
1992		397,02	109,16	55,98	54,49	58,72	64,94	64,93	1465,97	1992,86
Neue Länder	DM									
1991		361,43	101,85	50,74	48,75	54,84	44,71	80,25	1110,28	1596,67
1992		364,22	102,65	51,64	48,71	52,78	42,96	73,77	1314,56	1795,51
Früheres Bundesgebiet	%									
1990		21,1	5,9	3,0	2,8	3,2	3,0	3,4	72,5	100
1991		21,0	5,8	2,9	2,8	3,4	2,9	3,2	72,8	100
1992		19,9	5,5	2,8	2,7	2,9	3,3	3,3	73,6	100
Neue Länder	%									
1991		22,6	6,4	3,2	3,1	3,4	2,8	5,0	69,5	100
1992		20,3	5,7	2,9	2,7	2,9	2,4	4,1	73,2	100

b) Verbrauchergruppe mit mittlerem Einkommen (Haushaltstyp 2)[6]

Jahr		zusammen	Fleisch	Milch	Brot	Gemüse/Obst	Kantinen	Genuß	Übrige	Gesamt
Früheres Bundesgebiet	DM									
1990		607,54	152,52	86,81	82,31	74,36	127,26	95,72	2621,87	3452,39
1991		644,05	158,01	88,88	88,14	81,96	137,37	99,17	2892,54	3773,13
1992		648,56	154,25	92,43	89,18	74,74	141,43	102,52	3083,72	3976,23
Neue Länder	DM									
1991		489,10	130,16	66,16	65,26	63,68	112,98	121,54	1845,36	2568,98
1992		530,12	145,81	69,68	71,41	63,65	125,66	124,90	2184,70	2965,38
Früheres Bundesgebiet	%									
1990		17,6	4,4	2,5	2,4	2,2	3,7	2,8	75,9	100
1991		17,7	4,2	2,4	2,3	2,2	3,6	2,6	76,7	100
1992		16,3	3,9	2,3	2,2	1,9	3,6	2,6	77,6	100
Neue Länder	%									
1991		19,0	5,1	2,6	2,5	2,5	4,4	4,7	71,8	100
1992		17,9	4,9	2,3	2,4	2,1	4,2	4,2	73,7	100

c) Verbrauchergruppe mit höherem Einkommen (Haushaltstyp 3)[7]

Jahr		zusammen	Fleisch	Milch	Brot	Gemüse/Obst	Kantinen	Genuß	Übrige	Gesamt
Früheres Bundesgebiet	DM									
1990		723,76	163,25	115,42	95,38	102,90	203,83	109,70	4145,14	5182,43
1991		759,18	166,48	116,86	110,80	102,68	228,89	111,62	4334,72	5434,41
1992		768,35	167,71	118,44	106,16	102,64	239,44	116,50	4638,28	5762,57
Neue Länder	DM									
1991		528,41	135,61	73,92	68,75	68,53	151,35	119,39	2450,27	3249,42
1992		574,26	149,97	77,56	75,98	71,84	177,45	122,86	2716,20	3590,77
Früheres Bundesgebiet	%									
1990		14,0	3,2	2,2	1,8	2,0	3,9	2,1	80,0	100
1991		14,0	3,1	2,2	2,0	1,9	4,2	2,1	79,8	100
1992		13,3	2,9	2,1	1,8	1,8	4,2	2,0	80,5	100
Neue Länder	%									
1991		16,3	4,2	2,3	2,1	2,1	4,7	3,7	75,4	100
1992		16,0	4,2	2,2	2,1	2,0	4,9	3,4	75,6	100

[1] Ergebnisse der laufenden Erhebungen von Wirtschaftsrechnungen. Die Definitionen der Haushaltstypen im früheren Bundesgebiet und den neuen Ländern sind fast identisch; Unterschiede bestehen jedoch bei den absoluten Einkommensgrenzen.
[2] Einschließlich alkoholfreie Getränke und fertige Mahlzeiten, ohne Verzehr in Kantinen und Gaststätten
[3] Einschließlich Gemüse- und Obstkonserven und Trockenobst; ohne Marmelade, Obst- und Gemüsesäfte
[4] Kaffee, Tee, alkoholische Getränke und Tabakwaren
[5] 2-Personen-Haushalt von Rentenempfängern
[6] 4-Personen-Haushalt von Angestellten und Arbeitern mit mittlerem Einkommen
[7] 4-Personen-Haushalt von Beamten und Angestellten mit höherem Einkommen

Quelle: BML (1994a), Materialienband S. 136

F Tabellen

Tabelle 53: Entwicklung des Preisindex für Lebenshaltung (Januar bis Dezember 1993 gegen Januar bis Dezember 1992)

Produktgruppe	Früheres Bundesgebiet[1] Veränderungen in %	Neue Länder[2] Veränderungen in %
Lebenshaltung insgesamt	4,2	8,8
Nahrungsmittel	0,6	-0,4
darunter:		
Brot und Backwaren	3,5	1,8
Speisekartoffeln	-0,9	25,4
Frischobst	-11,5	-5,2
Frischgemüse	-0,6	-1,8
Frischfleisch	1,6	-1,1
Trinkmilch	1,3	0,5
Käse	1,3	-0,6
Butter	-1,9	-3,0
Eier	1,1	0,6

[1] Im Durchschnitt aller privaten Haushalte
[2] Im Durchschnitt aller Arbeitnehmerhaushalte
Quelle: BML (1994a), S. 129

Tabelle 54: Häufigkeit ernährungsabhängiger Gesundheitsstörungen in der BRD

Krankheit	Betroffene in % der Gesamtbevölkerung
Karies	≈ 100
Übergewicht	30 - 50
Stuhlverstopfung	≈ 30
Bluthochdruck	10 - 20
Erhöhte Blutfettwerte	10 - 20
Kropf (Struma)	≈ 13
Gallensteine	10
Erhöhte Harnsäurewerte (Gicht)	5 - 9
Diabetes mellitus	3 - 5
Arterielle Durchblutungsstörungen (bei älteren Männern)	≈ 6

Quellen: Koerber (1993), S. 23

Tabelle 55: Zufuhrempfehlungen (Beispiele)

Lebensmittel	Verzehrsempfehlungen
GRUPPE 1	
Getreide, Getreideprodukte, Kartoffeln	Täglich 5-7 Scheiben Brot (ca. 200-350g). 1 Portion Reis oder Nudeln (roh ca. 75-90 g, gekocht 220-250g) oder 1 Portion Kartoffeln (ca. 200-250 g = 4-5 mittelgroße)
GRUPPE 2	
Gemüse und Hülsenfrüchte	Täglich mindestens 1 Portion Gemüse (ca. 200 g) und 1 Portion Salat (ca. 75 g)
GRUPPE 3	
Obst	Täglich mindestens 1-2 Stück oder 1-2 Portionen Obst (ca. 200-250g)
GRUPPE 4	
Getränke	Täglich 1,5 l Flüssigkeit (z.B. Wasser, Mineralwasser, ungesüßte Kräuter- und Früchtetees, verdünnte Obstsäfte, Gemüsesäfte, in Maßen Kaffee und schwarzer Tee
GRUPPE 5	
Milch und Milchprodukte	Täglich 0,25 l fettarme Milch und 3 Scheiben Käse (à 30 g)
GRUPPE 6	
Fisch, Fleisch und Eier	Wöchentlich 1-2 Portionen Seefisch (à 150 g), höchstens 2-3 mal pro Woche 1 Portion Fleisch (max. 150 g) und Wurst (max. 50g), wöchentlich bis zu 3 Eier
GRUPPE 7	
Fette und Öle (Butter, Pflanzenmargarine oder -öle)	Täglich höchstens 40 g Streich- oder Kochfett, z.B. 2 Eßlöffel Butter oder Margarine und 2 Eßlöffel hochwertiges Pflanzenöl

Quellen: AID (1991), S. 8; DGE (1995)

Tabelle 56: Ausgaben des Bundes für Verbraucherinformation und Vertretung von Verbraucherinteressen

	1991	1992
	(in Tausend DM)	(in Tausend DM)
Stiftung Warentest	13.700	13.000
Stiftung Verbraucherinstitut	2.884	3.187
Verbraucherzentralen	12.602	12.845
Arbeitsgemeinschaft der Verbraucherverbände (einschl. der Arbeitsgemeinschaften für Hauswirtschaft und Wohnberatung)	14.195	15.703
Verbraucherschutzverein	1.555	1.629
AID	7.394	7.742
BzgA	2.145	1.867
DGE	3.345	3.401
Deutsches Institut für Normung - Verbraucherrat -	1.050	1.150
Sonstige Organisationen	442	74
Direktmaßnahmen der Ministerien	460	563
Ausgaben insgesamt	59.772	61.161

Quelle: Koschatzky und Maßfeller (1994), S. 260

F Tabellen

Tabelle 57: Große Werbetreibende im Ernährungssektor

Unternehmen	Werbeetat 1993 (in Tausend DM)	Werbeetat 1994 (in Tausend DM)
Ferrero	236.190	196.284
Union Deutscher Lebensmittelwerke	163.312	162.206
Albrecht	139.064	94.818
Langnese-Iglo	111.878	97.589
Nestlé-Maggi	103.173	79.105
Tchibo	102.184	67.710
Mc Donald's Deutschland	101.767	76.398
Mars	99.008	96.925

Quelle: N.N. (1994e)

Tabelle 58: Mittlere Variante der Weltbevölkerungsprognosen

Jahr	Bevölkerung (in Mrd.)	Jährliche Zunahme (in Mio.)	Jährliche Wachstumsrate (in %)
1985 - 1990		88	1,7
1992	5,5		
1990 - 1995		93	1,7
1995 - 2000		94	1,6
2000	6,2		
2020 - 2025		85	1,0
2025	8,5		

Quelle: United Nations (1993), S. 6

Tabelle 59: Jährliche regionale Wachstumsraten der realen Pro-Kopf-Einkommen, 1980 - 2000

Region	1980 - 1989	1990 - 2000
Afrika südlich der Sahara	- 0,9	0,3
Ostasien	6,3	5,7
Südasien	3,1	3,1
Lateinamerika	- 0,5	2,2
Mittlerer Osten/Nordafrika	- 2,5	1,6
Entwicklungsländer	1,2	2,9

Quelle: Pinstrup-Andersen (1994), S. 11

Tabelle 60: Länder mit hohem Ertragspotential

Region	sehr niedriger AHFSI	niedriger AHFSI	mittlerer AHFSI	hoher AHFSI
Zentralafrika	Burundi, Zentralafrikanische Republik	Angola, Kamerun, Ruanda, Zaire	Kongo, Gabun	
Sahelzone	Tschad, Somalia	Sudan		
Ost- und Südafrika	Mosambik	Malawi, Tansania, Uganda, Sambia, Simbabwe	Madagaskar	
Westafrika		Ghana, Guinea, Liberia, Nigeria, Sierra Leone, Togo	Benin, Elfenbeinküste	
Lateinamerika und Karibik		Bolivien, Haiti, Nicaragua, Peru	Kolumbien, Guyana, Venezuela	Argentinien, Brasilien, Panama, Paraguay
Asien und Naher Osten	Afghanistan	Kambodscha, Nepal	Indien, Laos, Pakistan, Philippinen	

Nach Berechnungen des FAO-Sekretariats wären 27 Länder in Afrika, 11 in Mittel- und Südamerika (einschließlich Karibik) und sieben in Asien bis zum Jahr 2010 potentiell in der Lage, ihren Nahrungsbedarf mehr als doppelt zu decken, wenn sie ihre latenten Produktionspotentiale mobilisieren könnten.

Der Großteil dieser Länder wies im Durchschnitt der Jahre 1988-1990 eine niedrige Versorgung auf, gemessen am AHFSI (vgl. Erläuterung 20).

Quelle: BML (1994d)

Tabelle 61: Verbreitung von Untergewicht[1] bei Kindern im Alter unter fünf Jahren im Jahr 2005

Region	% Untergewicht 2005	Anzahl Untergewichtiger (in Mio.) 2005
Kontinentalafrika	**22**	**36,5**
Nordafrika	11	2,7
Ostafrika	22	12,4
Mittelafrika	19	3,6
Südliches Afrika	10	0,7
Westafrika	29	17,0
Afrika südlich der Sahara	24	34,9
Amerika	**8**	**6,2**
Nordamerika	1	0,2
Karibik	14	0,5
Zentralamerika	8	1,5
Südamerika	10	3,9
Asien	**41**	**149,3**
Ostasien	17	18,5
Südostasien	32	18,4
Südliches Asien	57	112,3
Naher Osten	12	3,1
Durchschnittliche/r Prozentsatz/Gesamtzahl	38	195,2

[1] Definition Untergewicht: vgl. Erläuterung 24
Quelle: FAO und WHO (1992b), S. 9

F Tabellen

Tabelle 62: Trends in der Verbreitung von Untergewicht[1] bei Kindern (1990 - 2000)

Region	Anteil Untergewichtiger in Prozent				Anzahl Untergewichtiger in Millionen			
	1990	2000 Szenario A	2000 Szenario B	2000 Ziele des Weltkindergipfels	1990	2000 Szenario A	2000 Szenario B	2000 Ziele des Weltkindergipfels
Afrika südlich der Sahara	29,9	32	27	15	28,2	38	30	18
Naher Osten/Nordafrika	13,4	11	8	6	4,8	5	3	2
Südasien	58,5	54	49	29	101,0	110	100	59
Südostasien	31,3	24	22	16	19,9	17	15	11
China	21,8	22	16	11	23,6	30	24	15
Mittelamerika/Karibik	15,4	16	10	8	3,0	4	2	2
Südamerika	7,7	6	2,5	4	2,8	2	1	1
Alle Entwicklungsländer	34,3	32	27,5	17	184,0	206	175	108

Szenario A = Projektion unter Berücksichtigung schlechter Trends
Szenario B = Projektion unter Berücksichtigung guter Trends
[1] Definition Untergewicht: vgl. Erläuterung 24
Quelle: UN ACC/SCN (1992), S. 67

Abbildungen

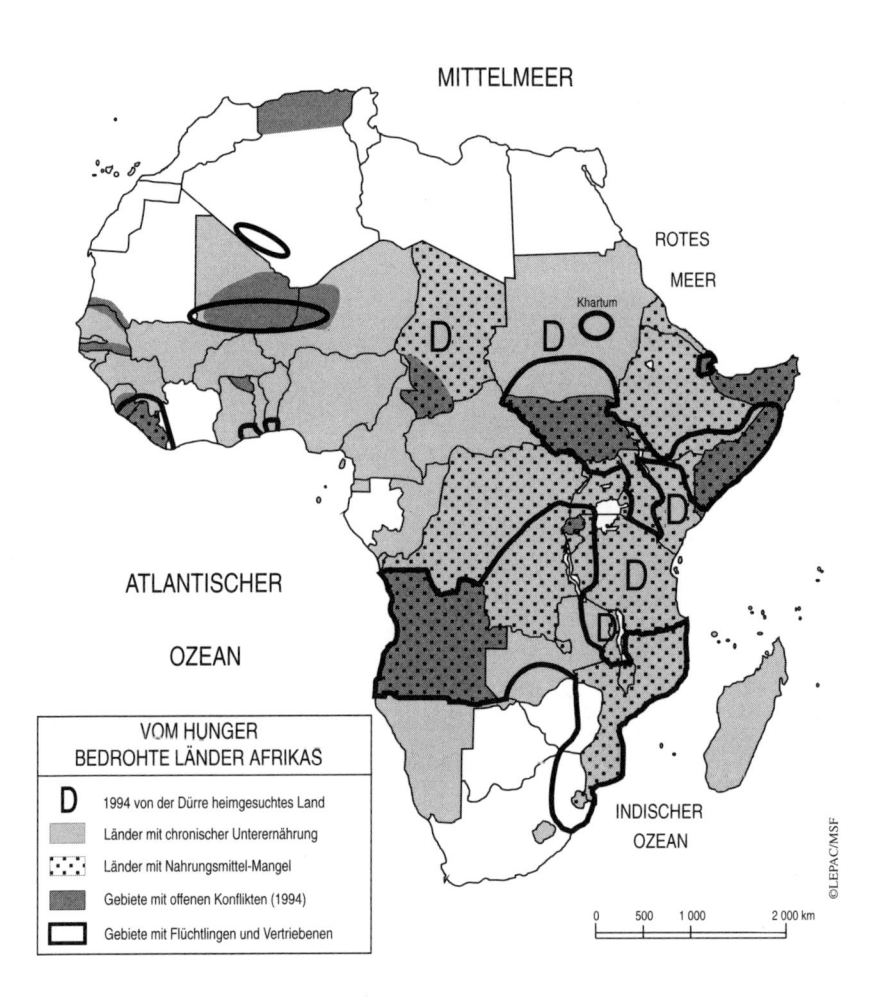

Abbildung 1: 1994 war für Afrika ein Jahr der Katastrophen
Quelle: Ärzte ohne Grenzen (1995), S. 201, copyright Ärzte ohne Grenzen/LEPAC

Abbildungen

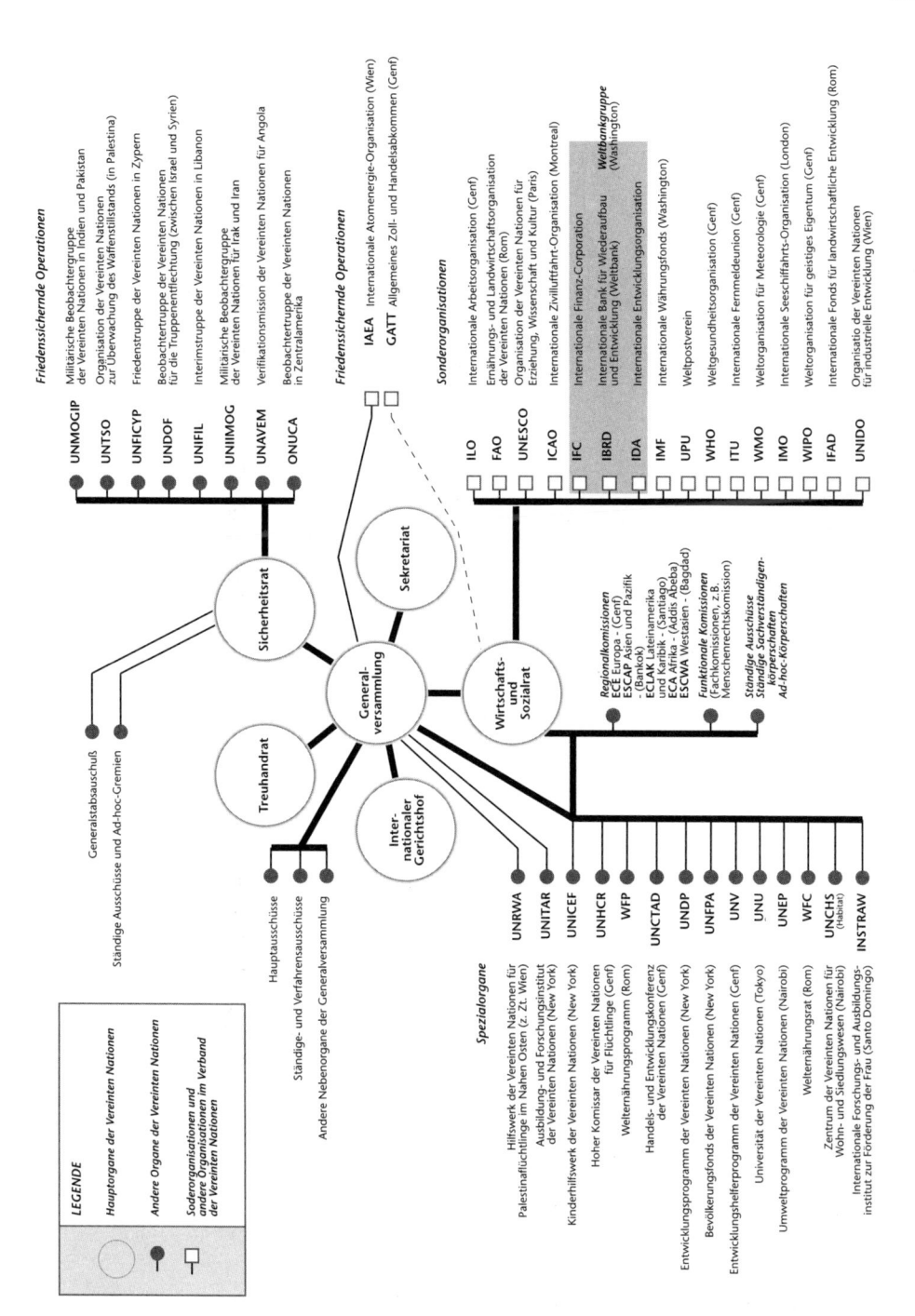

Abbildung 2: Organisationsstruktur des Systems der Vereinten Nationen

Quelle: Hüfner (1991), S. 18

G *Abbildungen*

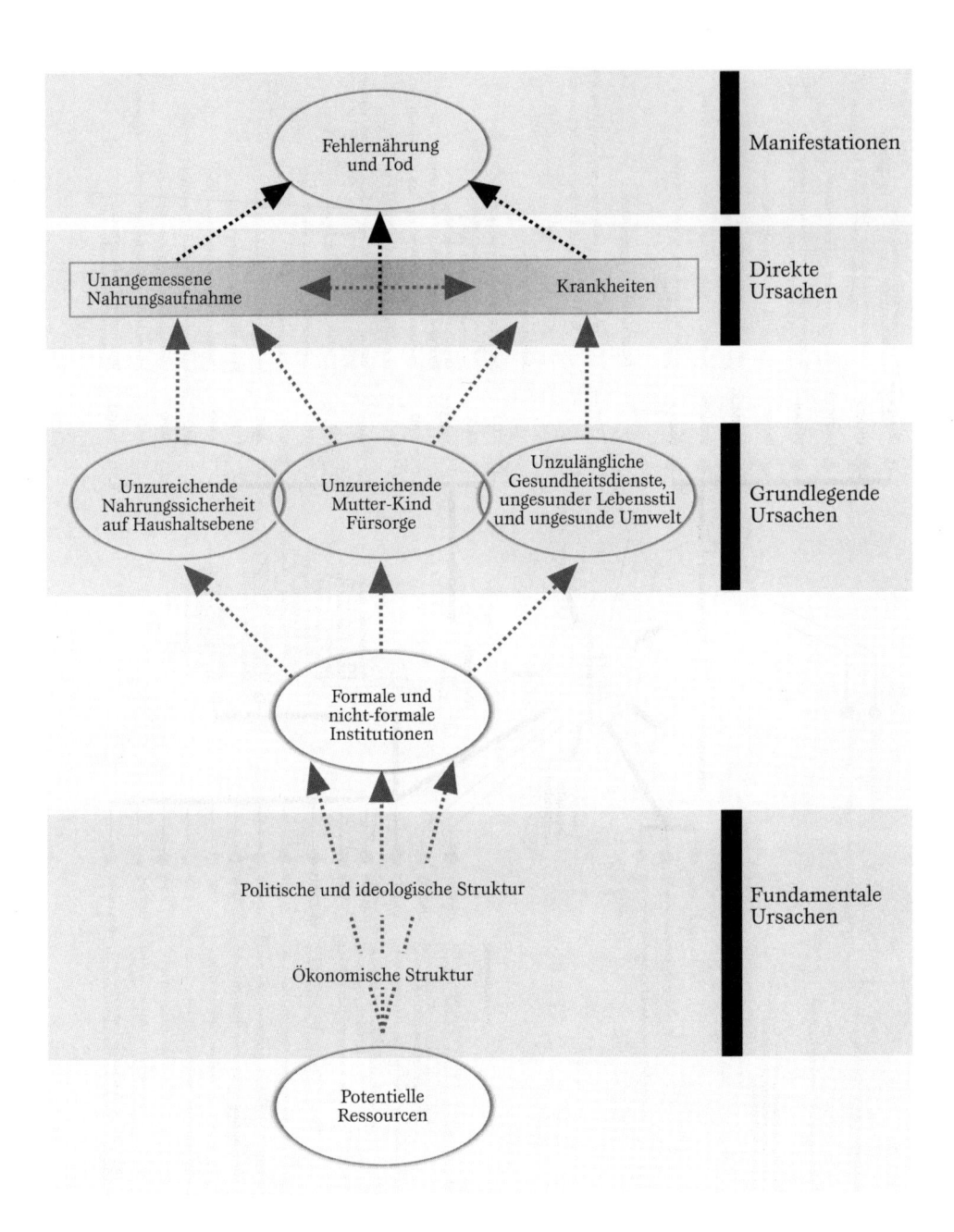

Fehlernährung und Tod	Manifestationen
Unangemessene Nahrungsaufnahme ↔ Krankheiten	Direkte Ursachen
Unzureichende Nahrungssicherheit auf Haushaltsebene — Unzureichende Mutter-Kind Fürsorge — Unzulängliche Gesundheitsdienste, ungesunder Lebensstil und ungesunde Umwelt	Grundlegende Ursachen
Formale und nicht-formale Institutionen — Politische und ideologische Struktur — Ökonomische Struktur — Potentielle Ressourcen	Fundamentale Ursachen

Abbildung 3: Ursachen von Fehlernährung
Quelle: eigene Darstellung in Anlehnung an UNICEF (1990), S. 22

Abbildungen

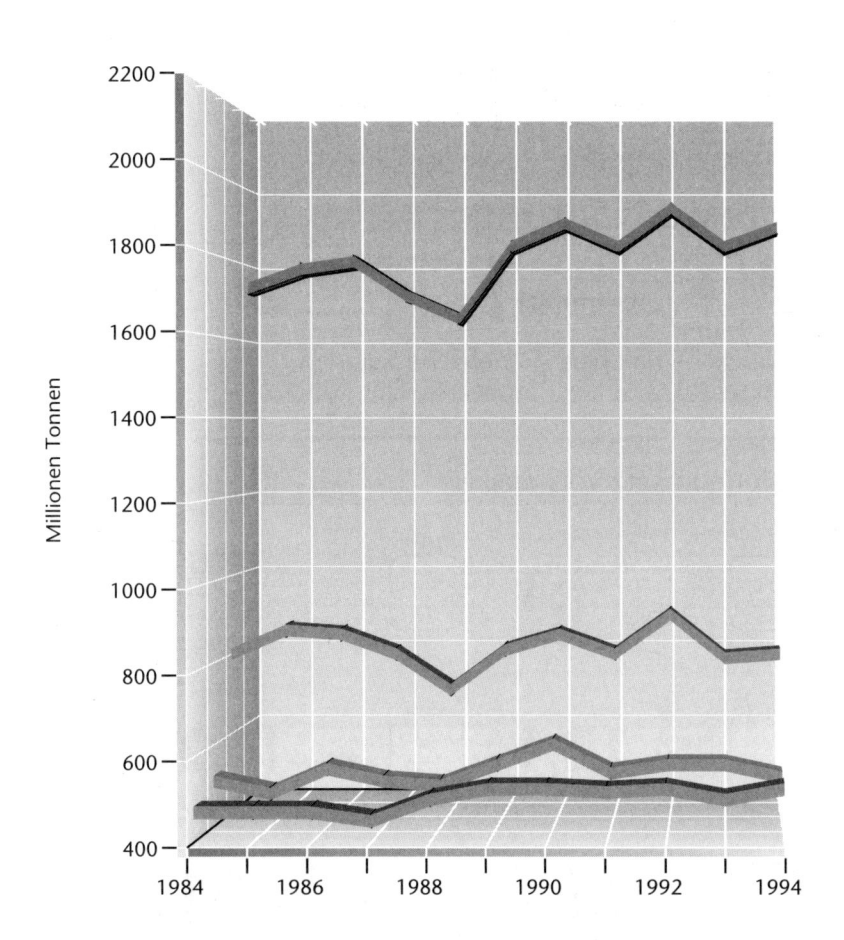

Abbildung 4: Weltgetreideproduktion
Quelle: Food and Agriculture Organization (1994d), S. 3

G *Abbildungen*

Direkte Nahrung

1 🌾 → **1** 🥖
Kalorie in Getreide   Kalorie in Brot

Direkte Nahrung

7 🌾 → **1** 🐄
Pflanzliche Kalorien   Tierische Kalorien
(Getreide)   (Fleisch, Eier, Milch)

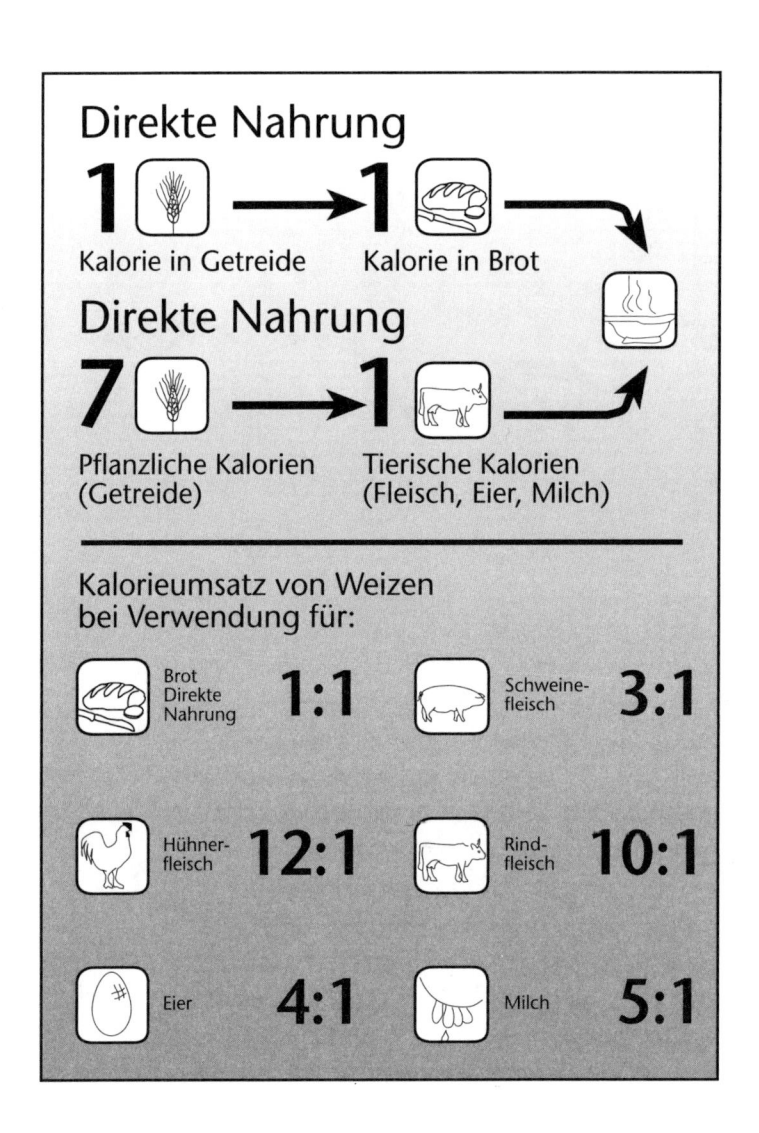

Kalorieumsatz von Weizen
bei Verwendung für:

🥖 Brot Direkte Nahrung	**1:1**	🐖 Schweinefleisch	**3:1**
🐓 Hühnerfleisch	**12:1**	🐄 Rindfleisch	**10:1**
🥚 Eier	**4:1**	🥛 Milch	**5:1**

Abbildung 5: Getreide als Futtermittel

Quelle: Rudolf H. Strahm : Warum sie so arm sind. Peter Hammer Verlag, Wuppertal (1986), S. 46

Abbildungen

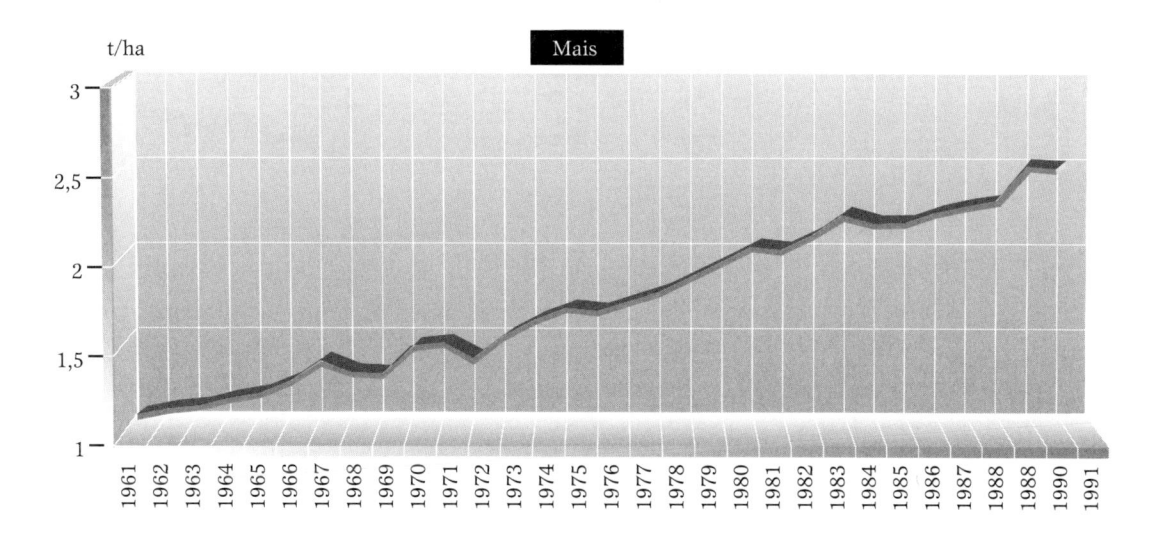

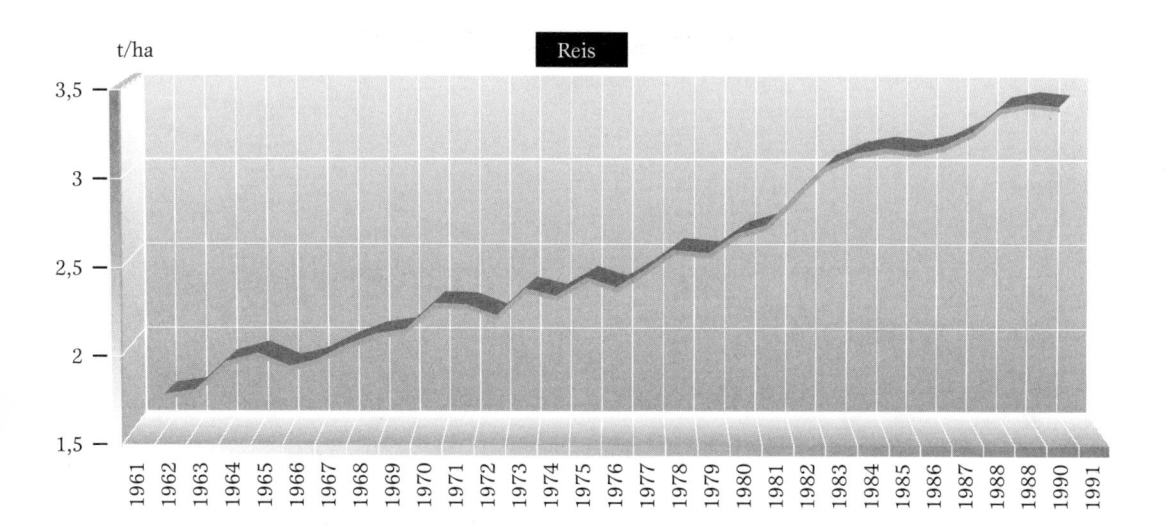

Abbildung 6a und 6b: Trends für Getreideerträge in Entwicklungsländern
Quelle: Pinstrup-Andersen (1993), S. 15

G Abbildungen

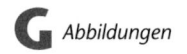

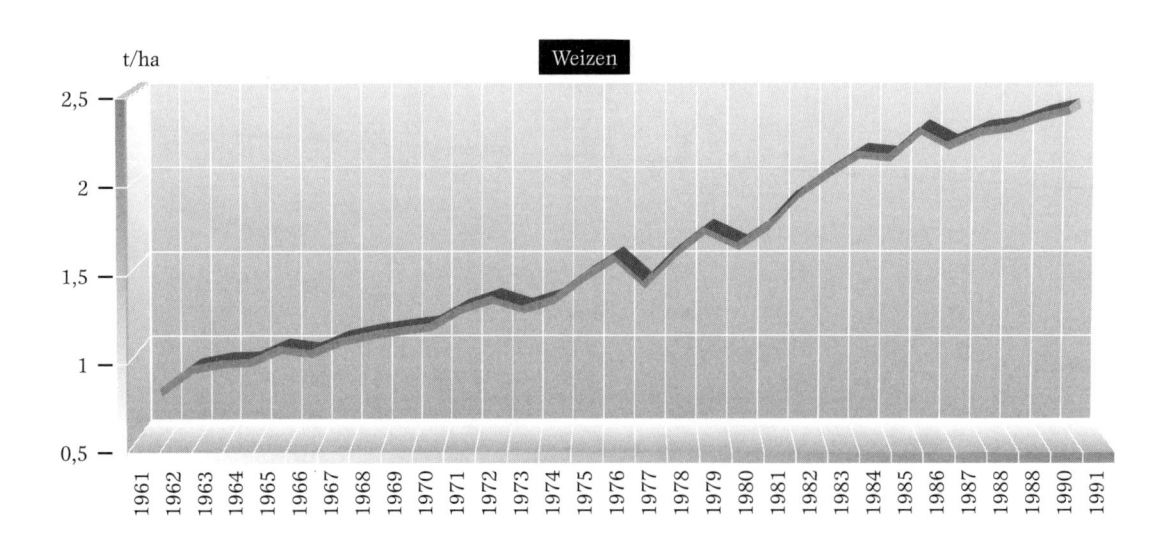

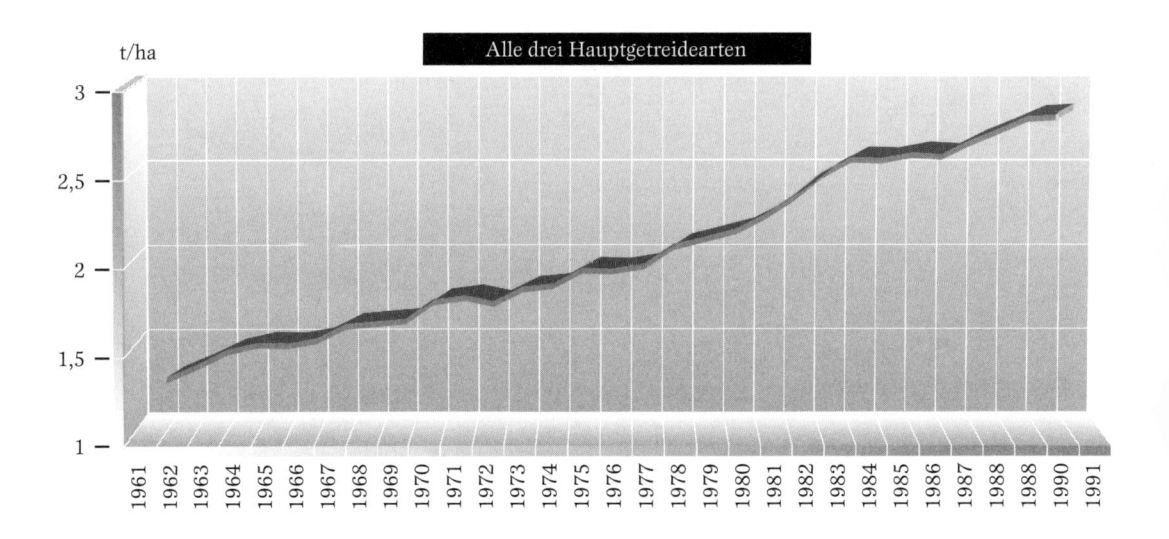

Abbildung 6c und 6d: Trends für Getreideerträge in Entwicklungsländern
Quelle: Pinstrup-Andersen (1993), S. 15

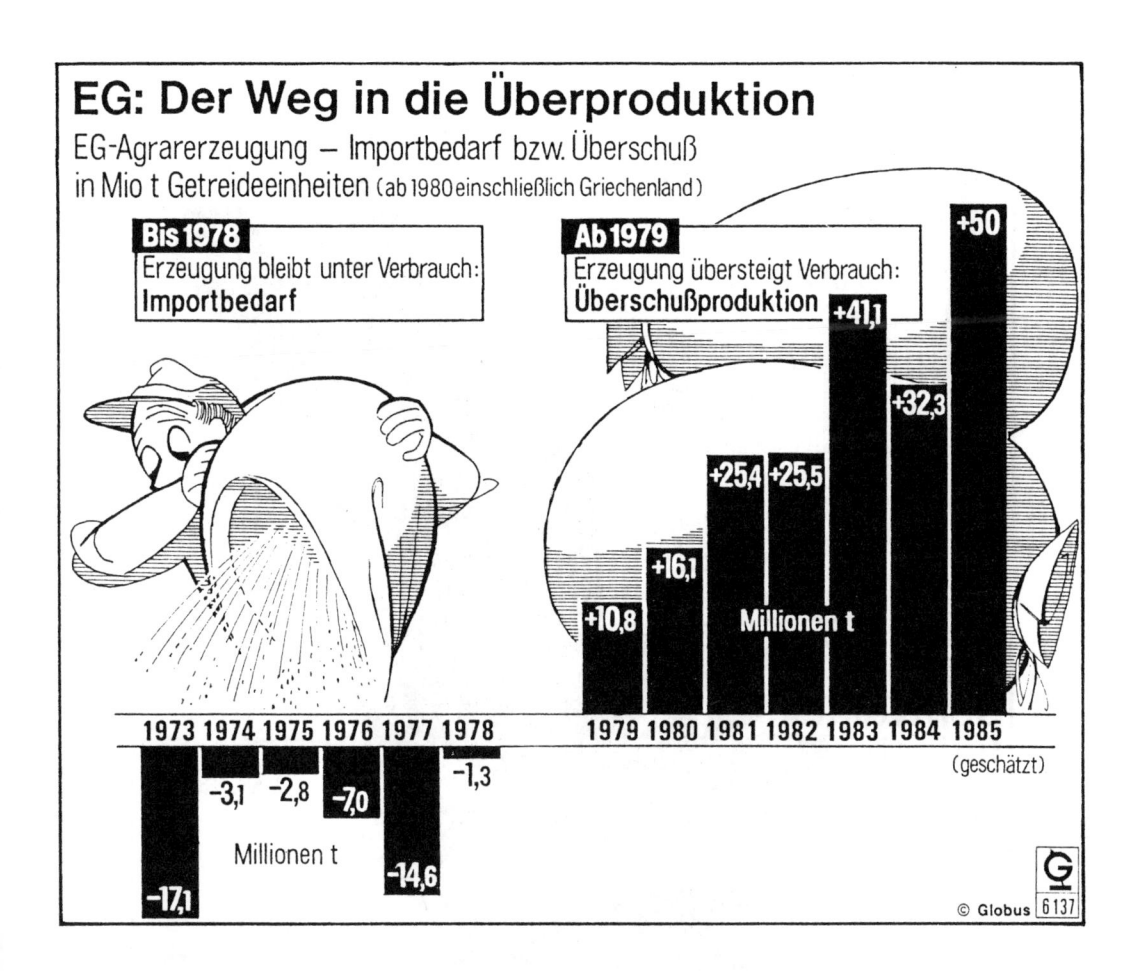

Abbildung 7: Der Weg in die Überschußproduktion
Quelle: Globus

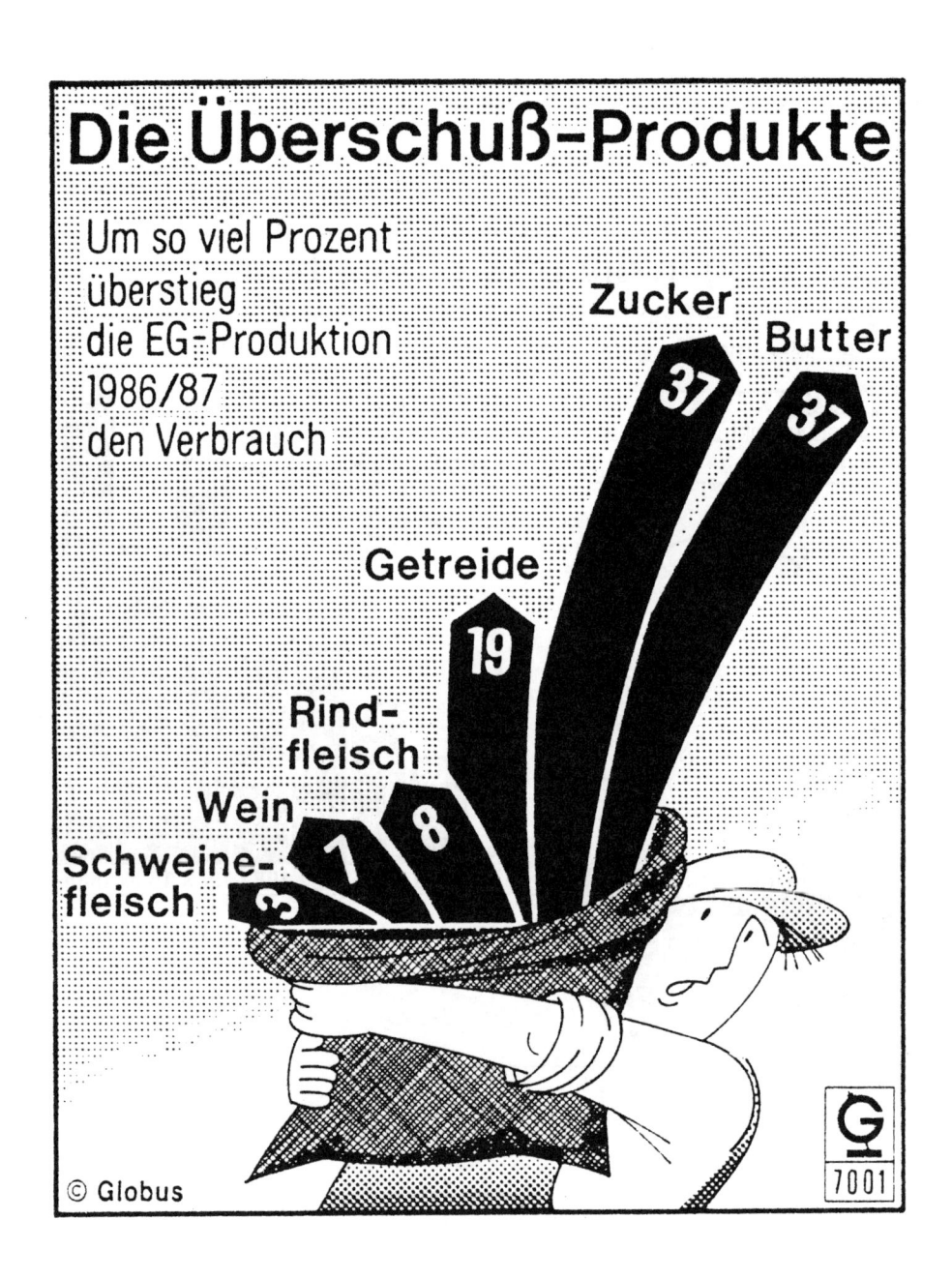

Abbildung 8: Die Überschuß-Produkte
Quelle: Globus

Abbildung 9: Wuchernde Agrarausgaben der EU, 1982 - 1987
Quelle: Globus

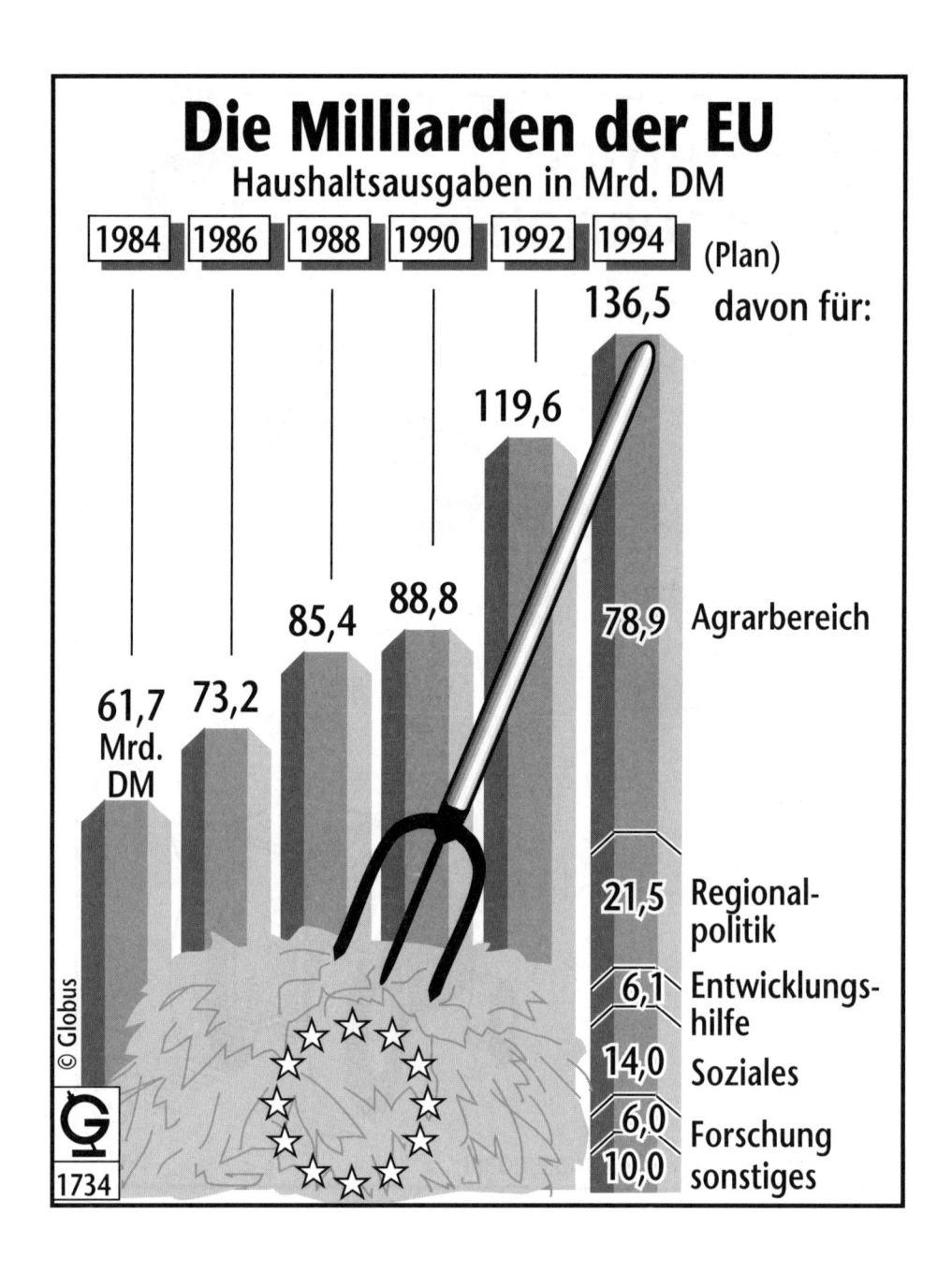

Die Milliarden der EU
Haushaltsausgaben in Mrd. DM

| 1984 | 1986 | 1988 | 1990 | 1992 | 1994 | (Plan) |

136,5 davon für:
119,6
88,8
85,4
73,2
61,7 Mrd. DM

78,9 Agrarbereich
21,5 Regionalpolitik
6,1 Entwicklungshilfe
14,0 Soziales
6,0 Forschung
10,0 sonstiges

© Globus
1734

Abbildung 10: Haushaltsausgaben der EU, 1984 - 1994
Quelle: Globus

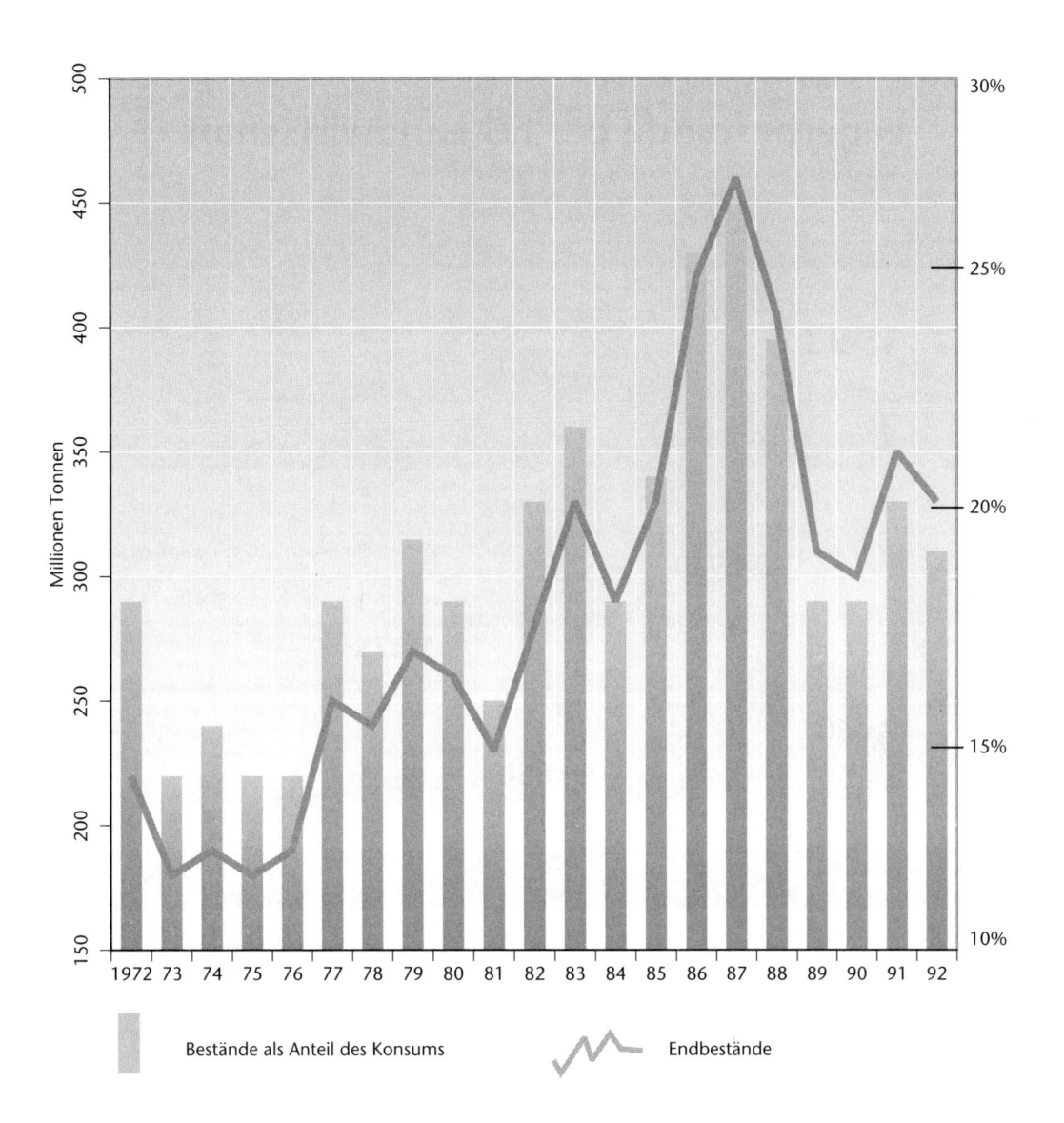

Abbildung 11: Weltgetreidebestände, 1972-1992
Quelle: Pinstrup-Andersen (1993), S. 40

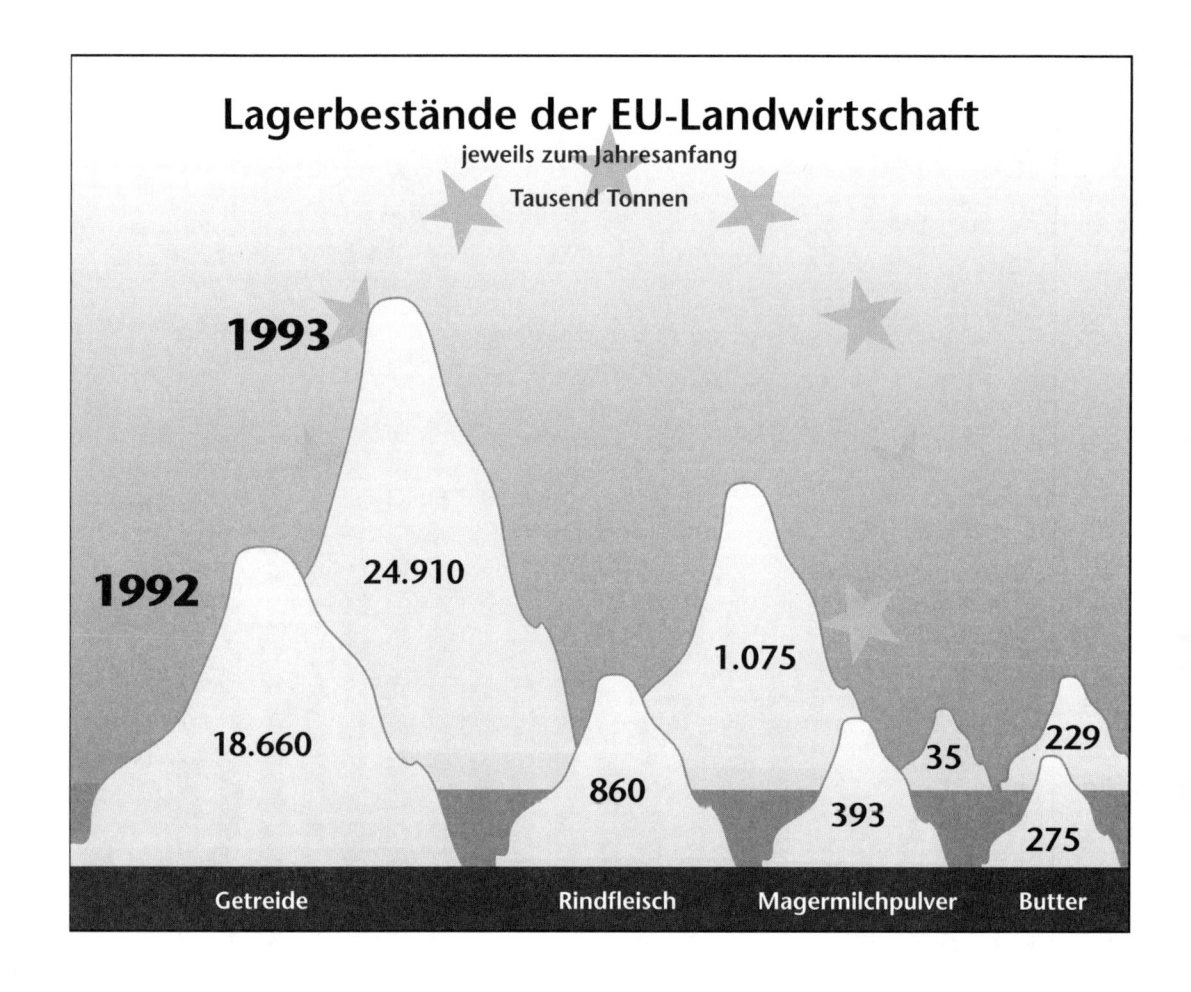

Abbildung 12: Lagerbestände der EU-Landwirtschaft
Quelle: Plattform EU (1994), S. 3

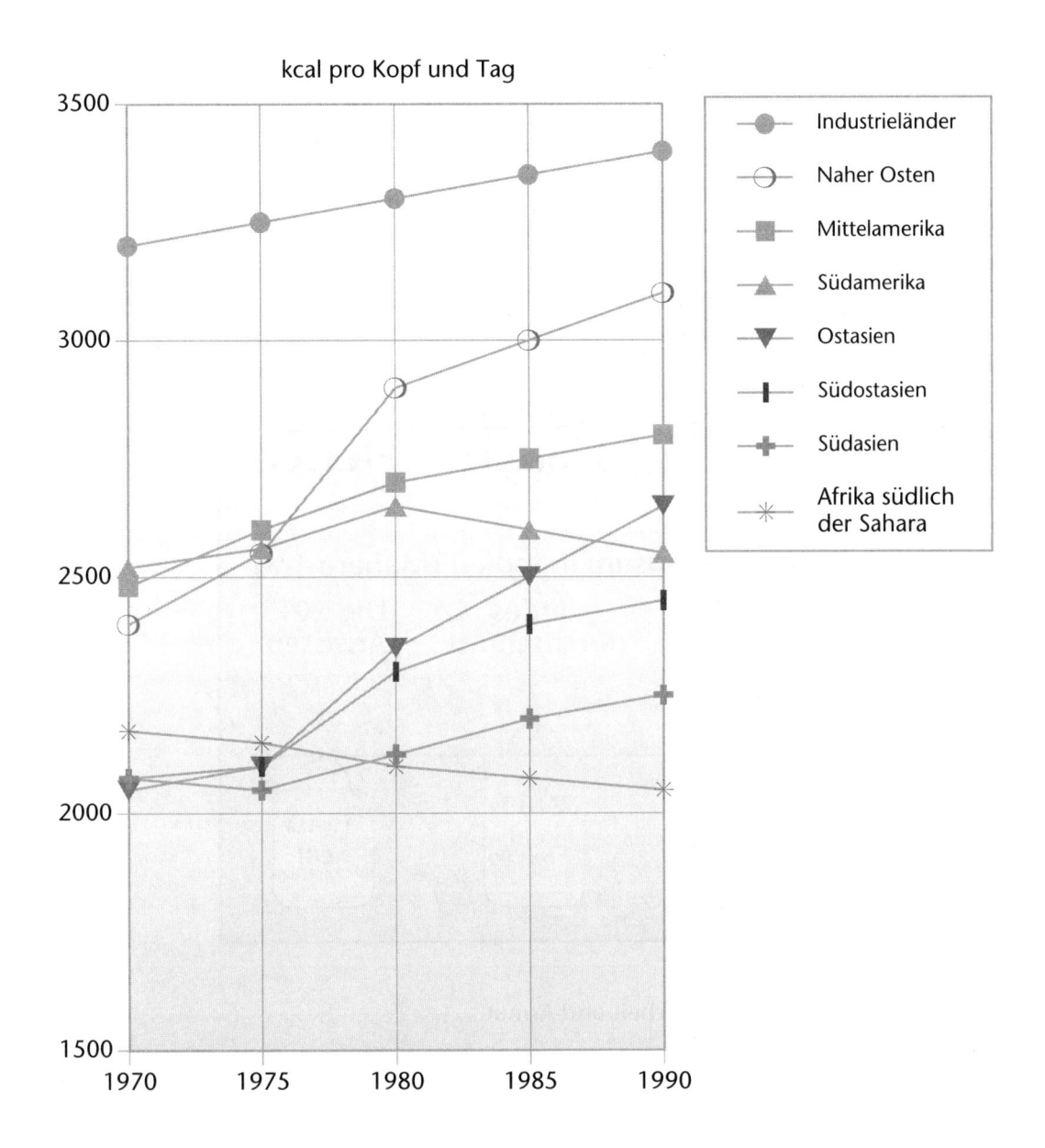

Abbildung 13: Verfügbarkeit von Nahrungsenergie, 1970 - 1990 (in kcal/Kopf/Tag)
Quelle: UN ACC/SCN (1992), S. 15

G *Abbildungen*

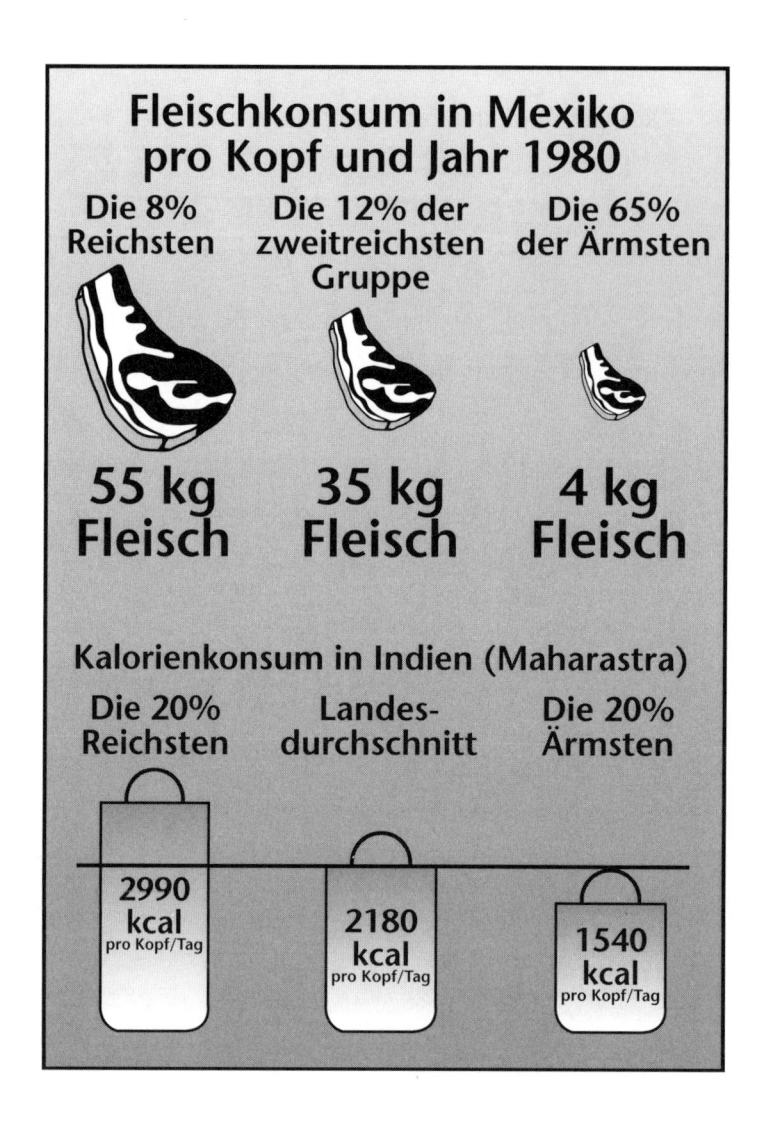

> **Fleischkonsum in Mexiko pro Kopf und Jahr 1980**
>
> | Die 8% Reichsten | Die 12% der zweitreichsten Gruppe | Die 65% der Ärmsten |
> |---|---|---|
> | 55 kg Fleisch | 35 kg Fleisch | 4 kg Fleisch |
>
> **Kalorienkonsum in Indien (Maharastra)**
>
> | Die 20% Reichsten | Landes- durchschnitt | Die 20% Ärmsten |
> |---|---|---|
> | 2990 kcal pro Kopf/Tag | 2180 kcal pro Kopf/Tag | 1540 kcal pro Kopf/Tag |

Abbildung 14: Nahrungsunsicherheit und Armut

Durchschnittswerte zur Nahrungsversorgung verschleiern Unterschiede, die z.B. zwischen arm und reich bestehen können.

In Mexiko konsumierten acht Prozent der reichsten Menschen 55 kg Fleisch pro Person und Jahr, während 65 Prozent der ärmsten nur vier kg essen konnten.

Im Bundesstaat Maharastra in Indien lag die Kalorienversorgung der 20 Prozent reichsten Menschen mit 2.990 kcal pro Person und Jahr fast doppel so hoch wie die der 20 Prozent ärmsten Menschen, die nur 1.540 kcal zur Verfügung hatten.

Quelle: Rudolf H. Strahm : Warum sie so arm sind. Peter Hammer Verlag, Wuppertal (1995), S. 40

Abbildungen

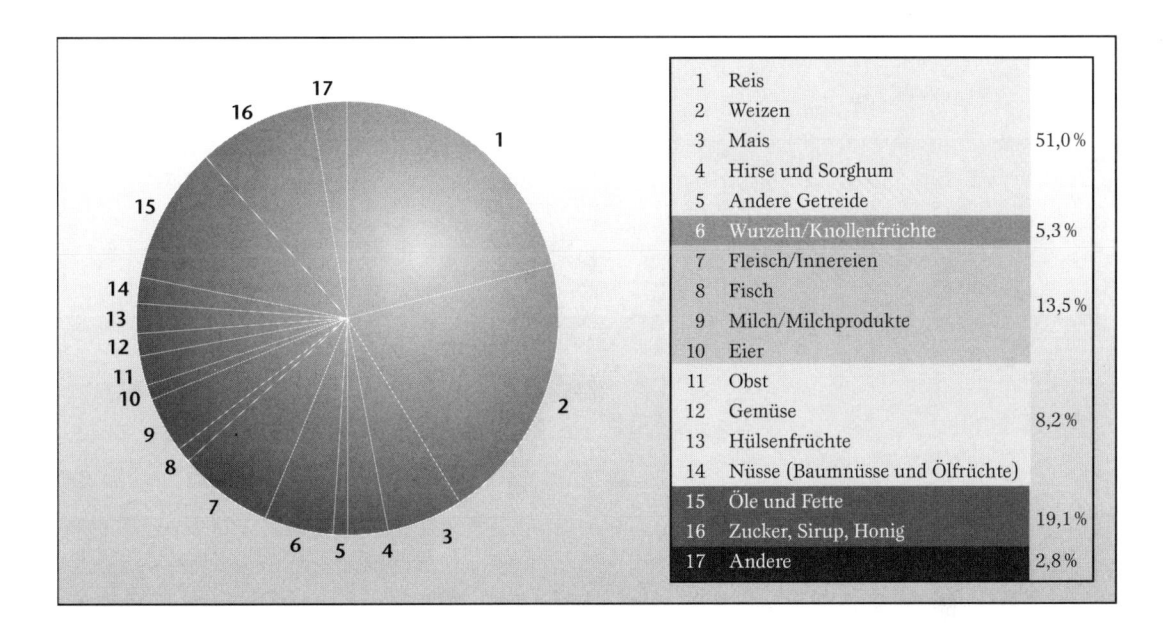

1	Reis	
2	Weizen	
3	Mais	51,0%
4	Hirse und Sorghum	
5	Andere Getreide	
6	Wurzeln/Knollenfrüchte	5,3%
7	Fleisch/Innereien	
8	Fisch	13,5%
9	Milch/Milchprodukte	
10	Eier	
11	Obst	
12	Gemüse	8,2%
13	Hülsenfrüchte	
14	Nüsse (Baumnüsse und Ölfrüchte)	
15	Öle und Fette	19,1%
16	Zucker, Sirup, Honig	
17	Andere	2,8%

Abbildung 15: Zusammensetzung der durchschnittlichen Ernährung in der Welt (1988-90)

Quelle: Poster-FAO: Food and nutrition at the turn of the millenium. FAO 1992

G *Abbildungen*

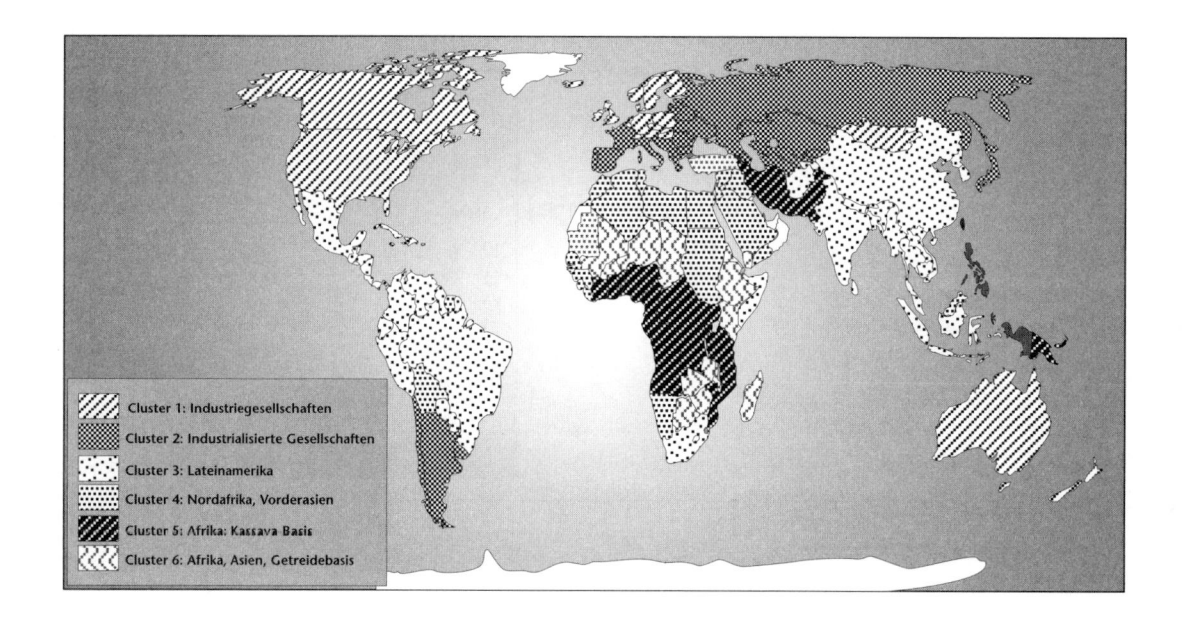

Abbildung 16: Regionale Ernährungsmuster

Quelle: Bodenstedt, A.: Ernährungsverhalten und Ernährungsberatung. In: Blanckenburg, P. von und Cremer, H.D. (Hrsg.): Handbuch der Landwirtschaft und Ernährung in Entwicklungsländern. Stuttgart, Verlag Eugen Ulmer 1983, S. 247

Abbildungen

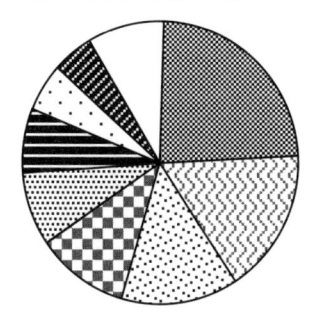

Gut- und überernährte Gesellschaften

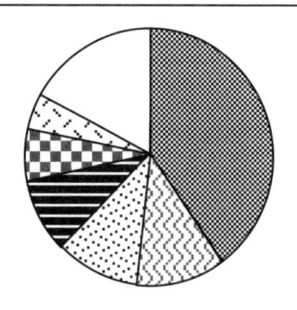

Cluster 1: Industriegesellschaften   kcal: 3358

Cluster 2: Industrialisierte Gesellschaften: Mittelmeer, UDSSR, Südamerika   kcal: 3082

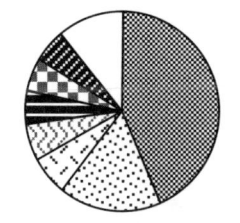

Cluster 3: Lateinamerika   kcal: 2332

Cluster 4: Nordafrika, Vorderasien   kcal: 2357

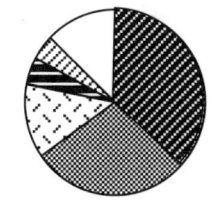

Schlechterernährte Gesellschaften

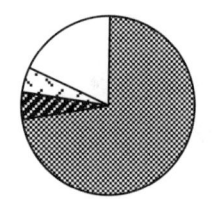

Cluster 5: Afrika: Kassava-Basis   kcal: 2179

Cluster 6: Afrika, Asien, Getreidebasis   kcal: 2144

Fläche der Tortendiagramme proportional zur Energiemenge; Sektorenwinkel proportionel zum prozentualen Beitrag

- Getreide
- Zucker
- Knollenfrüchte
- Fleisch
- Pflanzliche Fette und Öle
- Früchte
- Milch
- Tierische Fette und Öle
- Leguminosen
- Alkohol
- Übrige

G Abbildungen

DEUTSCHER	INDER		ÄTHIOPIER	VENEZOLANER
746	1.406	Getreide	1.215	889
(21,5)	(63,1)		(71,5)	(36,4)
141	41	Kartoffeln, Hackfrüchte	70	49
(4,1)	(1,8)		(4,1)	(2,0)
421	231	Zucker	40	388
(12,1)	(10,4)		(2,4)	(15,9)
73	163	Gemüse, Hülsenfrüchte	127	61
(2,1)	(7,3)		(7,5)	(2,5)
160	36	Obst, Früchte	6	167
(4,6)	(1,6)		(0,4)	(6,8)
574	27	Fleisch, Fisch, Eier	58	193
(16,5)	(1,2)		(3,4)	(7,9)
311	101	Milch, Milcherzeugnisse	35	160
(9,0)	(4,5)		(2,1)	(6,6)
660	160	Fette und Öl	61	394
(19,0)	(7,2)		(3,6)	(16,1)
3.472	2.229	GESAMT*	1.699	2.440

Abbildung 17: Durchschnittlich verfügbare tägliche Kalorienmenge sowie ihre Herkunft für Bewohner ausgewählter Länder, 1988-90 (kkcal/Person/Tag und Anteil in % in Klammern)

* Weicht von der Summe ab, da kleinere Lebensmittelgruppen nicht dargestellt sind.
Datenquelle: FAO (1992b)

Schema nach Daten von 84 Ländern

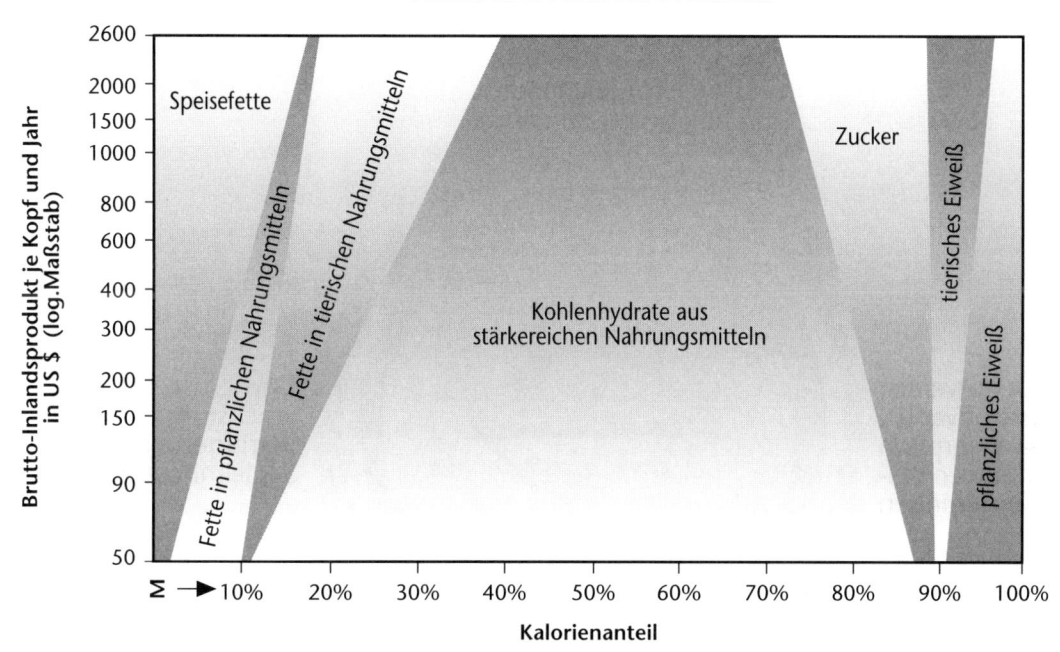

Brutto-Inlandsprodukt je Kopf und Jahr in US $ (log. Maßstab): 2600, 2000, 1500, 1000, 800, 600, 400, 300, 200, 150, 90, 50

Kalorienanteil: 10% – 100%

- Speisefette
- Fette in pflanzlichen Nahrungsmitteln
- Fette in tierischen Nahrungsmitteln
- Kohlenhydrate aus stärkereichen Nahrungsmitteln
- Zucker
- tierisches Eiweiß
- pflanzliches Eiweiß

Abbildung 18: Ernährungsgewohnheiten und Einkommen
Quelle: Blanckenburg, P. von: Die Elendsfalle. Tübingen: DIFF (1991), S. 60

G *Abbildungen*

Unzureichende
Nahrungsaufnahme

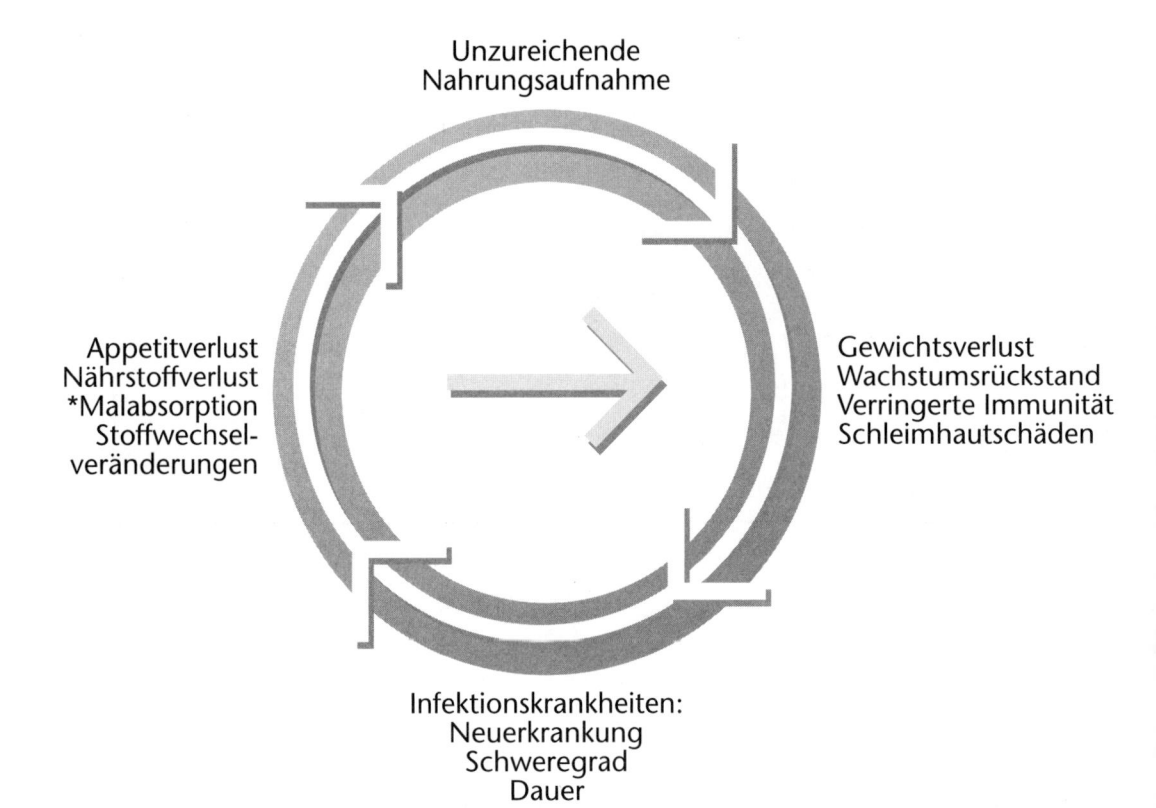

Appetitverlust
Nährstoffverlust
*Malabsorption
Stoffwechsel-
veränderungen

Gewichtsverlust
Wachstumsrückstand
Verringerte Immunität
Schleimhautschäden

Infektionskrankheiten:
Neuerkrankung
Schweregrad
Dauer

Abbildung 19: Der Kreislauf Unterernährung - Infektionen
* *Störung der Nahrungsaufnahme*
Quelle: Tomkins und Watson (1989), S. 2

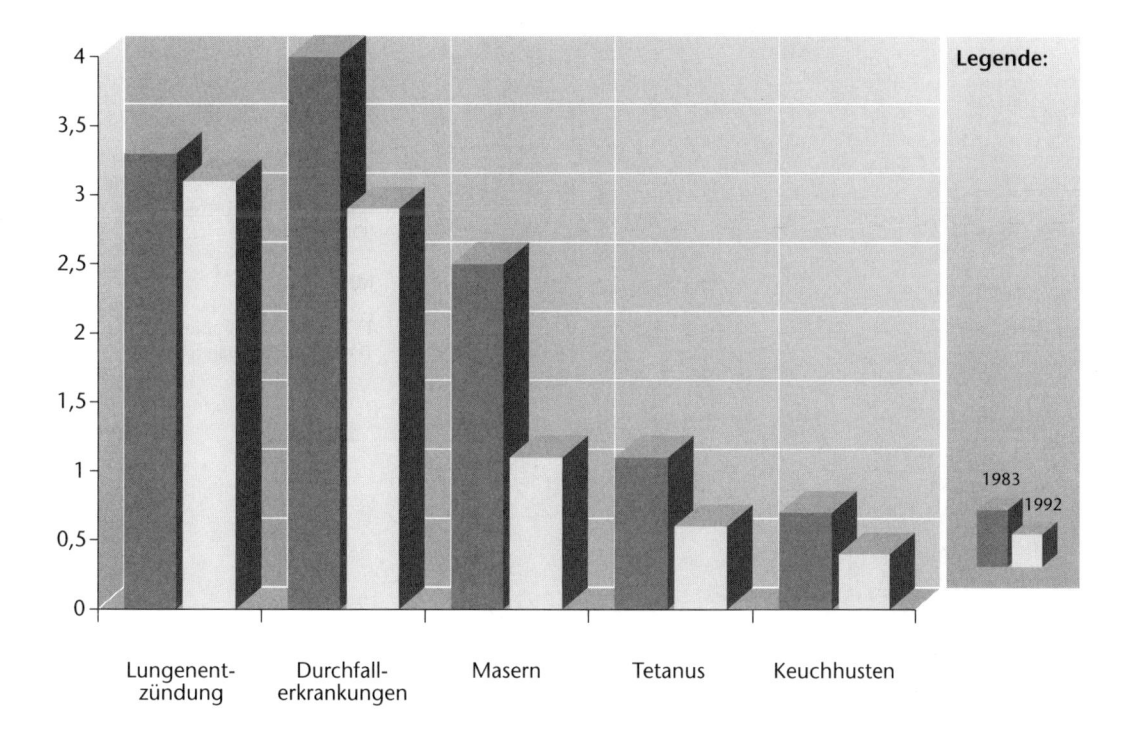

Abbildung 20: Die wichtigsten Kinderkrankheiten.
Sterblichkeit bei Kindern unter 5 Jahren infolge der wichtigsten Kinderkrankheiten, alle Entwicklungsländer (in Mio.)

Quelle: Grant (1994), basierend auf Datenmaterial der WHO

G *Abbildungen*

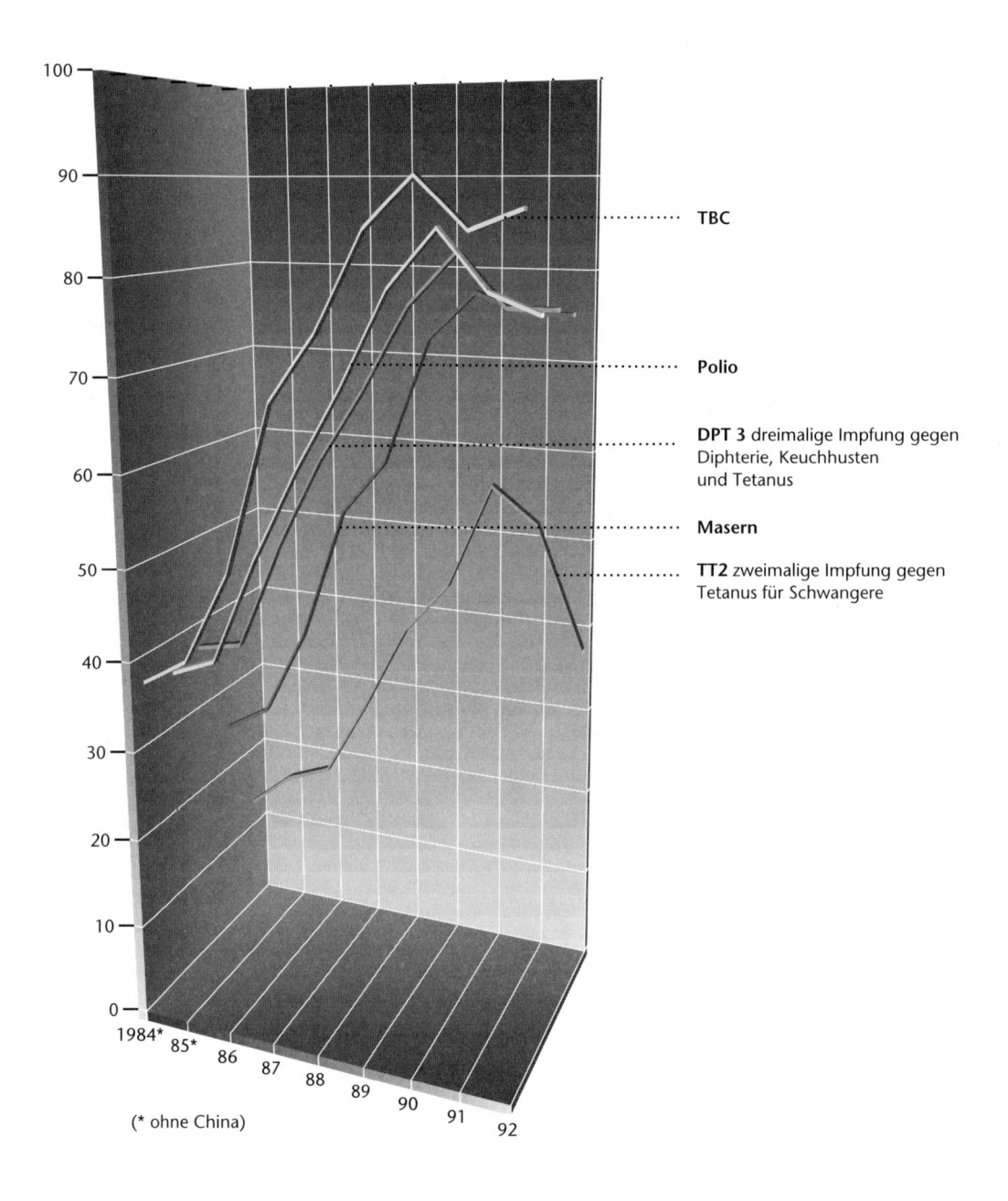

Abbildung 21: Impfraten in Entwicklungsländern
Anteil der einjährigen Kinder, die gegen die wichtigsten Krankheiten geimpft sind

Quelle: Grant (1994), basierend auf Datenmaterial der WHO

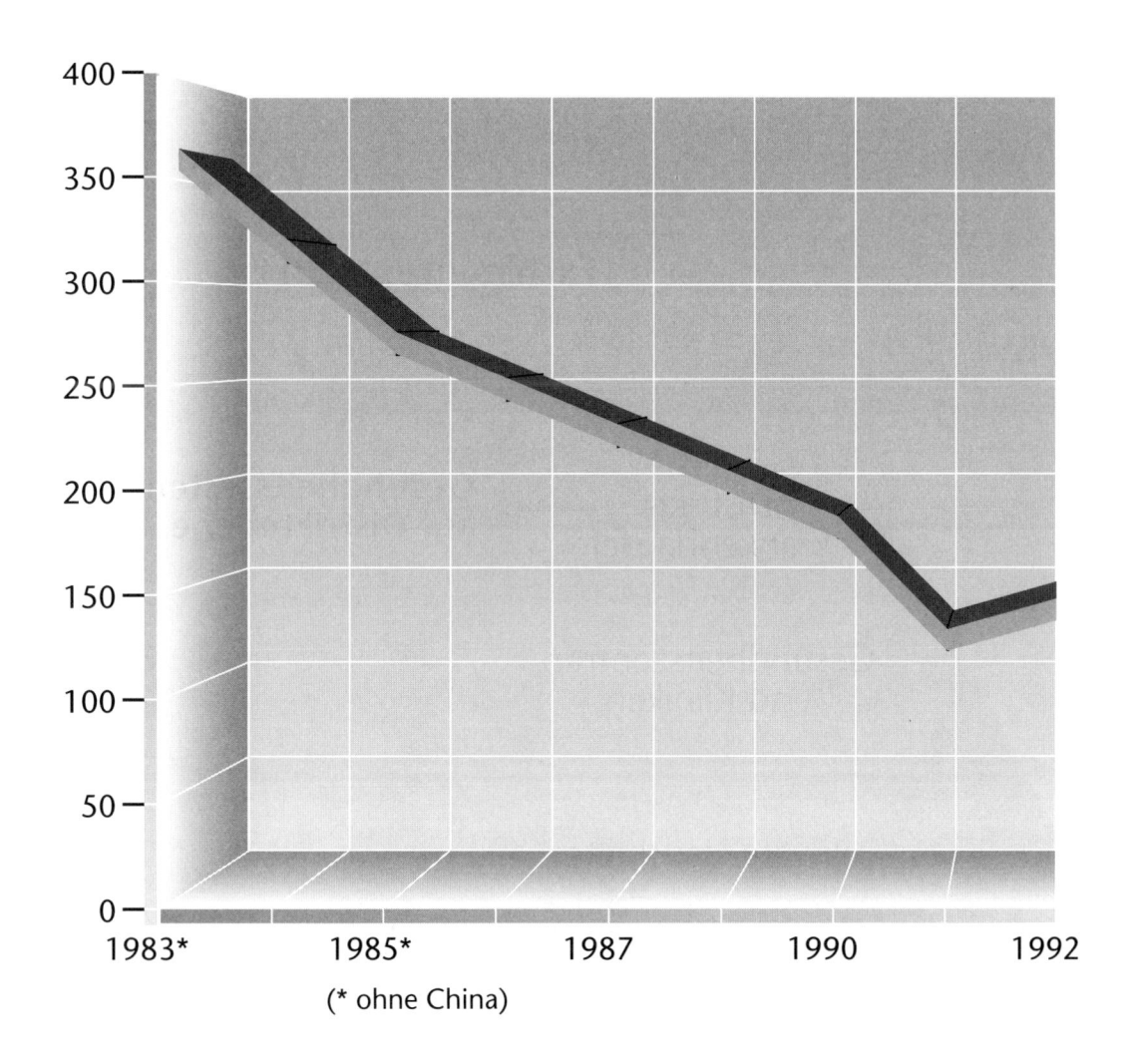

Abbildung 22: **Rückgang der Polioerkrankungen**
Zahl der jährlichen Polioinfektionen bei Kindern,
alle Entwicklungsländer (in 1.000)

Quelle: Grant (1994), basierend auf Datenmaterial der WHO

G *Abbildungen*

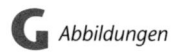

Abbildung 23: Der pyramidenförmige Aufbau des Gesundheitssystems
Quelle: Weltbank (1993), S. 165

Abbildungen

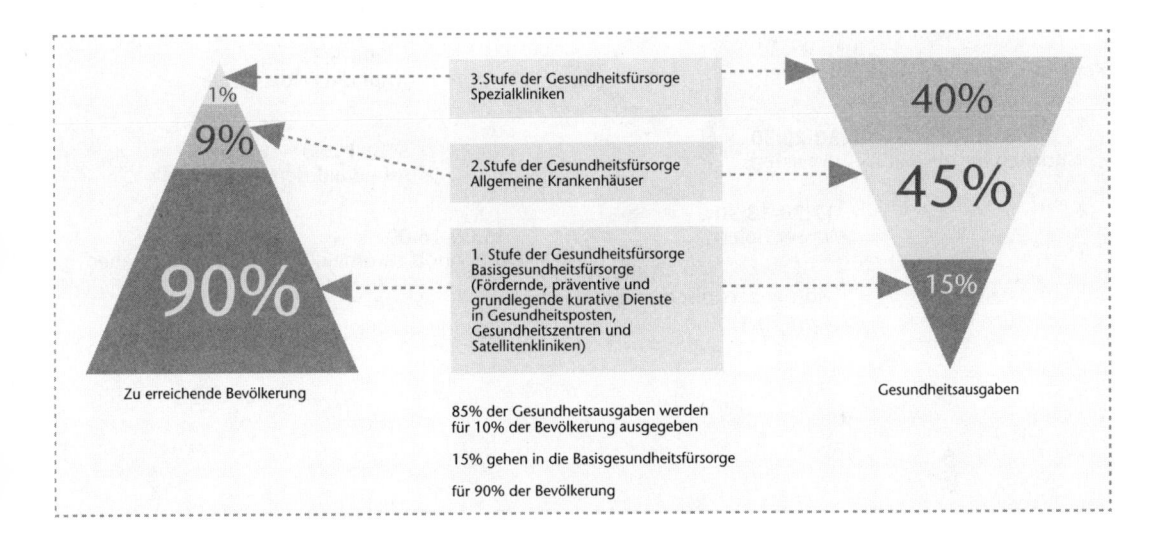

> 1%
> 9%
> 90%
> Zu erreichende Bevölkerung
>
> 3. Stufe der Gesundheitsfürsorge
> Spezialkliniken
>
> 2. Stufe der Gesundheitsfürsorge
> Allgemeine Krankenhäuser
>
> 1. Stufe der Gesundheitsfürsorge
> Basisgesundheitsfürsorge
> (Fördernde, präventive und
> grundlegende kurative Dienste
> in Gesundheitsposten,
> Gesundheitszentren und
> Satellitenkliniken)
>
> 40%
> 45%
> 15%
> Gesundheitsausgaben
>
> 85% der Gesundheitsausgaben werden
> für 10% der Bevölkerung ausgegeben
>
> 15% gehen in die Basisgesundheitsfürsorge
> für 90% der Bevölkerung

Abbildung 24: Fehlallokationen im Gesundheitssystem. Das Beispiel Ghana

Quelle: Morley, D. und Lovel, H.: My name is Today. Macmillan Press Ltd, London 1986, S.148

G Abbildungen

Die Arbeit einer Frau geht nie zu Ende...

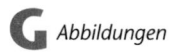

Ein Tag im Leben einer typischen Frau im ländlichen Afrika

21:30
Schlafen gehen

20:30-21:30
Kinder waschen und Geschirr spülen

18:30-20:30
Kochen für die Familie und essen

17:30-18:30
Wasser holen

16:00-17:30
Körner zerstoßen und mahlen

4:45
Aufstehen, waschen und essen

5:00-5:30
Auf die Felder gehen

5:30-15:00
Arbeit auf den Feldern

15:00-16:00
Brennholz sammeln und nach Hause gehen

Abbildung 25: Die Arbeit einer Frau geht nie zu Ende
Quelle: eigene Darstellung nach Daten aus: Launer und Wilke-Launer (1987), S. 54

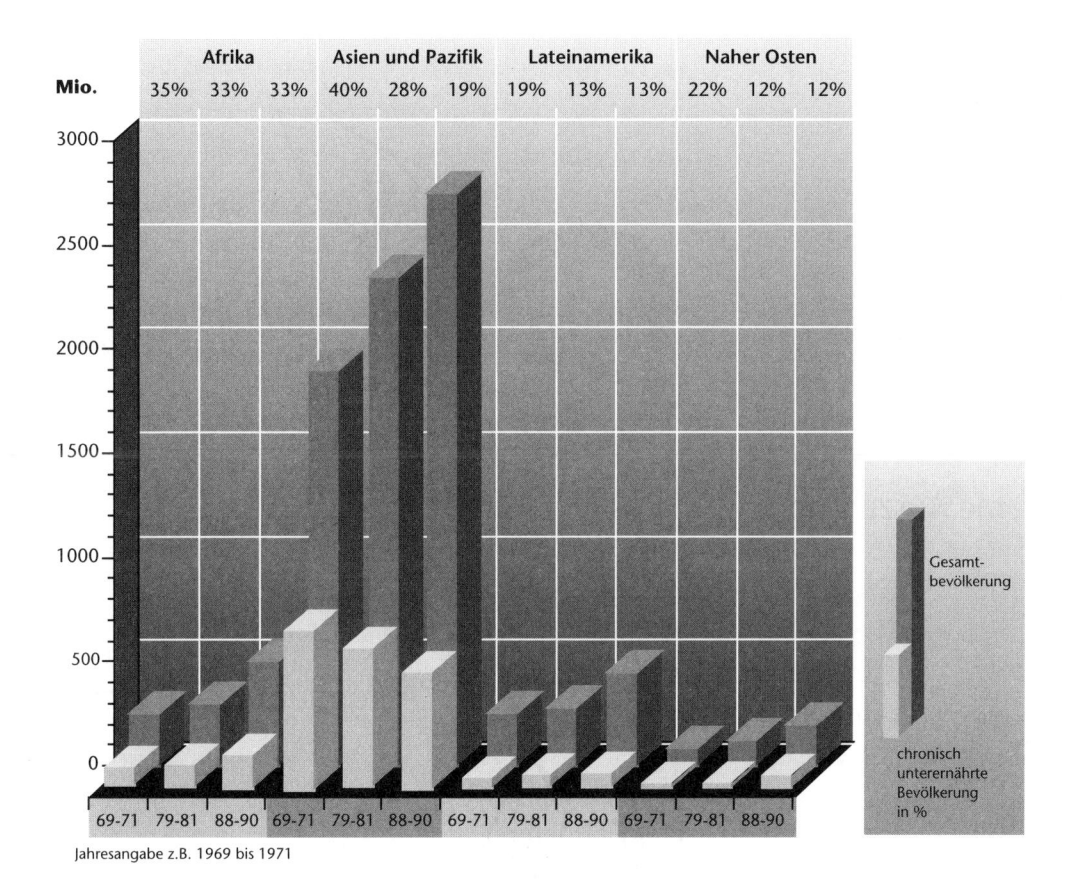

Abbildung 26: Verbreitung chronischer Unterversorgung

Nahrungsunsicherheit, gemessen an chronischem Energiedefizit (Erläuterung 23), ist regional unterschiedlich verbreitet.

Während in Afrika im Durchschnitt der Jahre 1988-1990 mit 33 % der größte Anteil der Bevölkerung unter Nahrungsunsicherheit litt, waren in Asien und im Pazifik in absoluten Zahlen die meisten Menschen betroffen (ca. 530 Millionen).

Aufgrund des hohen Bevölkerungswachstums litten zu Ende der 80er Jahre trotz sinkender Anteile chronisch Unterversorgter in absoluten Zahlen mehr Menschen in Afrika Nahrungsunsicherheit als zu Beginn der 70er Jahre.

Quelle: Food and Agriculture Organization of the United Nations und WHO (1992b), S. 6

G Abbildungen

Greisenhafter
Gesichtsausdruck

Erregbarkeit
und Reizbarkeit

Extreme Auszehrung

Hunger

Aufgedunsener Bauch

Extrem niedriges
Gewicht

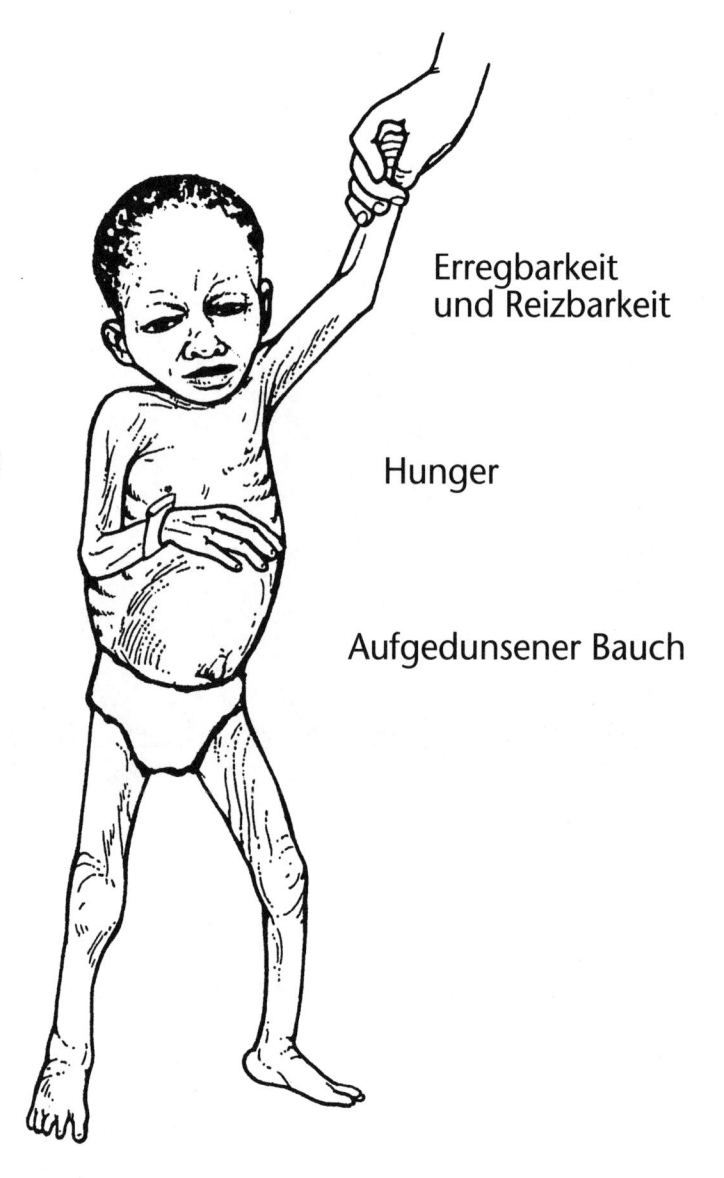

Abbildung 27: Kind mit Marasmus
Quelle: King, F. und Burgess, A.: Nutrition for developing countries. Oxford 1992, by permission of Oxford University Press, S. 222

Blasses, lichtes Haar mit schwachen Haarwurzeln

Elend und Apathie

Mondgesicht

Schlechter Appetit

Auszehrung, schwache Muskeln

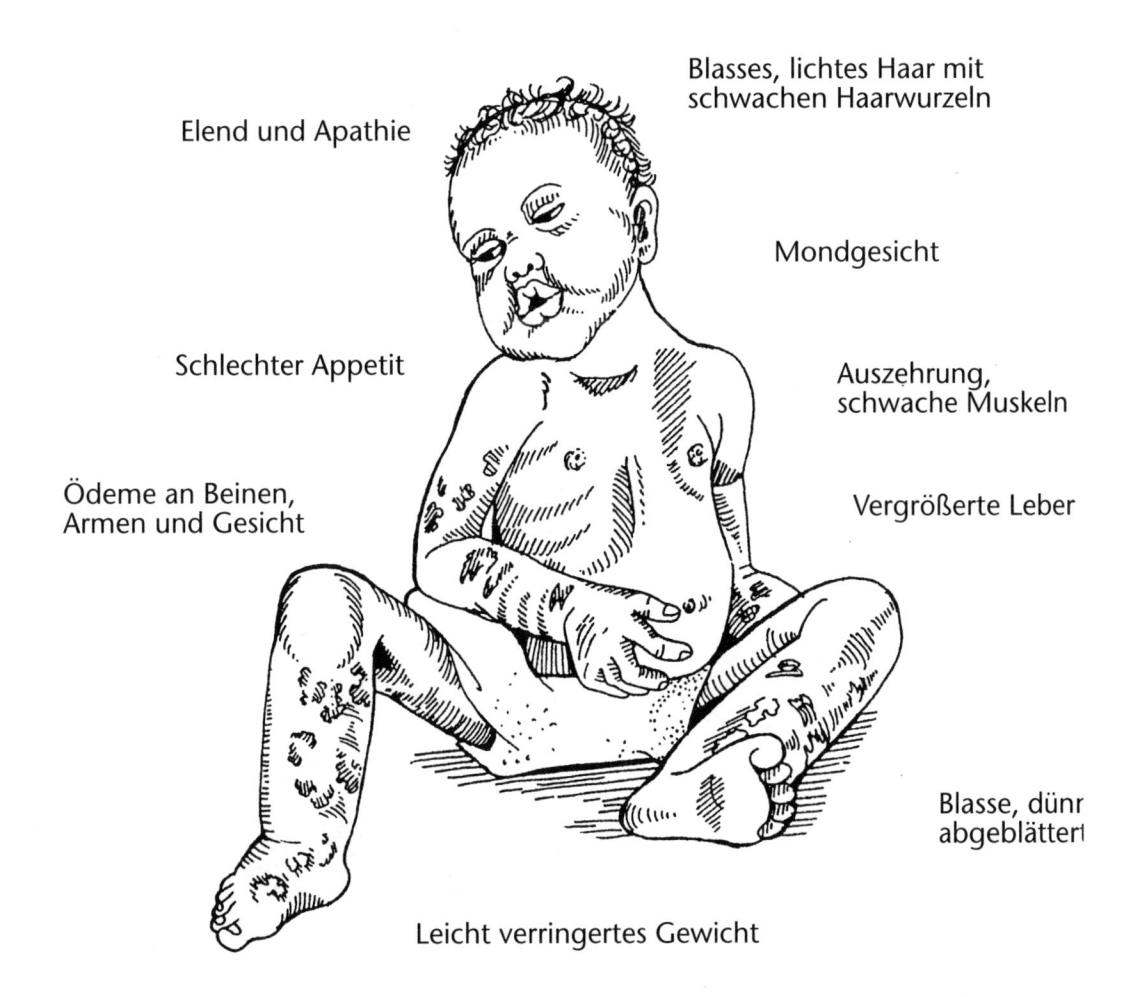

Ödeme an Beinen, Armen und Gesicht

Vergrößerte Leber

Blasse, dünn abgeblättert

Leicht verringertes Gewicht

Abbildung 28: Kind mit Kwashiorkor
Quelle: King, F. und Burgess, A.: Nutrition for developing countries. Oxford 1992, by permission of Oxford University Press, S. 223

G *Abbildungen*

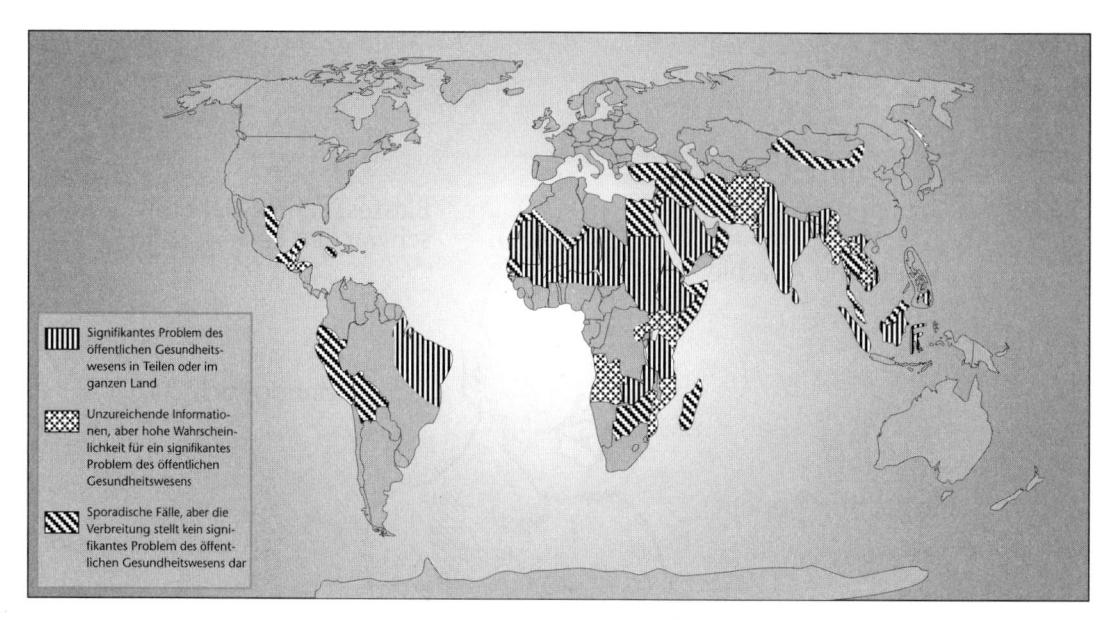

**Abbildung 29: Verbreitung von Xerophthalmie
(Vitamin-A-Mangelerscheinung), 1987**

Quelle: UN ACC/SCN (1992), S. 41

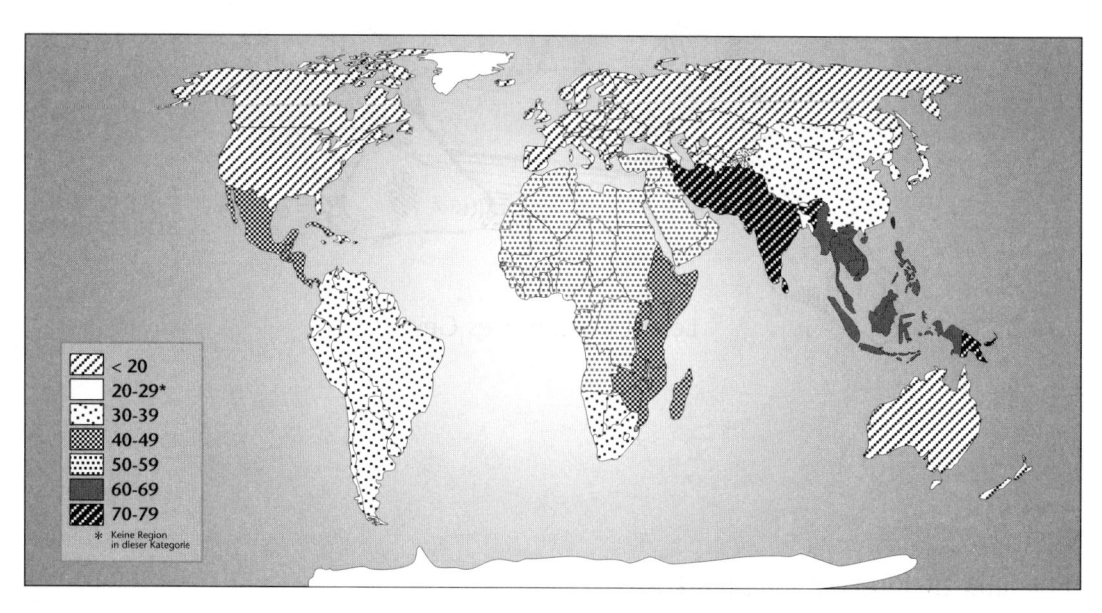

**Abbildung 30: Verbreitung von ernährungsbedingter
Anämie bei Schwangeren (um 1988)**

Quelle: WHO (regional estimates of prevalence of nutritional anaemia (around 1988) - pregnant women with Hb below norm (%).
(WHO unpublished document)

Abbildungen

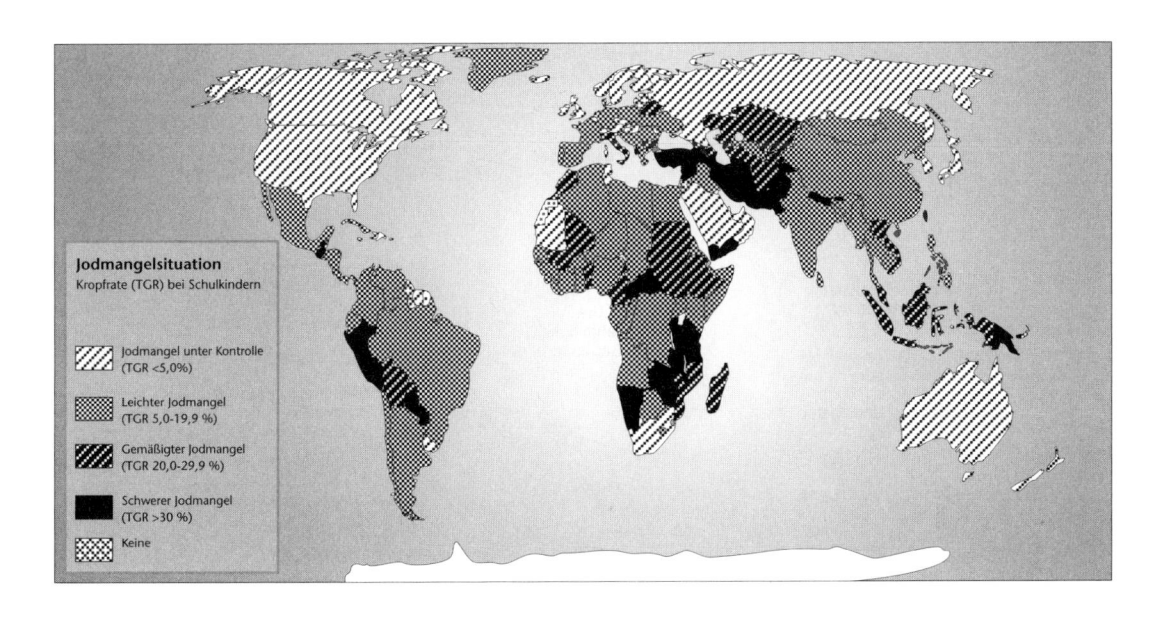

Abbildung 31: Verbreitung von Jodmangelerscheinungen (verschiedene Jahre)
Quelle: Global prevalence of ionine deficiency disorders. Geneva, MDIS/ World Health Organization 1993, S.17

G *Abbildungen*

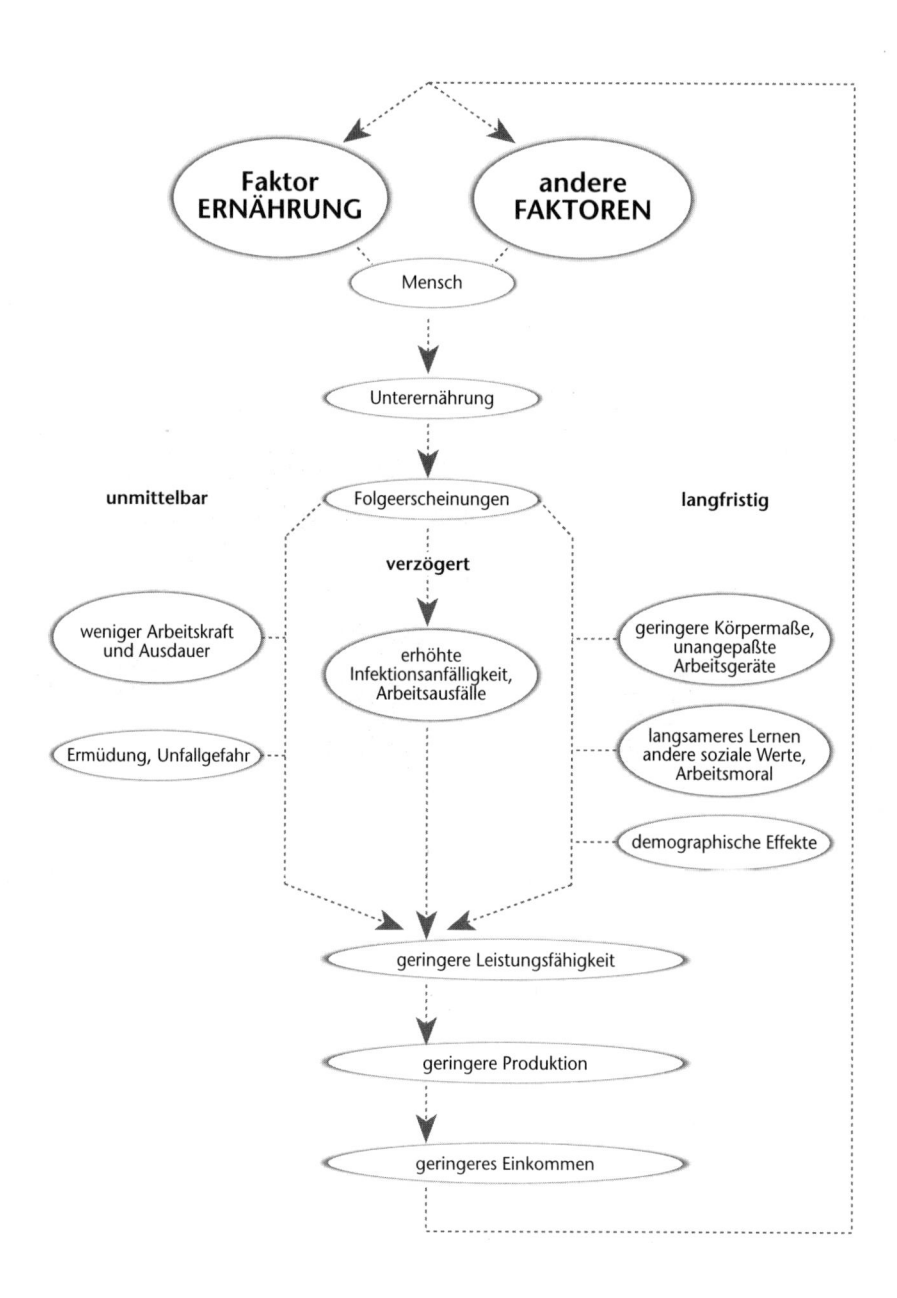

Abbildung 32: Folgen von Unter- und Mangelernährung
Quelle: Oltersdorf (1986), S. 40

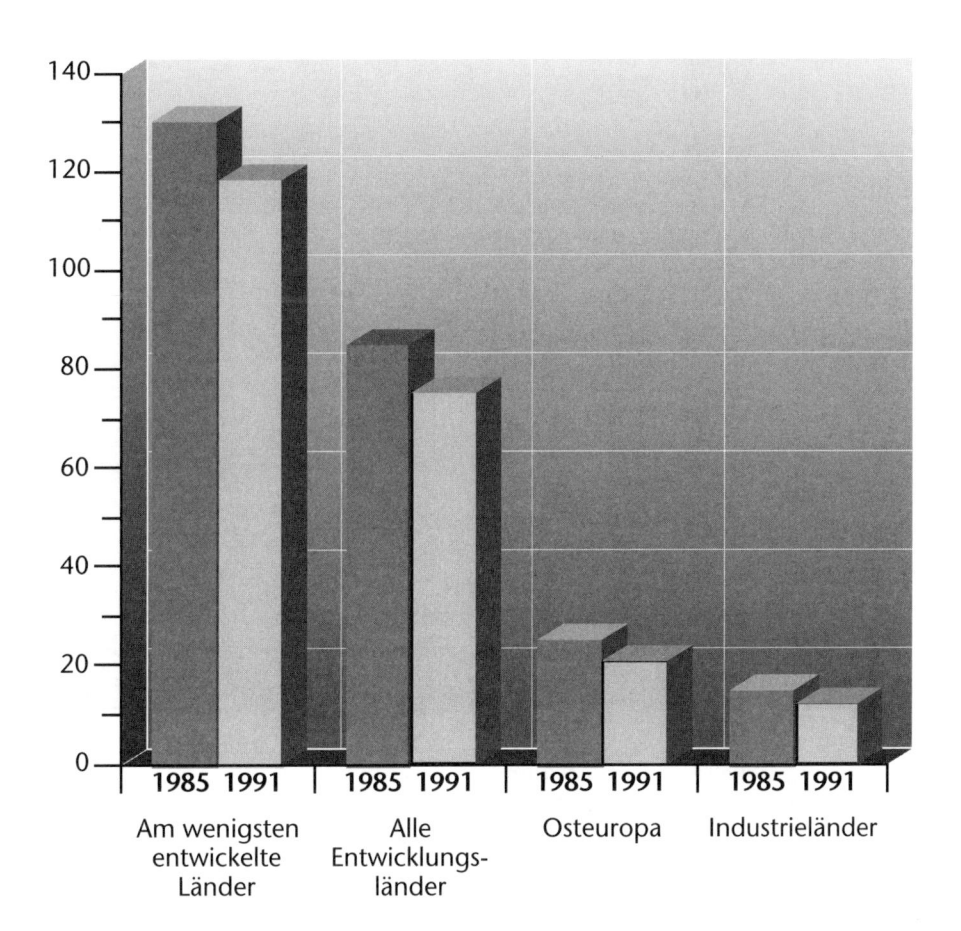

Abbildung 33: Säuglingssterblichkeitsrate
Jährliche Anzahl der Gestorbenen im ersten Lebensjahr
pro 1.000 Lebendgeburten

Quelle: Food and Agriculture Organization of the United Nations und WHO (1992b), S. 12

G *Abbildungen*

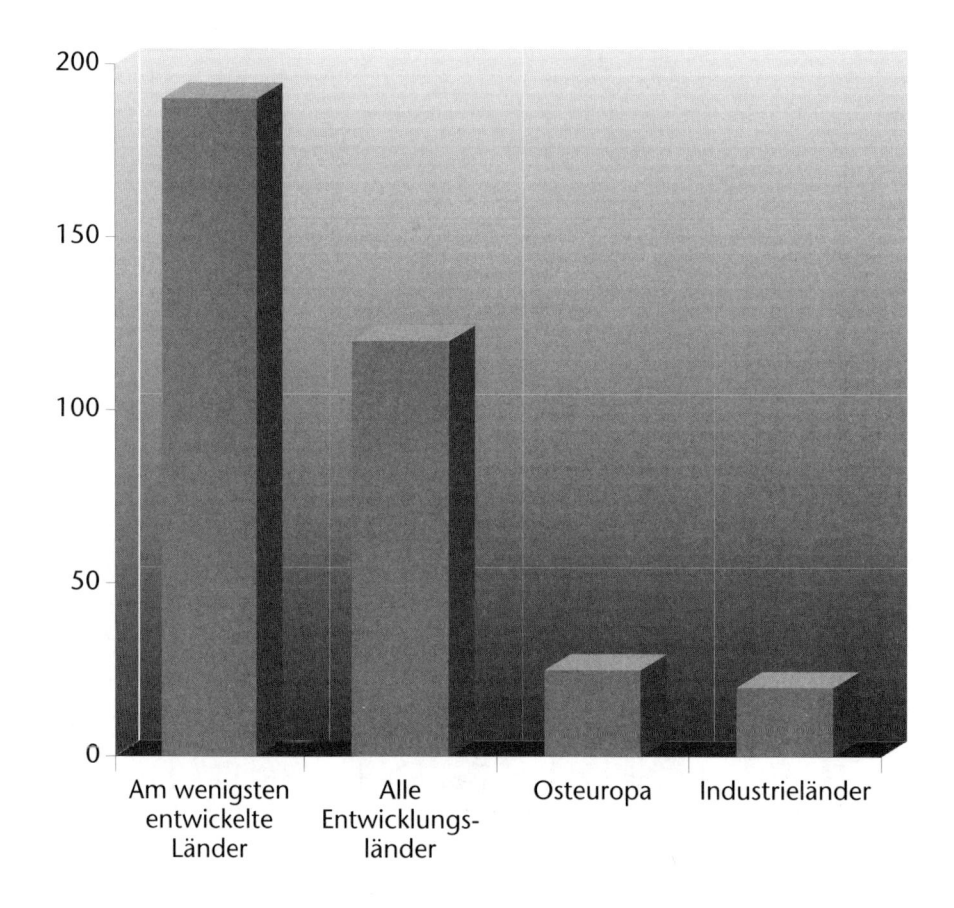

Abbildung 34: Sterblichkeitsrate bei Kindern unter fünf Jahren
Jährliche Anzahl der Gestorbenen in den ersten fünf Lebensjahren
pro 1.000 Lebendgeburten, 1991

Quelle: Food and Agriculture Organization of the United Nations und WHO (1992b), S.13

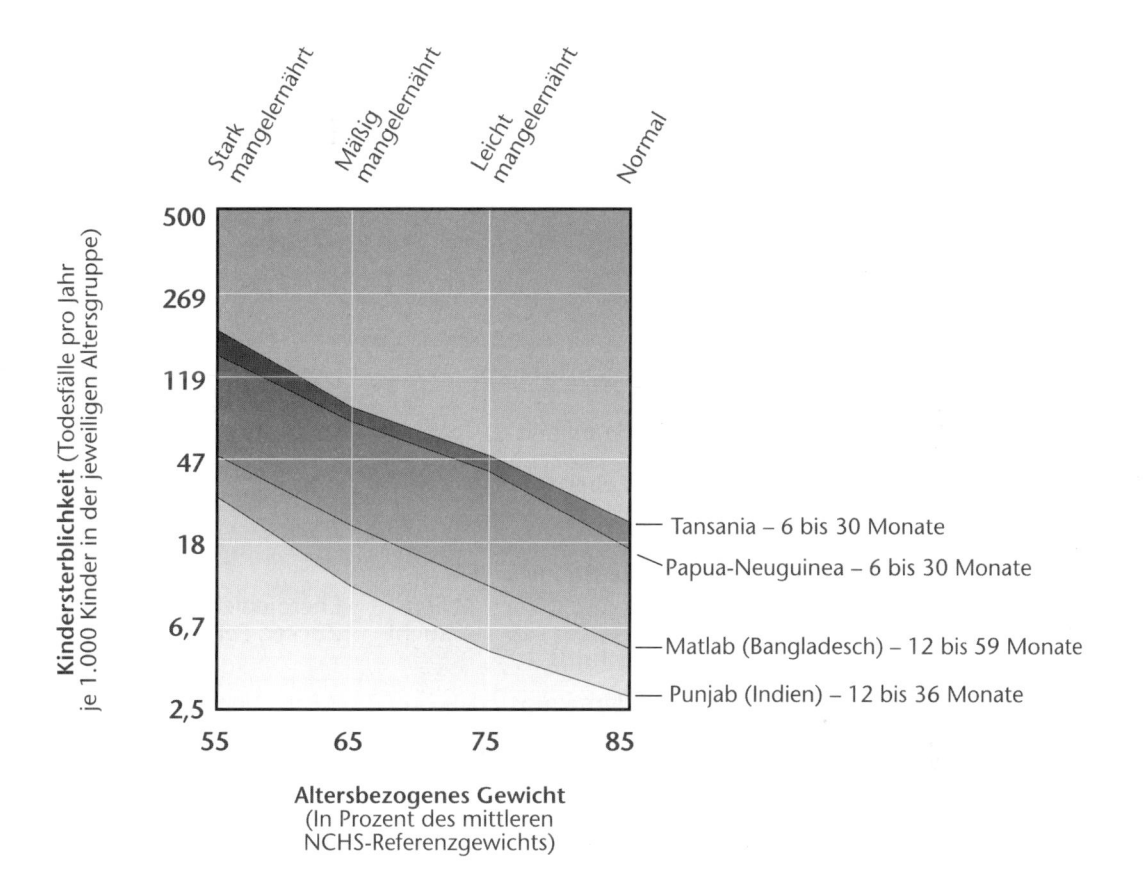

Abbildung 35: Ernährungszustand und Kindersterblichkeit in vier Ländern

Die Vertikale zeigt die Rate der Kindersterblichkeit im logarithmischen Maßstab.

Die Sterberate ist in allen vier Ländern für unterernährte Kinder erheblich höher als für normal ernährte Kinder. Selbst bei leichter bis mäßiger Unterernährung steigt die Sterberate deutlich an.

Unterernährung wurde gemessen am altersbezogenen Gewicht (Index Gewicht/Alter) im Vergleich zu Referenzwerten des NCHS (vgl. Erläuterung 24).

Quelle: Weltbank (1993), S. 95

G *Abbildungen*

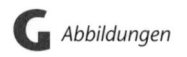

Ernährungsmangel

? Calcium .... Bluthochdruck
Fluoride .... Zahnkaries
Jod .... Kropf
 Brustkrebs
? Essentielle Fette .... Herzkrankheit
 Leber
? Vitamin C .... Magenkrebs
Ballaststoffe .... Gallensteine
 Diabetes
 Arthritis
? Ballaststoffe .... Dickdarmkrebs
 Mastdarmkrebs
? Calziumfluorid .... Osteoporose
Vitamin D .... Osteomalazie
Eisen, Folsäure .... Anämie

Ernährungsexzeß

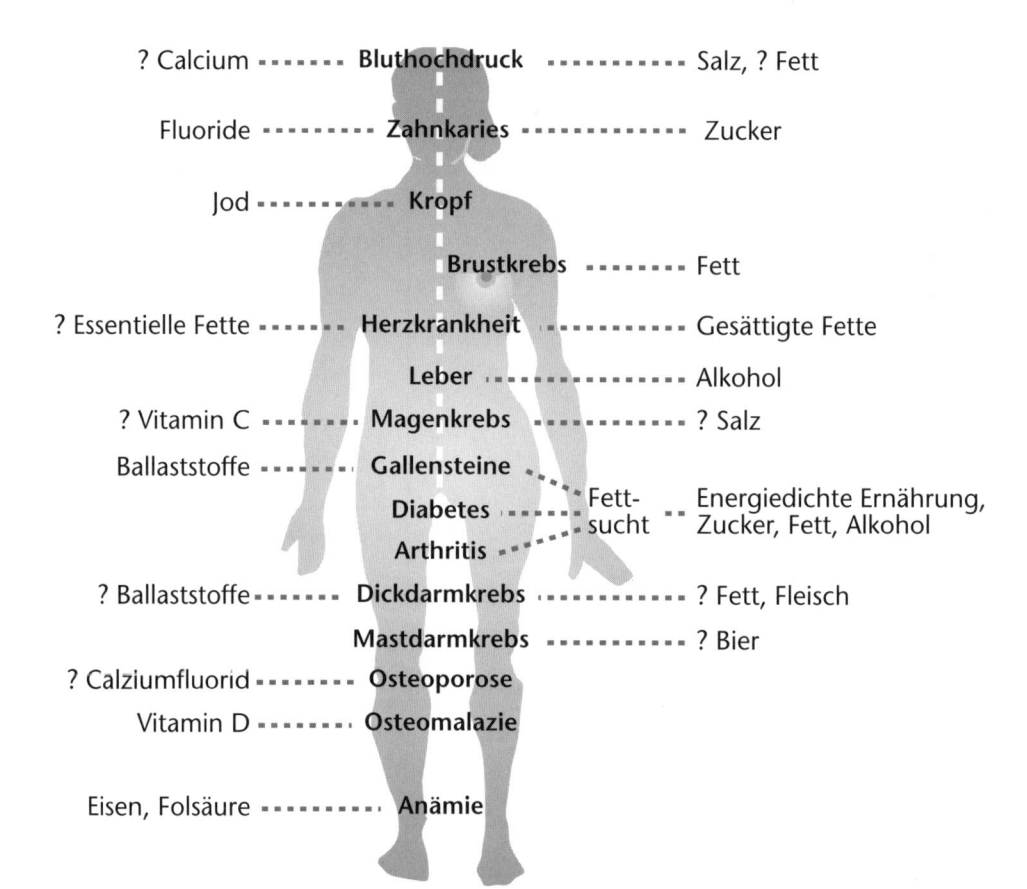

Salz, ? Fett
Zucker

Fett
Gesättigte Fette
Alkohol
? Salz
Fettsucht — Energiedichte Ernährung, Zucker, Fett, Alkohol

? Fett, Fleisch
? Bier

Abbildung 36: Gesundheitsprobleme in Europa, die möglicherweise etwas mit der Ernährung zu tun haben

(Die individuelle Anfälligkeit für die vorherrschende Ernährung ist sowohl für Ernährungsmangel wie Ernährungsexzeß wichtig. Die Ernährungskomponenten wurden nur ansatzweise zu vielen der gezeigten Leiden in Beziehung gesetzt.)

Quelle: James (1990), S. 21

Abbildungen

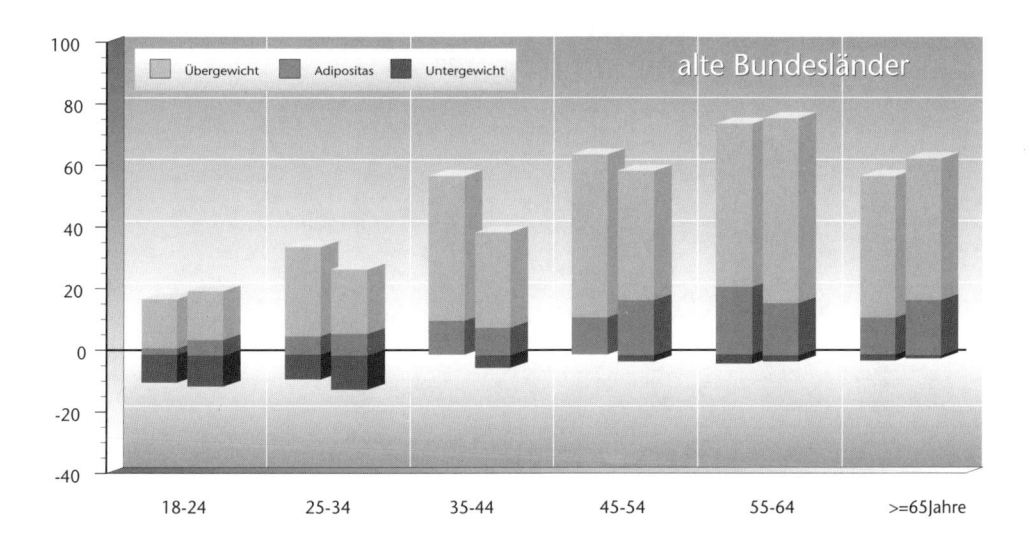

Abbildung 37: Verbreitung von Untergewicht, Übergewicht und Adipositas in den alten Bundesländern

Quelle: DGE (1992), S. 34

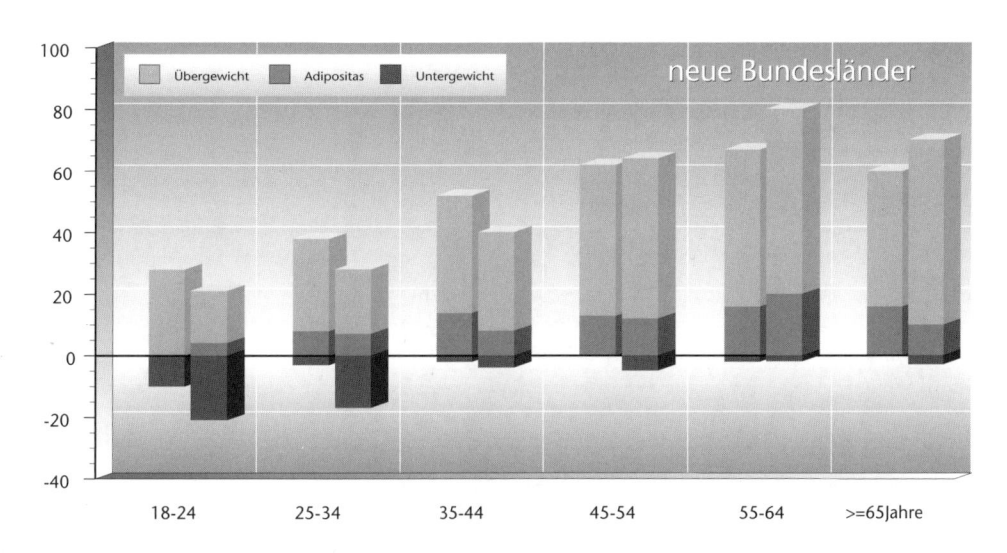

Abbildung 38: Verbreitung von Untergewicht, Übergewicht und Adipositas in den neuen Bundesländern

Quelle: DGE (1992), S. 34

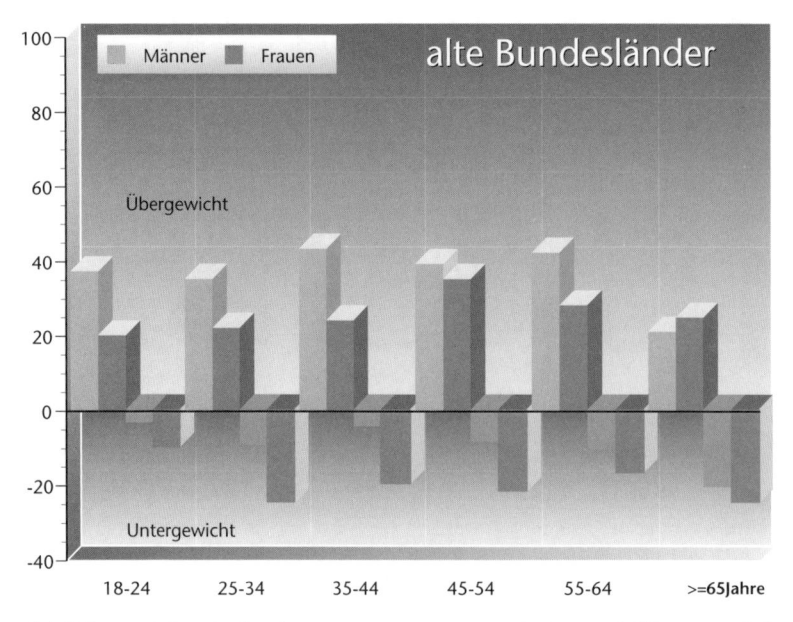

Abbildung 39: Verbreitung von Untergewicht und Übergewicht in den alten Bundesländern (altersabhängige Bewertung)

Quelle: DGE (1992), S. 35

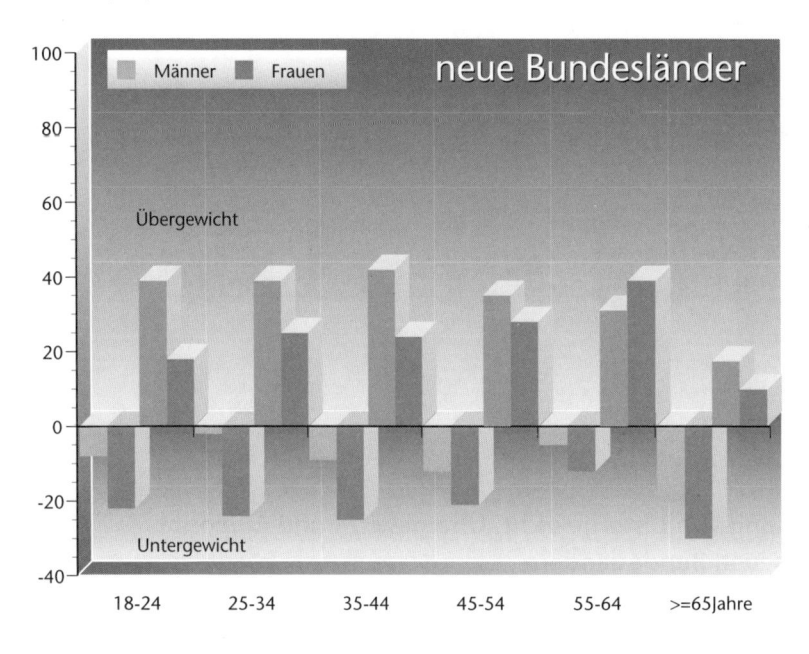

Abbildung 40: Verbreitung von Untergewicht und Übergewicht in den neuen Bundesländern (altersabhängige Bewertung)

Quelle: DGE (1992), S. 35

Abbildungen

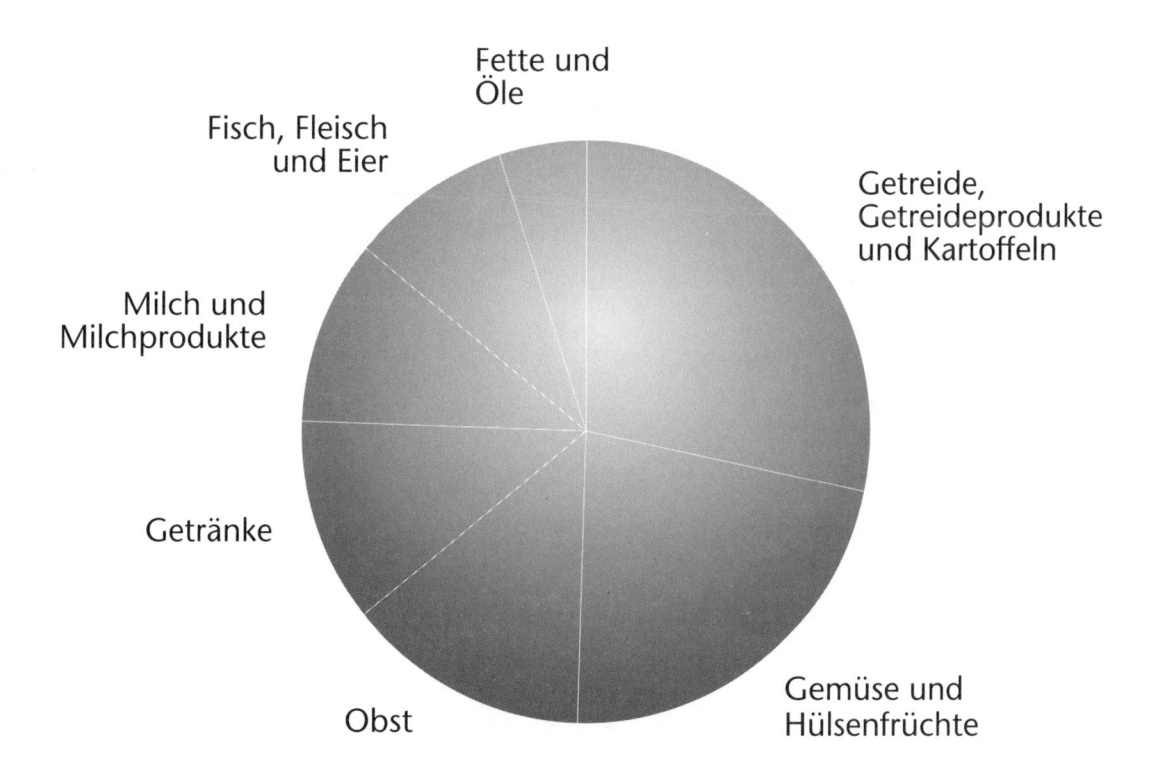

Fette und
Öle

Fisch, Fleisch
und Eier

Getreide,
Getreideprodukte
und Kartoffeln

Milch und
Milchprodukte

Getränke

Obst

Gemüse und
Hülsenfrüchte

Abbildung 41: Der Ernährungskreis
Quelle: DGE (1995)

G *Abbildungen*

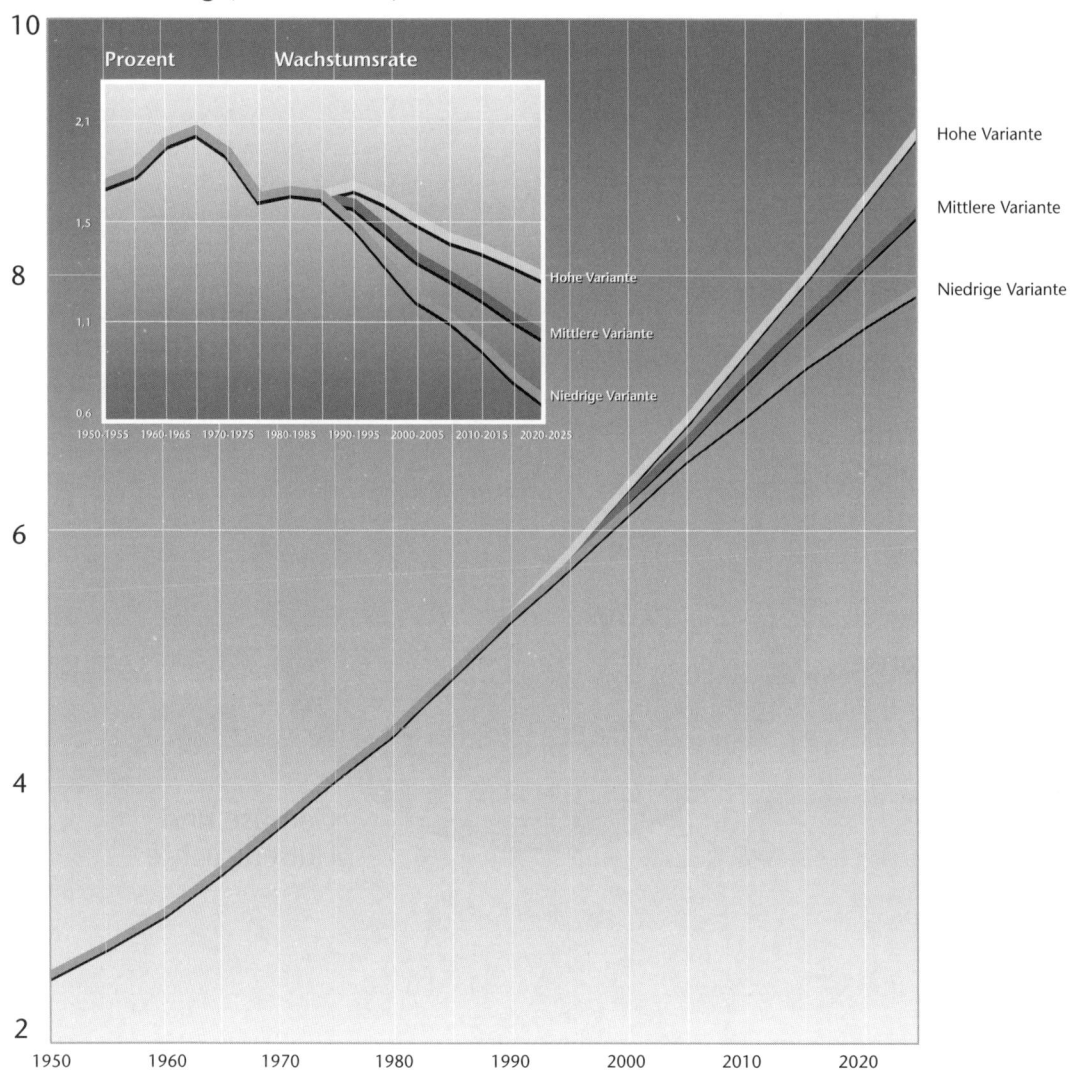

**Abbildung 42: Weltbevölkerungsprognosen:
niedrige, mittlere und hohe Variante**

Trotz sinkender Wachstumsraten steigt die Weltbevölkerung weiter stark an. Auch wenn in Zukunft die Wachstumsrate weit unter ein Prozent pro Jahr zurückgehen wird (niedrige Variante), wird die absolute Zahl jährlich um viele Millionen Menschen zunehmen.

Quelle: United Nations (1993), S. 7

Abbildungen

Prozent

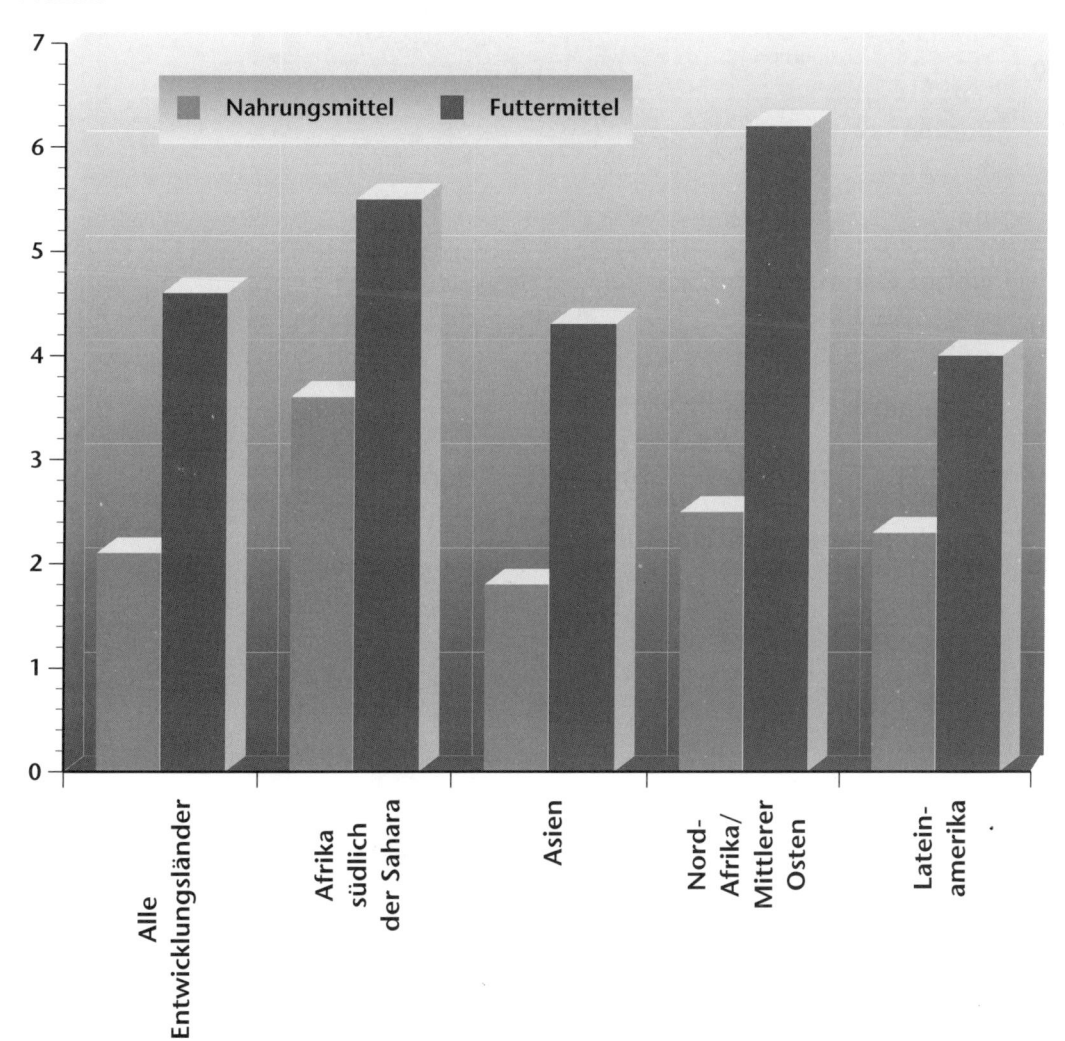

Abbildung 43: Geschätzter jährlicher Zuwachs im Verbrauch an Getreide für Ernährung und Futtermittel (1980-2000)

Quelle: Pinstrup-Andersen (1994), S. 7

G *Abbildungen*

Anteil untergewichtiger Kinder

- Südasien
- Südostasien
- Naher Osten/Nordafrika
- Südamerika

Szenario A[1]
Szenario B[2]
Ziel: Weltkindergipfel

1970 — 1980 — 1990 — 2000

Anteil untergewichtiger Kinder

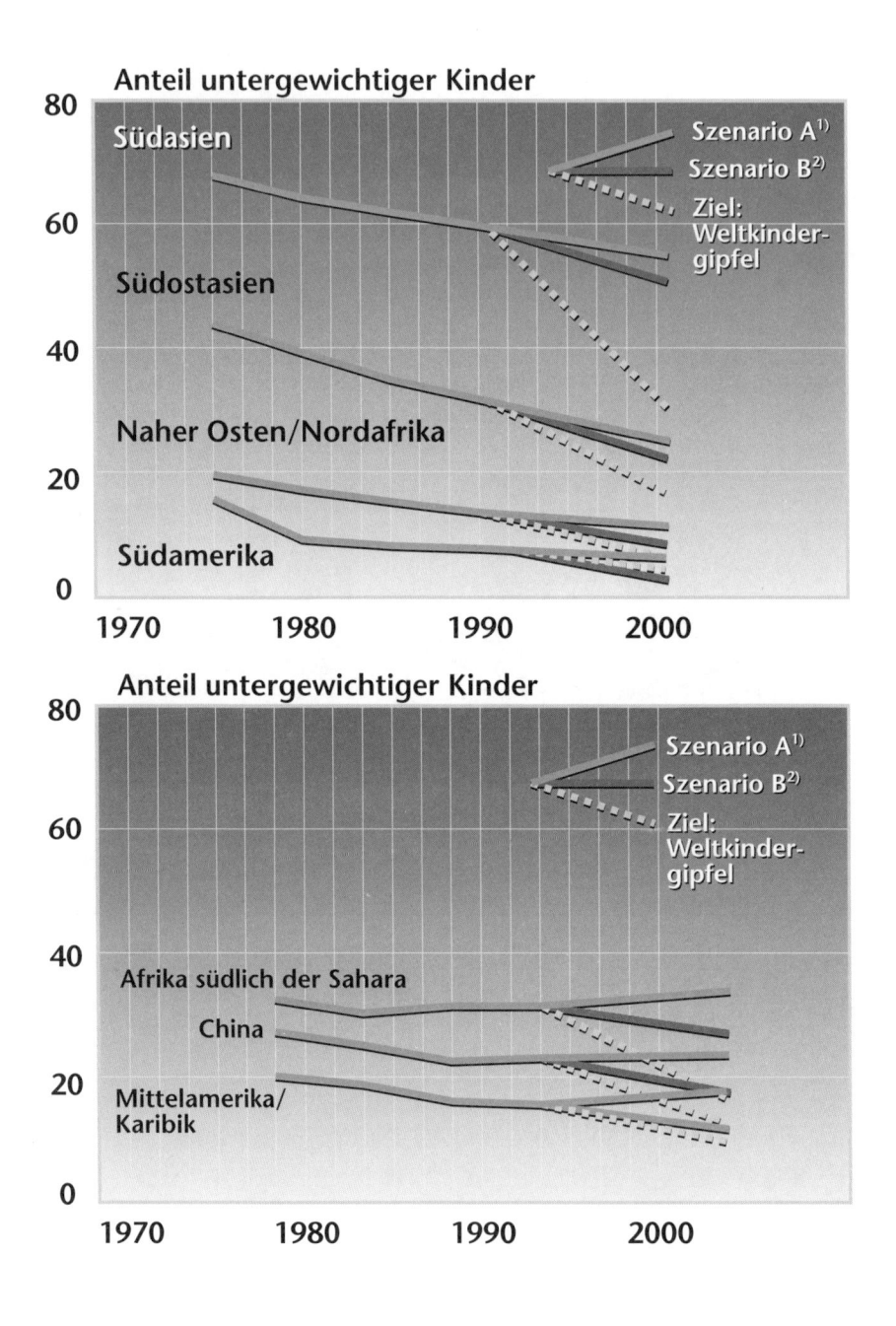

- Afrika südlich der Sahara
- China
- Mittelamerika/Karibik

Szenario A[1]
Szenario B[2]
Ziel: Weltkindergipfel

1970 — 1980 — 1990 — 2000

Abbildung 44: Trends in der Verbreitung von Untergewicht bei Kindern bis zum Jahr 2000

[1] *Projektion unter Berücksichtigung schlechter Trends*
[2] *Projektion unter Berücksichtigung guter Trends*
Quelle: UN ACC/SCN (1992), S. 66

Verzeichnisse

H Verzeichnisse

Quellen

Adelmann, K.: Mit Kühlschiffen aus Europa gegen die Nomaden des Sahel. „Frankfurter Rundschau", 4.9.1993

Ärzte ohne Grenzen: Völker in Not. Bonn 1995

AGN: Statement on the world food problem, hunger and malnutrition. Report on the Twenty-First Session of the SCN, New York, March 1994. Zitiert in: „SCN News", No. 11, Mid 1994, S. 33

Agbessi Dos Santos, H. und Damon, M.: Manuel de nutrition africaine. Tome 1: Elements de base appliquées. Paris 1987

Agrarbündnis (Hrsg.): Landwirtschaft 1993. Der kritische Agrarbericht. Daten, Berichte, Hintergründe. Positionen zur Agrardebatte. Rheda-Wiedenbrück 1993

AgV (Hrsg.): Lebensmittelwerbung. „Verbraucher Rundschau", Nr. 6-7. Bonn 1992

— Ernährungsbericht 1992: Wir sind zu dick, wir sind zu dünn, wir leben gesünder. „Verbraucher Rundschau", Nr. 3/93. Bonn 1993

AID (Hrsg.): Nährwertverluste bei der Zubereitung von Lebensmitteln. Foliensatz. Bonn 1983

— Nährwert erhalten durch richtige Zubereitung. Bonn 1990

— Vollwertig essen und trinken nach den 10 Regeln der DGE. Bonn 1991

— Richtig garen! Fett sparen - Nährstoffe bewahren. Bonn 1992

— Milch-Ersatz-Produkte. Bonn 1993

— Gentechnik im Ernährungsbereich. Bonn 1994

Alexandratos, N. (Hrsg.): World Agriculture: Towards 2010. An FAO Study. Chichester 1995

Becker, W.: Ernährungsberatung und wirksame Beeinflussung des Verbraucherverhaltens. „AID-Verbraucherdienst", Jg. 38, Heft 10, 1993, S. 211-218

Berg, A.: Malnutrition - What can be done? Baltimore 1987

— Sliding towards nutrition malpractice: time to reconsider and redeploy. „Annual Review of Nutrition", Vol. 13, 1993, S. 1-15

Bick, H. u.a.: Weltentwicklungspolitik. Strategien fürs Überleben. In: Funkkolleg Humanökologie. Weltbevölkerung, Ernährung, Umwelt. Studienbrief 12, S. 52-98. Weinheim 1992

Blanckenburg, P. von und Cremer, H.-D. (Hrsg.): Handbuch der Landwirtschaft und Ernährung in Entwicklungsländern. Bd. 2: Nahrung und Ernährung. 2. völlig neubearbeitete und erweiterte Auflage. Stuttgart 1983

— Das Welternährungsproblem. In: dieselben (Hrsg).: a.a.O., S. 17-37

Blanckenburg, P. von: Welternährung. Gegenwartsprobleme und Strategien für die Zukunft. München 1986

— Die Elendsfalle. Die Armen und die Reichen. In: Tübingen: DIFF, Funkkolleg Humanökologie. Weltbevölkerung, Ernährung, Umwelt. Studienbrief 4. Weinheim 1991, S. 45-84

BML: Agrarbericht 1994. Agrar- und ernährungspolitischer Bericht der Bundesregierung. Bonn 1994a

— Der Haushalt 1994 der Europäischen Union. „BML-Informationen", Nr. 4. Bonn 1994b

— Die europäische Agrarreform. Neuauflage Nr. B 242/94. Bonn 1994c

— (Hrsg.): FAO-aktuell. Verschiedene Nummern

— (Hrsg.): FAO aktuell Nr. 17/94. April 1994d

— (Hrsg.): FAO-aktuell Nr. 29/94. Juli 1994e

— (Hrsg.): FAO-aktuell Nr. 2/95. Januar 1995

BMU (Hrsg.): Umweltpolitik. Konferenz der Vereinten Nationen für Umwelt und Entwicklung im Juni 1992 in Rio de Janeiro - Dokumente - Agenda 21. Bonn o.J.

BMZ: Nahrungsmittelhilfe und Ernährungssicherungsprogramme als Instrument der Entwicklungszusammenarbeit. Konzeptpapier. Bonn 1989 (In: BMZ Materialien Nr. 81: Sektor- und sektorübergreifende Konzepte)

— Politik der Partner. Aufgaben, Bilanz und Chancen der deutschen Entwicklungspolitik. 9. überarbeitete Auflage. Bonn 1990

— Journalisten-Handbuch Entwicklungspolitik 1994. Bonn 1994a

— Biotechnologie und Entwicklungsländer - Erfahrungen und Perspektiven. BMZ aktuell Nr. 39. Bonn 1994b

— Gemeinsam für die Eine Welt. Bonn 1994c

BMZ, Wissenschaftlicher Beirat: Der Einfluß der EG-Agrarpolitik auf die Entwicklungsländer. BMZ-aktuell. Bonn Dezember 1988

Bodenstedt, A.: Ernährungsverhalten und Ernährungsberatung. In: Blanckenburg, P. von und Cremer, H.-D. (Hrsg): a.a.O., 1983a, S. 239-267

— Die soziologische Problematik der Fehlernährung: Auswirkungen von Fehlernährung auf die gesellschaftliche Entwicklung. In: Blanckenburg, P. von und Cremer, H.-D. (Hrsg): a.a.O., 1983b, S. 324-332

Bognar, A.: Nährstoffverluste bei der haushaltsmäßigen Zubereitung von Lebensmitteln. AID Verbraucherdienst Sonderdruck. Bonn November 1983

Bohle, H.-G.: Hungersnöte, Unterernährung und staatliches Krisenmanagement in Südasien. „Geographische Rundschau", Jg. 44, Heft 2, 1992, S. 98-104

Braßel, F. und Windfuhr, M.: Welthandel und Menschenrechte. Bonn 1995

Brown, L.: Der unsicheren Ernährungssituation ins Auge schauen. In: Michelsen, G. (Hrsg.): a.a.O., 1994, S. 245-282

Brown, L. und Young, J.E.: Welternährung: Wie dies in den 90er Jahren geschehen soll. In: Michelsen, G. (Hrsg.): a.a.O., 1991, S. 107-148

BUKO Agrar Koordination (Hrsg.): EU-Agrarexporte - Überschußbeseitigung oder Beitrag zur Ernährungssicherung in der „Dritten Welt"? BUKO Agrar Info Nr. 38. Hamburg 1994

Cameron, M. und Hofvander, Y.: Manual on feeding infants and young children. Oxford 1983

Choplin, G.: Die Reform der Agrarpolitik: Wieder wurde die Chance vertan, die Probleme zu lösen. In: Agrarbündnis (Hrsg.): a.a.O., S. 15-20

Club of Rome (Hrsg.): Die erste globale Revolution. Bericht zur Lage der Welt. Zwanzig Jahre nach „Die Grenzen des Wachstums". Taschenbuchausgabe. Frankfurt 1993

CMA (Hrsg.): Agrarmarktforschung. Bonn 1980

Delisle, H.: Les styles alimentaires urbains. „Food, Nutrition and Agriculture", Vol. 1, No. 1, 1991, S. 7-10

Deutsche Welthungerhilfe (Hrsg.): Nahrungsmittelhilfe als Entwicklungshilfe? - Von der Nahrungsmittelhilfe zur Ernährungssicherung. Bonn 1986

— Hunger. Ein Report. Bonn 1993

Deutsches Komitee für UNICEF (Hrsg.): Zur Situation der Kinder in der Welt 1995. Frankfurt 1995

DGE: Ernährungsbericht 1980. Frankfurt 1980

— Ernährungsbericht 1984. Frankfurt 1984

— Ernährungsbericht 1988. Frankfurt 1988

— Richtig Essen. Eine Anleitung zur Vollwertigen Kost nach den Richtlinien der DGE. 1. Auflage, Nachdruck. Frankfurt 1990

— Empfehlungen für die Nährstoffzufuhr. 5. Überarbeitung. Frankfurt 1991

— Ernährungsbericht 1992. Frankfurt 1992

— Von Anfang an. Informationen und Tips zur Säuglings- und Kleinkindernährung. 2. Auflage. Frankfurt 1994a

— top fit. Ernährungstips für junge Leute. Frankfurt 1994b

— Vollwertig essen und trinken nach den 10 Regeln der DGE. Faltblatt. Nachdruck. Frankfurt 1995

DGE und BzgA (Hrsg.). Der Mensch ist, was er ißt. Ein Ernährungswegweiser und Ratgeber bei häufigen ernährungsabhängigen Gesundheitsstörungen. Frankfurt 1994

DGVN: UN Basis-Informationen. Internationale Tage, Wochen, Jahre und Jahrzehnte der Vereinten Nationen. Bonn 1993

Dihm, M.: EG-Agrarprotektionismus. „Entwicklung und Zusammenarbeit", Jg. 35, Nr. 2, 1994, S. 43

Elmadfa, I. und Leitzmann, C.: Ernährung des Menschen. Stuttgart 1988

Enquete-Kommission „Schutz der Erdatmosphäre" des Deutschen Bundestages (Hrsg.): Schutz der Grünen Erde. Klimaschutz durch umweltgerechte Landwirtschaft und Erhalt der Wälder. 3. Bericht. Bonn 1994

Erklärung von Bern (Hrsg.): Hunger aus dem Genlabor. Zürich 1989

FAO: Production yearbook. Vol. 36, 1982. Rome 1983a

— Trade yearbook. Vol. 36, 1982. Rome 1983b

— The fifth world food survey. Rome 1987

— Requirements of vitamin A, iron, folate and vitamin B12. Report of a Joint FAO/WHO Expert Consultation. Rome 1988

— Food and nutrition at the turn of the millenium. Plakat U8250/E/1/10.92/10.500. Rome 1992a

— Food Balance Sheets. „FAO Quarterly Bulletin of Statistics", Vol. 5, No. 3, 1992b, S. 62-103

— World Food Day. Harvesting natures diversity. Rome 1993

— Production yearbook. Vol. 46, 1992. Rome 1993a

— Agriculture: towards 2010. Rome 1993b

— Trade yearbook. Vol. 46, 1992. Rome 1993c

— Assessment of the current world food security situation and recent policy developments. Committee on World Food Security, 19th Session, Rome, 22-25 March 1994, CFS: 94/2. Rome 1994a

— Food outlook. No. 7/8/9, 1994. Rome 1994b

— Production yearbook. Vol. 47, 1993. Rome 1994c

— Food outlook. Nr. 11/12, 1994. Rome 1994d

— What has aids to do with agriculture? Rome 1994e

— Impact of the Uruguay Round on agriculture. Committee on Commodity problems. Sixtieth Session. Rome, 3-7 April 1995. CCP: 95/13. Rome 1995a

H Verzeichnisse

— Food outlook. Nr. 1/2, 1995. Rome 1995b

FAO/ESN: Country nutrition profile (Apercu nutritionnel). Verschiedenen Länder, verschiedene Jahre

— Apercu nutritionnel. Burkina Faso. Rome 1994

FAO und WHO: International Conference on Nutrition. World declaration and plan of action for nutrition. Rome 1992a

— International Conference on Nutrition. Nutrition and development - a global assessment. Rome 1992b

— International Conference on Nutrition. Major issues for nutrition strategies. Theme Paper No. 1: Improving household food security. Rome 1992c

— International Conference on Nutrition. Major issues for nutrition strategies. Theme Paper No. 2: Protecting consumers through improved food quality and safety. Rome 1992d

— International Conference on Nutrition. Major issues for nutrition strategies. Theme Paper No. 4: Preventing and managing infectious diseases. Rome 1992e

FIAN und Germanwatch (Hrsg.): Der subventionierte Unsinn. Das Dumping europäischer Rindfleischüberschüsse gefährdet die Viehhaltung und Ernährungssituation in Westafrika. 2. aktualisierte und erweiterte Auflage. Herne 1993

Forschungsinstitut für Kinderernährung: Empfehlungen zur Säuglingsernährung. Dortmund 3/92

— Empfehlungen zum Stillen. Dortmund 6/92

— Empfehlungen für die Ernährung von Klein- und Schulkindern. Dortmund 1992a

— Richtige Ernährung für junge Leute. Dortmund 1992b

Gaßmann, B. und Kübler, W.: Zufuhrempfehlungen und Nährstoffbedarf. Problematik internationaler Standards für die Kennzeichnung essentieller Nährstoffe. „Ernährungs-Umschau", Jg. 41, Heft 11, 1994, S. 408-414

GEP: Der EG-Fleischskandal. Europäische Subventionen gegen Westafrikas Viehzüchter. epd-Dritte Welt-Informationen Nr. 12/13/93. Frankfurt 1993

Germanwatch (Hrsg.): Rindfleisch macht Hunger. „Unter der Lupe", Nr. 1. Bonn o.J.a

— Wer Überschuß sät ... „Unter der Lupe", Nr. 3. Bonn o.J.b

Gillespie, S. und Mason, J.: Nutrition-relevant actions. Some experiences from the eighties and lessons for the nineties. UN ACC/SCN State-of-the-Art Series. Nutrition Policy Discussion Paper No. 10. Geneva 1991a

— Refugees' Nutrition Crisis. „SCN News", No. 7, Mid 1991b, S. 1-6

— How nutrition improves. Background paper for the ACC/SCN Workshop on „Nutrition-relevant actions in developing countries - recent lessons" at the XV IUNS Congress, 25-27 September 1993, Adelaide, Australia. Draft Discussion Paper. o.O. 1993

Grant, J.P. (Hrsg.): Zur Situation der Kinder in der Welt. Zusammengestellt und realisiert für UNICEF. Köln 1994

GTZ (Hrsg.): Tropikcal urban nutrition. Report of a workshop. Eschborn 1987

— Ländliche Regionalentwicklung. LRE aktuell. Strategieentwicklung für eine Umsetzung des LRE-Konzeptes unter veränderten Rahmenbedingungen. Schriftenreihe der GTZ, Nr. 232. Eschborn 1993

McGuire, J. und Popkin, B.M.: Beating the zero sum game: women and nutrition in the third world. In: UN ACC/SCN: Women and nutrition. ACC/SCN Symposium Report. Nutrition Policy Discussion Paper No. 6. Geneva 1990

Hartog, A.P. den: Nahrungsmittelspektrum und Ernährungsgewohnheiten. In: Blanckenburg, P. von und Cremer, H.-D. (Hrsg): a.a.O., S. 67-85

Haubold, E.: Grüne Revolution rettete Millionen Menschenleben. Die Ernährungssituation in Asien. „Frankfurter Allgemeine Zeitung", 26.3.1994

Heywood, P.F. und Hide, R.L.: Nutritional effects of export-crop production in Papua New Guinea: A review of the evidence. „Food and Nutrition Bulletin", Vol. 15, No. 3, 1994, S. 233-249

Holmboe-Ottesen, G.: Women's role in food chain activities and the implication for nutrition. UN ACC/SCN State-of-the-Art-Series. Nutrition Policy Discussion Paper No. 4. Geneva 1989

Hüfner, K.: Die Vereinten Nationen und ihre Sonderorganisationen. Strukturen, Aufgaben, Dokumente. Teil 1: Die Haupt- und Spezialorgane. DGVN-Texte 40. Bonn 1991

— Die Vereinten Nationen und ihre Sonderorganisationen. Strukturen, Aufgaben, Dokumente. Teil 2: Die Sonderorganisationen. DGVN-Texte 41. Bonn 1992

IFRC: World Disaster Report 1993. Geneva 1993

James, W.P.T.: Gesunde Ernährung zur Verhütung von ernährungsbedingten Krankheiten in Europa. Regionale Veröffentlichung der WHO, Europäische Schriftenreihe Nr. 24. o.O. 1990

Jamison, D. u.a. (Hrsg.): Disease control priorities in developing countries. Published for the World Bank. Oxford 1993

Katz, C. und Schmitt, J.: TA-Projekt Biotechnologie und Entwicklungsländer. TAB-Brief Nr. 8. Bonn 1994, S. 8-10

Kennedy, E. u.a.: Health and nutrition effects of cash crop production in developing countries: a comparative analysis. „Social Science and Medicine", Vol. 35, No. 5, 1992, S. 689-697

King, F. und Burgess, A.: Nutrition for developing countries. 2nd edition. Oxford 1992

Koerber, K. von u.a.: Vollwert-Ernährung. Konzeption einer zeitgemäßen Ernährungsweise. 7., vollkommen neu bearbeitete und erweiterte Auflage. Heidelberg 1993

Kohlmeier, L. u.a.: Ernährungsabhängige Krankheiten und ihre Kosten. Schriftenreihe des BMG, Bd. 27. Bayreuth 1993

Koschatzky, K. und Maßfeller, S.: Gentechnik für Lebensmittel? Möglichkeiten, Risiken und Akzeptanz gentechnischer Entwicklungen. Köln 1994

Lampe, K.: „Unser tägliche Brot ..." - morgen? Ernährungssicherheit vor dem Hintergrund der ökologischen und entwicklungspolitischen Herausforderung. „Neue Zürcher Zeitung", 29.6.1994

Launer, E. (Hrsg.): Zum Beispiel Hunger. Göttingen 1993

Launer, E. und Wilke-Launer: Zum Beispiel Frauenalltag. Bornheim 1987

Leisinger, K.M.: Gentechnik für die Dritte Welt? Basel 1991

Levin, H. u.a.: Micronutrient deficiency disorders. In: Jamison, D. u.a.: a.a.O., 1993, S. 421-451

Marek, T.: Ending malnutrition: Why increasing income is not enough. Washington o.J.

Masefield, G.B.: Famine. Oxford 1963

MDIS/WHO: Global prevalence of iodine deficiency disorders. MDIS Working Paper # 1. o.O. 1993

Meadows, D. u.a.: Die Grenzen des Wachstums. Bericht des Club of Rome zur Lage der Menschheit. Hamburg 1973

Menden, E. (Hrsg.): Wie funktioniert das? Die Ernährung. Mannheim 1990

Michelsen, G. (Hrsg.): Zur Lage der Welt 1990/91. Worldwatch Institute Report. In Zusammenarbeit mit der Deutschen Welthungerhilfe. Frankfurt 1991

— Zur Lage der Welt 1994. Worldwatch Institute Report. In Zusammenarbeit mit der Deutschen Welthungerhilfe. Frankfurt 1994

Milio, N.: Food rich and health poor. „Food Policy", Vol. 16, Nr. 3, 1991, S. 311-318

Morley, D. und Lovel, H.: My name is Today. London 1986

Motarjemi, Y. u.a.: Contaminated weaning food: a major risk for diarrhoea and associated malnutrition. „Bulletin of the WHO", Vol. 71, No. 1, 1993, S. 79-92

N.N.: Does cash cropping affect nutrition? „SCN News", No. 3, Early 1989, S. 2-10

N.N.: Recommended daily amounts of vitamins & minerals in Europe. Their use as a comparative basis for food labelling. „Nutrition Abstracts and Reviews" (Series A), Vol. 60, No. 10, October 1990, S. 827-842

N.N.: Vier Thesen zur Verbesserung der Ernährungsinformation. „AID-Verbraucherdienst", Jg. 38, Heft 4, 1993, S. 79-82

N.N.: UN ACC/SCN. „SCN News", No. 11, Mid 1994a

N.N.: UNU Programme on Food and Nutrition for Human and Social Development. „Food and Nutrition Bulletin", Vol. 15, No. 1, 1994b, S. 98-101

N.N.: EU-Kommission beschließt Erstattungssenkungen für Rindfleisch. „Entwicklung und ländlicher Raum", Nr. 4/94, 1994c, S. 33

N.N.: Nahrungsimporte verdrängen Kleinbauern. „Frankfurter Rundschau", 6.12.1994d

N.N.: Die Top 50 Werber. Die größten Werbungtreibenden und die größten Marken-Etats der deutschen Wirtschaft. „Lebensmittel-Zeitung", Nr. 37, September 1994e, S. 74

Nohlen, D. (Hrsg.): Lexikon Dritte Welt. Länder, Organisationen, Theorien, Begriffe, Personen. Vollständig überarbeitete Neuausgabe. Hamburg 1993

Nuscheler, F.: Lern- und Arbeitsbuch Entwicklungspolitik. Bonn 1985

Oltersdorf, U.: Zur Welternährungslage - die zwei Gesichter von Fehlernährung. 2. überarbeitete Auflage. Bonn 1986

— Hunger und Überfluß. Ein Beitrag zur Welternährungslage. „Geographische Rundschau", Jg. 44, Heft 2, 1992, S. 74-77

— Die unterschiedliche Einschätzung von Ernährungsrisiken. „Ernährungs-Umschau", Jg. 41, Heft 8, 1994, S. 292-295

Onis, M. de u.a.: The worldwide magnitude of protein-energy malnutrition: an overview from the WHO Global Database on child growth. „Bulletin of the WHO", Vol. 71, No. 6, 1993, S. 703-712

Opitz, P.J. (Hrsg.): Weltprobleme. 3. Auflage. Bonn 1990

Pinstrup-Andersen, P.: World food trends and how they may be modified. Paper prepared for the CGIAR International Centers Week, Washington, 25-29 October, 1993

— World food trends and future food security. IFPRI. Washington 1994

Pinstrup-Andersen, P. u.a.: Protein-energy malnutrition. In: *Jamison, D. u.a. (Hrsg).: a.a.O.,* 1993, S. 391-420

Plattform EU (Hrsg.): Negativeffekte der EU-Agrarpolitik. Sonderdienst 12/94. Bonn 1994

Popkin, B.: The nutrition transition. „SCN News", Late 1993, S. 13-18

Pryer, J. und Crook, N.: Cities of Hunger. Urban malnutrition in developing countries. Oxford 1988

Rabe, K.-K. (Hrsg.): Dritte-Welt-Kalender '95. Göttingen 1994

Reinermann, D.: Die Uruguay-Runde aus entwicklungspolitischer Sicht. „Entwicklung und ländlicher Raum", Nr. 2, 1995, S. 3-7

Sadik, N.: Weltbevölkerungsbericht 1993. Das Individuum und die Welt: Bevölkerung, Migration und Entwicklung in den neunziger Jahren. DGVN. Bonn 1993

— Weltbevölkerungsbericht 1994. Entscheidungsfreiheit und Verantwortung. DGVN. Bonn 1994

Schädle, W.: Habitat: Vom Ersticken der Städte. Die Urbanisierung der Erde ist nicht aufzuhalten. In: *Opitz, P.J. (Hrsg.): a.a.O.,* S. 117-144

Schroeder, D.G. und Brown, K.H.: Nutritional status as a predictor of child survival: summarizing the association and quantifying its global impact. „Bulletin of the WHO", Vol. 72, No. 4, 1994, S. 569-579

Schug, W.: Konsequenzen der GATT-Verhandlungen und EG-Agrarreform für die Landwirtschaft. Sonderdruck aus der Vortragsreihe der 46. Hochschultagung der Landwirtschaftlichen Fakultät der Universität Bonn vom 22. Februar 1994 in Münster

Schulze Pals, L.: Regional und betrieblich differenzierte Untersuchungen über Akzeptanz, Motivation und wirtschaftliche Folgen einer Umstellung auf ökologischen Landbau im Rahmen des Extensivierungsprogramms. 3. Zwischenbericht. Arbeitsbericht 2/93 Institut für Betriebswirtschaft der Bundesforschungsanstalt für Landwirtschaft. Braunschweig 1993

Scrimshaw, N.S.: The consequences of hidden hunger for individuals and societies. „Food and Nutrition Bulletin", Vol. 15, No. 1, 1994, S. 3-24

Seehofer, H.: Ernährung und Gesundheit. „Bulletin des Presse- und Informationsamt der Bundesregierung", Nr. 27, März 1994, S. 242-244

Shetty, P.S. und James, W.P.T.: Body Mass Index. A measure of chronic energy deficiency in adults. FAO, Food and Nutrition Paper No. 56. Rome 1994

Spangenberg, J.: Das grüne Gold der Gene. Vom Angriff der Gentechnik auf das Leben in der Dritten Welt. Wuppertal 1992

Spelsberg, G.: Essen aus dem Genlabor. Über die Zukunft unserer Ernährung. Göttingen 1993

Spittler, G.: Handeln in einer Hungerkrise. Tuaregnomaden und die große Dürre von 1984. Opladen 1989

Stiftung Warentest (Hrsg.): Richtig essen - besser leben. test spezial ERNÄHRUNG, Nr. 9307. Berlin o.J.

Strahm, R.: Warum sie so arm sind. Arbeitsbuch zur Entwicklung und Unterentwicklung in der Dritten Welt. 3. Auflage. Wuppertal 1986

Timberlake, L.: Hunger in Afrika. Nürnberg 1988

Tinker, A. u.a.: Women's health and nutrition: Making a difference. World Bank Discussion Paper No. 256. Washington 1994

Tomkins, A. und Watson, F.: Malnutrition and infection. A review. UN ACC/SCN State-of-the-Art Series. Nutrition Policy Discussion Paper No. 5. Geneva 1989

UN ACC/SCN: Second report on the world food situation. Vol I: Global and regional results. Geneva 1992

— Second report on the world food situation. Vol II: Country trends, methods and statistics. Geneva 1993

— Report on the nutrition situation of African refugee and displaced populations. Verschiedene Ausgaben. Geneva 1993/94

UNDP: Human development report 1992. New York 1992

UNDP: Bericht über die menschliche Entwicklung 1994. Bonn 1994

UNICEF: Weltgipfel für Kinder. Deklaration und Aktionsplan zum Überleben, zum Schutz und zur Entwicklung von Kindern in den 90er Jahren. UNICEF-Dokumentation Nr. 5. Köln o.J.

— Strategy for improved nutrition of children and women in developing countries. New York 1990

UNHCR: Kinder. „Flüchtling", Heft 3, Oktober 1993

United Nation's: World Population Prospects. The 1992 Revision. New York 1993

Verbraucher-Zentrale (Hrsg.): Lebensmittelzutatenliste. Was bedeuten die E-Nummern? 46. Auflage, erweitert und überarbeitet. Hamburg 1992

— Schlaraffenland aus dem Labor? Lebensmittel durch Food Design. Düsseldorf 1993

Verbraucher-Zentrale Baden-Württemberg (Hrsg.): Vollwert-Ernährung. 5. Auflage. Stuttgart 1993

— GENiale ? Lebensmittel. Stuttgart 1994

Walt, K. de: Nutrition and the commercialization of agriculture: ten years later. „Social Science and Medicine", Vol. 36, No. 11, 1993, S. 1407-1416

Walter, B.: Die Auswirkungen der EU-Agrarexportsubventionen auf die Landwirtschaft der Entwicklungsländer am Beispiel der Getreideexporte nach Afrika. epd Entwicklungspolitik Materialien I/94. Frankfurt 1994

Weingärtner, L.: Entwicklung einer regionalen Ernährungsstrategie zur Verbesserung der Ernährungssituation in Entwicklungsländern. Dissertation. Bonn 1991

Weltbank: Weltentwicklungsbericht 1982. Washington 1982

— Weltentwicklungsbericht 1993. Oxford 1993

Wesel, R.: Mangel und Überfluß - Die weltweitern Widersprüche in Landwirtschaft und Ernährung. In: Opitz, P. J. (Hrsg.): a.a.O., S. 145-178

WFP: Food Aid Review 1993. Rome 1993

WHO: Energy and protein requirements. Report of a Joint FAO/WHO/UNU Expert Consultation. WHO Technikcal Report Series No. 724. Geneva 1985

— Protecting, promotion and supporting breast-feeding: the special role of maternity services. A joint WHO/UNICEF statement. Geneva 1989

— The prevalence of anaemia in women: a tabulation of available information. Second edition. WHO/MCH/MSM/92.2. Geneva 1992

Winarno, F.G. und Allain, A.: Street foods in developing countries: lessons from Asia. „Food, Nutrition and Agriculture", Vol. 1, No. 1, 1991, S. 11-18

World Bank: World Development Report 1994. Washington 1994

Zukunfts-Institut (Hrsg.): Landwirtschaft 2000 - Die Zukunft gehört dem ökologischen Landbau. Szenarien für die Umstellungskosten der Landwirtschaft in Deutschland. Barsinghäuser Berichte Heft 27. Barsinghausen 1993

Zurek, E.: Technischer Fortschritt und soziale Risiken. Die Grüne Revolution. In: Funkkolleg Humanökologie. Weltbevölkerung, Ernährung, Umwelt. Studienbrief 6, S. 44-81. Weinheim 1992

Ein Handbuch kann immer nur einen Teil der verfügbaren Informationen und einzelne Länderbeispiele aufgreifen.

Wer an weiteren Informationen, aktuellen Zahlen oder Aussagen zu Ländern, die nicht aufgeführt sind, interessiert ist, kann sich wenden an:

Deutsche Welthungerhilfe, Referat Bildung

Adenauerallee 134

53113 BONN.

Dort sind auch themenbegleitende Lehrermaterialien zur Vorbereitung von Unterrichtseinheiten erhältlich.

Abkürzungen

a.a.O.	am angegebenen Ort
AGN	Advisory Group on Nutrition
AGÖL	Arbeitsgemeinschaft Ökologischer Landbau
AGV	Arbeitsgemeinschaft der Verbraucherverbände
AHFSI	Aggregate Household Food Security Index
AID	Auswertungs- und Informationsdienst für Ernährung, Landwirtschaft und Forsten
ASS	Afrika südlich der Sahara
BML	Bundesministerium für Ernährung, Landwirtschaft und Forsten
BMG	Bundesminister(ium) für Gesundheit
BMZ	Bundesministerium für wirtschaftliche Zusammenarbeit und Entwicklung
BMU	Bundesministerium für Umwelt, Naturschutz und Reaktorsicherheit
BzgA	Bundeszentrale für gesundheitliche Aufklärung
CFA	Committee on Food Aid Policies and Programmes
CGIAR	Consultative Group on International Agricultural Research
CIMMYT	Centro International de Mejoramiento de Maiz y Trigo
CMA	Centrale Marketinggesellschaft der deutschen Agrarwirtschaft
DAC	Development Assistance Committee
DGE	Deutsche Gesellschaft für Ernährung
DGVN	Deutsche Gesellschaft für die Vereinten Nationen
DIFF	Deutsches Institut für Fernstudien an der Universität Tübingen
D.W.	Deutsche Welthungerhilfe
ECU	European Currency Unit
EU	Europäische Union
FAO	Food and Agriculture Organization of the United Nations
f (ff)	folgende
FIAN	Food First Informations- & Aktions-Netzwerk
GATT	General Agreement on Tariffs and Trade
GEP	Gemeinschaftswerk der Evangelischen Publizistik
GTZ	Deutsche Gesellschaft für Technische Zusammenarbeit
GUS	Gemeinschaft Unabhängiger Staaten
IEFR	International Emergency Food Reserve
IFAD	International Fund for Agricultural Development
IFOAM	International Federation of Organic Agriculture Movements
IFPRI	International Food Policy Research Institute
IFRC	International Federation of Red Cross and Red Crescent Societies
IRRI	International Rice Research Institute
IUNS	International Union of Nutritional Sciences
kcal	Kilokalorien
LDC	Least Developed Countries
LIFDC	Low-Income Food-Deficit Countries
LRE	Ländliche Regionalentwicklung
MDIS	Micronutrient Deficiency Information System
Mio.	Millionen
Mrd.	Milliarden
µg	Mikrogramm
NCHS	National Centre for Health Statistics
N.N.	nomen nescio (Name unbekannt)
NRO	Nicht-Regierungsorganisation(en)
o.J.	ohne Jahr
o.O.	ohne Ort
ORT	Orale Rehydratationstherapie
PEM	Protein-Energie-Unterernährung
RNIS	Refugee Nutrition Information System
SD	Standardabweichungen
TAB	Büro für Technikfolgen-Abschätzung beim Deutschen Bundestag
UdSSR	Union der Sozialistischen Sowjetrepubliken
UN ACC/SCN	United Nations Administrative Committee on Coordination/Subcommittee on Nutrition
UNDP	United Nations Development Programme
UNICEF	United Nations Children's Fund
UNU	United Nations University
VERA	Verbundstudie Ernährungserhebung und Risikofaktoren-Analyse
VI	Verbraucherinitiative
VN	Vereinte Nationen
VZ	Verbraucherzentrale
WFP	World Food Programme
WHO	World Health Organization
WTO	World Trade Organization

Abkürzungen und Erläuterungen

Erläuterungen   Seite

			Seite
1	Ländergruppen		12
2	Einige große Hungerkatastrophen		13
3	Auswahl internationaler Tage, Jahre, Jahrzehnte und Konferenzen der VN		16
4	Welternährungstag		17
5	Beispiele für Nahrungs- und Ernährungsziele, die auf großen internationalen Konferenzen beschlossen wurden		18
6	Auswahl wichtiger Berichte und Gutachten zur Weltentwicklungs- und Welternährungslage		19
7	Internationale Organisationen zur Bekämpfung von Hunger und Unterernährung		20
8	Grüne Revolution		28
9	Wachstum und Verteilung der Weltbevölkerung, Urbanisierung		29
10	Nahrungsmittelanbau versus Anbau von Vermarktungsfrüchten		30
11	Einschätzungen der Enquete-Kommission des Deutschen Bundestages zu Wirkungen der bisherigen Landwirtschaft		32
12	Die Europäische Agrarreform		33
13	Auswirkungen der EU-Rindfleischexporte auf Viehzüchter in Westafrika		37
14	Auswirkungen der EU-Getreideexporte nach Afrika		38
15	Agrarbereich und allgemeines Zoll- und Handelsabkommen		39
16	Selbstversorgungsgrad		44
17	Nahrungsbilanzen		44
18	Schätzung des Weltbedarfs an Nahrungsmitteln		46
19	Nahrungsdefizitäre Länder mit niedrigem Einkommen		46
20	Index der Nahrungssicherheit auf Haushaltsebene		46
21	Begriffserklärung Fürsorge		64
22	Wasserversorgung und Kanalisationswesen		64
23	Chronische Unterversorgung		65
24	Messung von Fehlernährung		69
25	Ernährungssituation in Tansania		70
26	Ernährungssituation in Brasilien		71
27	Ernährungssituation von Frauen		72
28	Ernährungssituation von Flüchtlingen		74
29	Kindersterblichkeit als Ernährungs- und Entwicklungsindikator		78
30	Maßnahmen zur Verbesserung der Nahrungssicherheit		78
31	Maßnahmen zur Verbesserung der Ernährungssicherheit		79
32	Armutsminderung		80
33	Themen der Ernährungsberichte		81
34	Trends in der Ernährung der deutschen Bevölkerung		86
35	Mangel im Überfluß		86
36	Gentechnik in der Lebensmittelproduktion		87
37	Ernährungsabhängige Krankheiten		88
38	Bewertung des Körpergewichts		89
39	10 Regeln für eine vollwertige Ernährung		93
40	Vollwert-Ernährung		94
41	Hoffen auf die Biotechnologie		102
42	Definition einer nachhaltigen Landbewirtschaftung		103
43	Welterklärung und Aktionsplan für Ernährung		106

H Verzeichnisse

Tabellen

		Seite
1	Indizes der Agrarproduktion zu Beginn der 80er und 90er Jahre	108
2	Weltnahrungsmittelproduktion 1992	108
3	Entwicklung der Weltbevölkerung	109
4	Die 20 bevölkerungsreichsten Städte der Welt	109
5	Indizes der Agrarproduktion pro Kopf zu Beginn der 80er und 90er Jahre	110
6	Verzehrskalorien in ausgewählten Ländern	110
7	Landnutzung	111
8	Bevölkerung in der Landwirtschaft	112
9	Anteil der Landwirtschaft am Bruttoinlandsprodukt für ausgewählte Länder	113
10	Hauptexportprodukte ausgewählter Entwicklungsländer und Anteil am Gesamtexport	114
11	Entwicklung der Produktivität bei Grundnahrungsmitteln	115
12	Entwicklung der bebauten Fläche für Grundnahrungsmittel	116
13	Anteil der Agrarausgaben am EU-Haushalt	116
14	Ausgaben des Europäischen Agrarfonds	117
15	Welthandel mit Getreide	118
16	Getreide- und Weizenimporte verschiedener Ländergruppen	119
17	Einheimische Produktion und Importe von Getreide	119
18	Nahrungsmittel- und Getreideimporte	120
19	Importe von Getreidesubstituten (Futtermitteln) in die EU	121
20	Entwicklung der Getreidebestände in der Welt und in wichtigen Exportländern	121
21	Weltgetreidebestände	122
22	Interventionsbestände in der EU und in Deutschland	122
23	Selbstversorgungsgrad bei landwirtschaftlichen Erzeugnissen in der EU	123
24	Selbstversorgungsgrad bei landwirtschaftlichen Erzeugnissen in ausgewählten afrikanischen Ländern	124
25	Entwicklung der täglichen Energie- und Nährstoffverfügbarkeit pro Person	125
26	Durchschnittliche tägliche Kalorienverfügbarkeit und Bedarfsdeckung	125
27	Bedarfsdeckungsgrade in verschiedenen Ländern	126
28	Länder mit niedriger Nahrungsenergieversorgung	126
29	Nahrungsdefizitäre Länder mit niedrigem Einkommen (LIFDC)	127
30	Index der Nahrungssicherheit auf Haushaltsebene für ausgewählte Länder	128
31	Indizes der Nahrungsmittelproduktion pro Kopf für ausgewählte Länder	129
32	Entwicklung der Energie- und Nährstoffverfügbarkeit für ausgewählte Länder	130
33	FAO/WHO - Empfehlungen für die tägliche Energie- und Nährstoffzufuhr	131
34	Veränderungen der Empfehlungen zur täglichen Proteinaufnahme	131
35	Zusammensetzung der durchschnittlichen Ernährung in der Welt	132
36	Verbrauch von Getreide als Nahrungsmittel	132
37	Anteil der Haushaltsausgaben für Nahrungsmittel und Getreide	132
38	Fortschritte in der Lebensqualität	133
39	Infrastruktur und Zugang im Gesundheitswesen	134
40	Unzulänglichkeiten im Gesundheitssystem	135
41	Situation der Frauen in der Welt	136
42	Gesamtaufkommen und Verwendung von Holz	137
43	Brennholzkrise: ein Problem für Stadt- und Landbevölkerung	137
44	Brennholzmangel in Afrika	137
45	Die wichtigsten Ernährungsstörungen auf der Erde	138
46	Verbreitung chronischer Unterversorgung in Entwicklungsländern	139
47	Verbreitung von Untergewicht bei Kindern im Alter unter fünf Jahren	139
48	Verbreitung von Untergewicht, akuter und chronischer Unterernährung in Entwicklungsländern	140
49	Mikronährstoffdefizite: Betroffene und Risikobevölkerung	140
50	Verbrauch von Nahrungsmitteln pro Kopf	141
51	Verfügbarkeit und Zufuhrempfehlungen von Nahrungsenergie, Nährstoffen und Cholesterin	142
52	Monatliche Ausgaben ausgewählter privater Haushalte	143
53	Entwicklung des Preisindex für Lebenshaltung	144
54	Häufigkeit ernährungsabhängiger Gesundheitsstörungen in der BRD	144
55	Zufuhrempfehlungen	145
56	Ausgaben des Bundes für Verbraucherinformation und Vertretung von Verbraucherinteressen	145
57	Große Werbetreibende im Ernährungssektor	146
58	Mittlere Variante der Bevölkerungsprognosen	146
59	Jährliche regionale Wachstumsraten der realen Pro-Kopf-Einkommen	146
60	Länder mit hohem Ertragspotential	147
61	Verbreitung von Untergewicht bei Kindern im Alter unter fünf Jahren im Jahr 2005	147
62	Trends in der Verbreitung von Untergewicht bei Kindern (1990-2000)	148

Tabellen, Abbildungen und Bilder

Abbildungen

		Seite
1	1994 war für Afrika ein Jahr der Katastrophen	150
2	Organisationsstruktur des Systems der Vereinten Nationen	151
3	Ursachen von Fehlernährung	152
4	Weltgetreideproduktion	153
5	Getreide als Futtermittel	154
6	Trends für Getreideerträge in Entwicklungsländern	155
7	Der Weg in die Überschußproduktion	157
8	Die Überschuß-Produkte	158
9	Wuchernde Agrarausgaben der EU	159
10	Haushaltsausgaben der EU	160
11	Weltgetreidebestände	161
12	Lagerbestände der EU-Landwirtschaft	162
13	Verfügbarkeit von Nahrungsenergie	163
14	Nahrungsunsicherheit und Armut	164
15	Zusammensetzung der durchschnittlichen Ernährung in der Welt	165
16	Regionale Ernährungsmuster	166
17	Durchschnittlich verfügbare tägliche Kalorienmenge sowie ihre Herkunft für Bewohner ausgewählter Länder	168
18	Ernährungsgewohnheiten und Einkommen	169
19	Der Kreislauf Unterernährung - Infektionen	170
20	Die wichtigsten Kinderkrankheiten	171
21	Impfraten in Entwicklungsländern	172
22	Rückgang der Polioerkrankungen	173
23	Der pyramidenförmige Aufbau des Gesundheitssystems	174
24	Fehlallokationen im Gesundheitssystem. Das Beispiel Ghana	175
25	Die Arbeit einer Frau geht nie zu Ende	176
26	Verbreitung chronischer Unterversorgung	177
27	Kind mit Marasmus	178
28	Kind mit Kwashiorkor	179
29	Verbreitung von Xerophthalmie (Vitamin-A-Mangelerscheinung)	180
30	Verbreitung von ernährungsbedingter Anämie bei Schwangeren	180
31	Verbreitung von Jodmangelerscheinungen	181
32	Folgen von Unter- und Mangelernährung	182
33	Säuglingssterblichkeitsrate	183
34	Sterblichkeitsrate bei Kindern unter fünf Jahren	184
35	Ernährungszustand und Kindersterblichkeit in vier Ländern	185
36	Gesundheitsprobleme in Europa, die möglicherweise etwas mit der Ernährung zu tun haben	186
37	Verbreitung von Untergewicht, Übergewicht und Adipositas in den alten Bundesländern	187
38	Verbreitung von Untergewicht, Übergewicht und Adipositas in den neuen Bundesländern	187
39	Verbreitung von Untergewicht und Übergewicht in den alten Bundesländern (altersabhängige Bewertung)	188
40	Verbreitung von Untergewicht und Übergewicht in den neuen Bundesländern (altersabhängige Bewertung)	188
41	Der Ernährungskreis	189
42	Weltbevölkerungsprognosen: niedrige, mittlere und hohe Variante	190
43	Geschätzter jährlicher Zuwachs im Verbrauch an Getreide für Ernährung und Futtermittel	191
44	Trends in der Verbreitung von Untergewicht bei Kindern bis zum Jahr 2000	192

Bilder

S.23 Deutsche Welthungerhilfe, graf. Gestaltungsvorlagen

S. 25 Weltfriedensdienst, Querbrief Nr. 1, Berlin 1992

S.26 Shetty, P.S. und James, W.P.T.: Body Mass Index. A measure of chronic energy deficiency in adults. Food and Agriculture Organization of the United Nations, Food and Nutrition Paper No. 56, Rome 1994

S.51 King, F. und Burgess, A.: Nutrition for developing countries. Oxford 1992, by permission of Oxford University Press.

S. 55 DED-Brief 3/4/90, S.52

S.59 King, F. und Burgess, A.: Nutrition for developing countries. Oxford 1992, by permission of Oxford University Press.

S.63 The Tropical Forestry Action Plan, Food and Agriculture Organization of the United Nations/ UNDP/ World Bank/ WRI, 1988.

S.72 Gillespie, S. und Mason, J.: Nutrition-relevant actions. Some experience from the eighties and lessons for the nineties. UN ACC/SCN State-of-Art Series. Nutrition Policy Discussion Paper No. 10. Geneva 1991

S.94 Koerber u.a.: Vollwert-Ernährung, 7. Auflage, Karl F. Haug Verlag, Heidelberg 1993, S.21.

S.103 Arbeitsgemeinschaft Bäuerliche Landwirtschaft, Rheda-Wiedenbrück.

Index

A
Adipositas 89, 187f
Ägypten 13, 47, 98, 109, 114, 126ff, 132ff, 138, 168
Äthiopien 12, 13, 47, 113f, 120, 124, 126ff
Afghanistan 12, 47, 126ff, 147
Afrika 12ff, 26f, 29, 34, 38, 43, 45, 47, 59, 63, 66ff, 97, 99, 101, 106, 108ff, 112f, 115f, 119f, 124ff, 129f, 133ff, 138ff, 146ff, 149, 163, 166f, 176f, 191ff
Agrarforschung, -szentren 28, 77
AHFSI siehe Index der Nahrungssicherheit
Aids 57, 101, 135
Aktionsplan 15, 104, 106
Algerien 98, 113f, 126, 130
Alphabetisierungsrate,
Analphabeten 12, 60, 136
Anämie 68, 72, 180, 186
Angola 124, 126f, 138, 147
Argentinien 34, 47. 109, 118, 120ff, 126, 128, 130, 132f, 147
Armut, -minderung 17, 23, 73, 75, 77, 80, 164
Asien 12, 26f, 29, 45, 47, 60, 66ff, 72, 77, 97 f, 108ff, 112f, 115f, 125ff, 129f, 136, 138ff, 146ff, 163, 166f, 177, 191ff
Atemwegserkrankungen 56, 58, 62
Ausgaben für Nahrungsmittel 84, 132, 143
Australien 34, 47, 113, 118, 121f, 129f
Auszehrung 69, 178f

B
Bangladesh 12, 13, 48, 58, 113f, 120, 126f, 129, 185
Bedarf
an Energie 50, 55f
an Nahrung, Nährstoffen 21, 2 4, 41, 45, 49, 51, 65, 96f, 147
Bedarfsdeckung 125f
Benin 12, 37, 126f, 138, 147
Bevölkerung, -swachstum 10, 27, 29, 35, 67, 96, 108ff, 112, 136, 146, 190
Bhutan 12, 127, 129
Bildung 12, 30, 37
Biotechnologie 87, 100ff
BMI 67, 69, 89
Bolivien 13, 114, 120, 126f, 130, 147
Botswana 12, 113, 120, 126ff, 132, 138
Brasilien 68, 71, 109f, 113, 120, 126, 128, 130, 133ff, 147
Brennholz, - material, -mangel 49, 55, 60f, 64, 138, 176
Bruttoinlandsprodukt 12, 27, 34, 113, 169
Burkina Faso 12, 124, 126ff, 133, 138
Burundi 12, 29, 113f, 126ff, 138, 147

C
China 13, 26, 58, 68, 101, 109, 113, 118, 120, 122, 125ff, 130, 148
Costa Rica 126, 129f

D
Deutschland 40, 43, 50, 82, 86ff, 90, 105, 110, 113, 123, 129f, 132ff, 140ff, 168, 187
Dominikanische Republik 114, 120, 126ff
Dschibuti 12, 127, 138
Durchfallerkrankungen 56ff, 63, 75, 171

E
Ecuador 113f, 126ff
Einkommen 12, 30, 35, 37, 46, 53, 55, 58f, 61f, 75, 76, 96, 138, 143, 146, 169, 182
Eisen, Eisenmangel 22, 52, 68, 72, 75, 131, 138, 140
Elfenbeinküste 37, 113, 138, 147
El Salvador 120, 126ff
Empfehlungen
zur Energieaufnahme 46, 131, 142
zur gesunde Ernährung 42, 91ff, 146
zur Nährstoffzufuhr 50, 83, 91ff, 131, 142
Entwickelte Länder siehe Industrieländer
Entwicklungsländer 11f, 22, 26, 29ff, 34ff, 38f, 45, 52, 54f, 58, 60, 62, 64, 66, 69, 76, 78, 97ff, 108f, 118f, 122, 125ff, 132, 133ff, 139f, 146, 148, 155ff, 171ff, 183f, 191
Entwicklungspolitik 36, 106
Ernährungsberatung,
-information 30, 76, 83, 91f, 105
Ernährungsforschung,- politik 90f
Ernährungsgewohnheiten, -muster, -verhalten 27, 30, 49, 51ff, 90, 166f, 169
Ernährungsprobleme 11, 14, 25, 53f, 59, 63, 138
Ernährungssicherheit 15f, 21, 25, 30, 39, 45, 49, 53, 57, 60, 62, 76f, 79, 96, 100
Ernährungsunsicherheit 49, 66, 82
Ernährungszustand 30, 45, 55f, 69, 78
Erträge 155 f
EU 34f, 42f, 87, 118, 121f, 126, 157
Agrarpolitik, -haushalt 31, 33, 35ff, 116f, 122, 159f, 162
Europa 26, 29, 108ff, 112f, 115f, 125, 129f, 140, 183f, 186
Exporte 12, 30f, 34f, 38f, 45, 75, 114

F
FAO 14, 17, 19f, 36, 39, 44, 46f, 50, 65f, 139, 147, 151
Fehlernährung 15, 23, 25, 66, 69, 82, 138, 152
Ferner Osten 29, 34, 108, 119
Flüchtlinge 22, 73f, 149
Food Design 42, 95
Frankreich 37, 109, 123, 130, 132
Frauen 49, 54, 59ff, 62, 68, 72, 106, 131, 136ff, 172, 176, 188
Fürsorge 23, 25, 59, 64, 75f, 106, 152
Futtermittel 35, 39, 96, 98, 121, 154, 191

G
Gambia 12, 29, 47, 114, 126f, 129, 138
Gentechnik, -technologie 42, 87, 95, 102
Gesundheit, -szustand, -ssituation 12, 23, 25, 56, 75, 76, 106, 186
Gesundheitsdienste 30, 49, 55, 57ff, 135, 152, 174f
Getreide 26f, 34ff, 38, 40, 51ff, 96, 98, 108, 118ff, 132f, 141, 153ff, 158, 161f, 167f, 189, 191
Ghana 37, 114, 126ff, 138, 147, 175
Grüne Revolution 26, 28
Guatemala 120, 126ff
Guinea 12, 126f, 138, 147
GUS 34, 109, 118

H
Haiti 12, 47, 114, 126ff, 130, 133ff, 147
Honduras 48, 113f, 127, 130
Hong Kong 113, 126, 132
Hunger 10, 11, 14, 15, 17, 21, 22, 48, 73, 76, 100, 104ff, 149, 178

I
Impfungen 57, 172
Importe 31, 34f, 37ff, 45, 97f, 120f
Index der Nahrungssicherheit (AHFSI) 46, 98, 128, 147
Indien 13, 28, 47f, 68, 109f, 113, 120, 126ff, 130, 147, 164, 168, 185
Indonesien 109, 113f, 120, 126f, 129f
Industrieländer 11, 23, 25, 29, 31, 34ff, 45, 52, 55, 60, 69, 76, 82, 108f, 119, 122, 125, 132, 133ff, 138, 163, 166f, 183f
Infektionskrankheiten 21, 23, 56f, 62, 69, 75f, 78, 106, 170, 182

J
Jamaika 34, 120, 126, 128f
Japan 29, 133ff
Jemen 12, 34, 120, 126f
Jod, Jodmangel 22, 68, 72, 75, 84, 131, 138, 140, 181
Jordanien 98, 126f, 128

K
Kalorienversorgung 12, 126
Kambodscha 12, 126ff, 147
Kamerun 59, 126f, 129, 138, 147
Kanada 34, 36, 39, 118, 121f, 129f, 133ff
Kap Verde 12, 126f
Karibik 47, 66, 97f, 101, 113, 125, 127, 139, 147f, 192
Kaufkraft 24, 47f, 51
Kenia 59, 126f, 133ff, 138
Kinder 54ff, 60f, 67ff, 76, 78, 92, 101, 131, 138ff, 147f, 171ff, 185, 192
Körpergewicht 21, 23, 30, 46, 50, 65, 69, 75, 89, 179, 185
Körpergröße 30, 69
Kolumbien 114, 120, 126, 128, 130, 147
Komoren 12, 126f, 138
Kongo 126f, 147
Krankheiten 56, 152, 171
ernährungsabhängige 82, 84ff, 88, 101, 105, 144
Kropf 68, 186
Kuba 98, 126, 128, 130
Kwashiorkor 53, 67, 138, 179

L
Landwirtschaft 10, 26f, 31f, 108, 110, 112f, 138
ökologisch, nachhaltig 95, 100, 103
Laos 12, 126f, 133ff, 147
Lateinamerika 12, 26, 29, 34, 47, 66, 97f, 108ff, 113, 119, 125, 127, 133ff, 138ff, 146f, 166f, 177, 191
LDC 12, 29, 39, 45, 120, 125f, 183f
Lebenserwartung 12, 57, 60, 82, 133, 136
Lebensmittelverarbeitung 40ff, 87
Lesotho 12, 126f, 138
Libanon 98, 126f

Index

Liberia 12, 126ff, 147
LIFDC siehe Nahrungsdefizitäre Länder mit niedrigem Einkommen

M
Madagaskar 12, 47, 126ff, 130, 138, 147
Malawi 120, 126f, 132, 138, 147
Mali 12, 124, 126ff, 132, 138
Marasmus 67, 138, 178
Marokko 114, 126ff
Masern 56, 171f
Mauretanien 12, 34, 120, 124, 126f, 130, 138
Mexiko 48, 109, 113, 120, 126, 129, 133ff, 164
Mikronährstoffe 49, 83
Defizite 68, 73ff, 106, 140
Mittel-/Zentralamerika 129f, 139, 147, 163, 192
Mittlerer Osten 47, 113, 127, 138, 146, 191
Mosambik 12, 47, 124, 126ff, 130, 138, 147
Müttersterblichkeit 29, 58, 135

N
Naher Osten 34, 66, 98, 108, 119, 125, 138f, 147, 163, 177, 192
Nahrungsaufnahme 23, 30, 69, 75, 152, 170
Nahrungsbilanzen 44ff, 52, 65
Nahrungsmitteldefizit 46, 97
Nahrungsmittelhandel 24, 34, 45
Nahrungsmittelhilfe 24, 35, 39, 45f, 97f, 120
Nahrungsmittelnachfrage 44, 51, 96f
Nahrungsmittelproduktion 10, 15, 26, 28, 30, 47, 59, 82, 92, 97, 108, 110, 129, 153
Nahrungsmittelvorräte, -bestände 36, 40, 121f, 161
Nahrungssicherheit 23ff, 24, 30f, 43, 45, 47, 49, 53, 57, 78, 82, 99f, 106, 152
Nahrungsunsicherheit 26, 47, 66, 76, 149, 164
Nahrungsversorgung 10, 36, 43
Nepal 12, 113, 126ff, 130, 133ff, 147
Nicaragua 126ff, 133ff, 147
Niger 12, 110, 113, 120, 124, 126ff, 138
Nigeria 47, 114, 126f, 129, 132, 138, 147
Nordamerika 29, 108ff, 112, 115f, 124, 126, 129f, 139
Nordkorea 126, 128
Novel Food 42, 87

O
Ozeanien 12, 108ff, 112, 115f, 126, 129f, 140

P
Pakistan 114, 122, 126f, 130, 147
Papua Neuguinea 126f, 185
Pazifik 47, 66, 113, 127, 139f, 177
Peru 47, 114, 120, 126f, 130, 147
Philippinen 109, 113, 120, 126f, 147
Primärkalorien 27, 110
Produktivität 31, 115
Protein-Energie-Unterernährung 22, 56, 66, 72, 74, 138

Q
Qualität von Nahrungsmitteln 24, 32, 90, 106

R
Reis 34, 36, 52, 115f, 122, 132, 153, 155
Risikogruppen 22, 106, 126, 140
Ruanda 12, 48, 74, 114, 126f, 130, 132, 138, 147

S
Salomon-Inseln 12, 126f
Sambia 12, 114, 126ff, 132, 138, 147
Sao Tome und Principe 12, 126f
Saudi-Arabien 47, 98, 126, 129f
Selbstversorgung, -sgrad 36f, 43ff, 123f
Senegal 37, 113, 120, 126ff
Sierra Leone 12, 114, 120, 126f, 132, 147
Simbabwe 124, 126, 128f, 133ff, 147
Somalia 12, 74, 126ff, 138, 147
Sri Lanka 114, 120, 126ff
Städte 109, 138
Sterblichkeit 22f, 30, 56ff, 69f, 73, 76, 78, 133, 138, 171, 183ff
Stillen 51, 57, 60, 106
Sudan 12, 114, 126ff, 138, 147
Südafrika 113, 126, 130, 133ff
Südamerika 45, 97, 108, 110, 112, 115f, 125f, 139, 147f, 163, 167, 192
Südkorea 47, 109, 120, 126, 128
Swasiland 43, 45, 124, 126ff, 138
Syrien 113f, 126f

T
Tansania 12, 48, 68, 70, 113, 126ff, 130, 138, 147, 185
Technischer Fortschritt 14, 39, 100
Thailand 122, 126, 128, 132ff
Tod 14, 78, 135, 152
Togo 12, 37, 114, 126f, 138, 147
Tschad 12, 126ff, 138, 147
Tunesien 34, 113, 114, 120, 126, 128, 133ff

U
UdSSR 29, 108f, 112, 119, 125, 167
Überernährung 11, 21f, 30, 85f, 138, 186
Übergewicht 83, 85, 89, 187f
Überschüsse 31ff, 35, 157f
Uganda 12, 114, 126f, 138, 147
Umweltbedingungen, -faktoren 61ff, 69, 78, 92
Umweltprobleme 31, 33, 152
Unterernährung 10f, 14f, 15f, 21, 48, 53f, 56ff, 63, 67ff, 73, 75, 78, 86, 100, 104, 138f, 140, 149, 170, 182, 185
Untergewicht1 0, 69ff, 83, 85, 89, 101, 139f, 147f, 187f, 192
Unterversorgung, chronisch 65, 66, 99, 139, 175
USA 34, 36, 38f, 90, 109f, 113, 118, 121f, 129f, 133ff

V
Venezuela 113f, 126, 147, 168
Verbraucherpolitik, -information 91f, 146
Vereinte Nationen 12, 14, 40, 96, 151
Verfügbarkeit
von Nahrungsenergie, Nährstoffen 47, 52, 82, 98f, 125f, 130, 142, 163, 168
von Nahrungsmitteln 24, 44ff, 49, 54, 59, 75f, 82f, 86
Versorgung mit Nahrungs-mitteln 10, 12, 21, 90
Verstädterung 29, 53ff, 96
Viehwirtschaft 27, 98, 100, 108, 110
Vietnam 122, 126, 128, 133ff
Vitamin A, Vitamin-A-Mangel 22, 53, 56, 68, 72, 75, 131, 138, 140, 180
Vitamin C, Vitamin-C-Mangel 22, 52, 68, 131, 138
Vollwert-Ernährung 83, 92, 94ff
Vollwertige Ernährung 92f

W
Wachstumsrückstand, -verzögerung 56, 69, 72, 170
Wasser 25, 49, 55, 57, 60ff, 64, 100, 176
Weizen 34, 36, 38, 52, 115f, 119, 121f, 132, 153, 156
Welthandel 34, 39, 118
WFP 20, 46, 151
WHO 19f, 50f, 67, 69, 151

Z
Zaire 12, 74, 114, 126ff, 138, 147
Zentralafrikanische Republik 12, 47, 126ff, 147
Zubereitung von Nahrung/Mahlzeiten 40f, 49, 51, 55, 57
Zugang
zu Gesundheitsdiensten 58f, 134
zu Nahrung 10, 24, 45f, 65f, 106
Zusammensetzung der Ernährung 132, 165

Eiselen Stiftung

**Kurzinformation 1995
Geschichte und Aufgabe**

Die Eiselen-Stiftung ist eine gemeinnützige Stiftung privaten Rechts. Ihre Aufgaben sind der Betrieb des Deutschen Brotmuseums und die Förderung von Forschungsvorhaben zur Bekämpfung des Hungers in der Welt. Ihr Sitz ist Ulm/Donau.

Sie verdankt ihre Entstehung dem privaten Engagement der Familie Eiselen. Basis ist die von Dr. h.c. Willy Eiselen und seinem Sohn Dr. Hermann Eiselen in jahrzehntelanger Arbeit zusammengetragene Sammlung zur Technikgeschichte der Brotherstellung sowie zur Kultur- und Sozialgeschichte des Brotes, die das Deutsche Brotmuseum bildet. In seiner ständigen Ausstellung und in zahlreichen Sonderausstellungen will es seinen Besuchern die Bedeutung des Brotes für den Menschen in Vergangenheit und Gegenwart bewußt machen. Dazu gehört auch die Welternährungslage. Das Deutsche Brotmuseum, gegründet 1955 von Dr. h. c. W. Eiselen, ist das älteste Museum seiner Art in der Welt

Daneben werden seit Mitte der 60er Jahre in steigendem Umfang Vorhaben auf dem Gebiet der international ausgerichteten Agrarforschung gefördert. 1978 wurde die Eiselen-Stiftung errichtet.

Das Stiftungsvermögen beträgt heute rund 42 Millionen DM.